JEAN GUITTON

DIALOG MIT PAUL VI.

WILHELM HEYNE VERLAG

MÜNCHEN

HEYNE-BUCH Nr. 5493
im Wilhelm Heyne Verlag, München

Titel der französischen Originalausgabe
DIALOGUES AVEC PAUL VI.
Deutsche Übersetzung von Georg Bürke SJ

Genehmigte, ungekürzte Taschenbuchausgabe
Copyright © by Librairie Arthème Fayard
Alle Rechte der deutschen Ausgabe by Verlag Fritz Molden, Wien
Printed in Germany 1978
Umschlagfoto: Süddeutscher Verlag, Bilderdienst, München (Vorderseite).
Giordani, Rom (Rückseite).
Umschlaggestaltung: Atelier Heinrichs, München
Gesamtherstellung: Presse-Druck Augsburg

ISBN 3-453-00964-9

INHALT

Vorwort (Von Kardinal Dr. Franz König, Wien) . . . 7
Vorwort des Verfassers 10

ERSTER TEIL
PERSPEKTIVEN EINES SCHICKSALS 17
Der 8. September 1950 19
Drei Zeichen auf Erden 32
Concesio und Verolavecchia 58
Mailand 71
Das Mysterium der Neuen Geburt 78

ZWEITER TEIL
PORTRÄT EINES GEISTES 87
Der Mann, der Papst wurde 89
Dialog über einige Vorlieben 117
    Über seine französische Lektüre (Ein Gespräch über
    dies und das) 118
    Über Dante und die „Göttliche Komödie" . . . 122
    Über Shakespeare 128
    Über den hl. Augustinus 130
    Über Kardinal Newman 134
Das Antlitz eines Freundes und Vaters 141
Dialog über den hl. Paulus 150

DRITTER TEIL
DER PAPST UND DIE WELT 163
Dialog über den Dialog 165

Ökumenische Visionen 186
    Erste Vision: Begegnung in San Paolo fuori le mura 186
    Zweite Vision: Über Professor Cullmann 190
    Dritte Vision: Begegnung in der Sixtina 194
Dialog über die Schönheit (Beschreibung einer päpstlichen
    Kapelle) 199
Dialog über das Mysterium des Konzils 211

VIERTER TEIL
DER PAPST VOR DEM MYSTERIUM 233

Der Priester 235
Die Heilige Jungfrau in Santa Maria Maggiore . . . 263
Streiflichter über brennende Fragen:
    Liebe — Gewalt — Friede 269
Der 8. September 1966 285

Verzeichnis der wichtigsten Persönlichkeiten 298

VORWORT
Von Kardinal Dr. Franz König, Wien

Lieber Herr J. Guitton!

Sie hatten die große Liebenswürdigkeit, mir die Druckbogen Ihres neuen Werkes „Dialogues avec Paul VI" zur Einsichtnahme zu übersenden. Dieser freundliche Gestus rief eine Reihe von schönen Erinnerungen in mir wach, zurückgehend auf das II. Vatikanische Konzil, wo Ihnen die seltene Auszeichnung zuteil wurde, auf Einladung des Heiligen Vaters Johannes XXIII. als Laie am Konzil teilzunehmen, in einer Konzilsphase, in der es noch nicht üblich war, auditores zum Konzil zu laden. Ich weiß aus verschiedenen Gesprächen mit Ihnen, mit welch leidenschaftlicher Anteilnahme Sie die konziliaren Ereignisse, die großen Konzilsthemen mitverfolgt und miterlitten haben. Ich sehe heute noch Ihren Bericht im Pariser „Figaro" vor mir, den Sie über die Vorgänge des 7. Dezember 1965 noch am selben Tag geschrieben hatten und der am 8. Dezember, am Tage des Konzilschlusses, veröffentlicht wurde. Ich habe damals nicht nur die Eleganz Ihrer Diktion — bei einem Mitglied der französischen Akademie wird dies erwartet —, sondern auch den Reichtum Ihres Geistes bewundert, der aus jeder Zeile leuchtet, der die großen Zusammenhänge der Geschichte und der menschlichen Kultur erfaßt und zur Gegenwart in Beziehung setzt.

Am 11. Januar 1967 hat Ihr Kollege Pierre-Henri Simon von der französischen Akademie in der Pariser Tageszeitung „Le Monde" für den ersten Band Ihrer gesammelten Werke eine ausgezeichnete Einführung geschrieben. Er brachte dabei zum Ausdruck, wie sehr er Ihre literarische Porträtkunst bewundert, und gibt Ihnen u. a. den Titel eines „Meisters des geistigen Porträts".

Diese große Kunst, die Sie in früheren Werken bereits meisterhaft handhabten, stellen Sie nun in den Dienst eines literarischen Vorhabens besonderer und seltener Art, indem Sie die Gestalt Pauls VI. aus den überkommenen Klischeevorstellungen zu befreien versuchen, um ihn menschlich nahe in seiner geistigen Vielschichtigkeit, in seinem menschlichen Empfinden und Ringen mit den Fragen der Zeit zu zeichnen, um ihn verwurzelt in Heimat und Familie, beim intimen Gespräch mit Ihnen aus der hieratischen Entfernung in die unmittelbare Nachbarschaft des Lesers zu versetzen.

Es ist meines Wissens das erste Mal in der Geschichte des Abendlandes, daß jemand berechtigt ist, Privatgespräche mit einem Papst zu veröffentlichen. Als Träger des Grand Prix de litérature de l'Académie française des Jahres 1954 und als Mitglied der französischen Akademie sind Sie für eine solche Aufgabe zwar besonders qualifiziert, aber erst Ihre freundschaftliche Verbindung mit Paul VI. und nicht zuletzt die einzigartige Sensibilität dieses Inhabers des Petrusamtes für neue Wege und Möglichkeiten apostolischen Wirkens in der heutigen Kirche hat Ihnen die Wege geebnet für eine ebenso große wie einzigartige literarische Aufgabe.

Mit dem Ihnen eigenen schriftstellerischen und menschlichen Geschick sind Sie an Ihre Aufgabe herangegangen. Das große Interesse Pauls VI. für die französische Sprache und Kultur war die Brücke, auf der Sie eindringen konnten in die geistige Welt, die durch die Institution des Papsttums in der katholischen Kirche einerseits, durch die Persönlichkeit Pauls VI. anderseits gekennzeichnet ist. Schritt für Schritt lassen Sie den Leser eindringen in die Welt, aus der Montini kam, in der er gewachsen war und durch die er reifte für die schwere Last seines Pontifikates. Das Konzil, das er nach der ersten Session von seinem Vorgänger übernahm, die drei Papstreisen, welche unerwartete Perspektiven eröffneten, die Rundschreiben und Ansprachen, die nach allen Seiten Brücken schlugen — das sind Pfeiler Ihrer feingewebten Dialogkunst und Ihres literarischen Porträts.

Während ich diese Zeilen schreibe, erinnere ich mich wieder an das Konklave des Jahres 1963, aus dem Kardinal Montini als Papst hervorging. Am Abend des ersten Tages, den ich im abgeschlossenen Konklavegebiet verbrachte — am zweiten Tag erfolgte die Papstwahl —, ging ich spätabends durch die sommerlich warmen Gänge der Sala delle lapidi im Vatikan und traf

Montini tief in Gedanken und Sorgen versunken. Es kam zu einem längeren Gespräch, das durch die Erwartungen des kommenden Tages charakterisiert war. Montini war begreiflicherweise sehr bedrückt. Ich verrate kein Konklavegeheimnis — aber auf einmal erhellte sich sein Gesicht, als wir über das Werk Johannes' XXIII. für Kirche und Welt sprachen; und plötzlich meinte er: „Eines ist mir klar, wer immer die Nachfolgeschaft Johannes' XXIII. antreten wird, er muß die Linie dieses Papstes fortsetzen, denn es ist unglaublich, welche Wirkung von dieser Persönlichkeit auf die ganze Welt ausgegangen ist."

Papst Paul hat *auf seine Art* den Weg seines Vorgängers fortgesetzt. Er hat ihn nicht nachgeahmt, sondern auf seine ihm eigene Weise die neue Richtung eingehalten. Dadurch hat Paul VI. dem Amt des Papstes eine Weltbedeutung gegeben, wie sie vielleicht für den abendländischen Kulturkreis im frühen Mittelalter einmal existierte.

Sie haben in Ihrem Buch den Aufgabenbereich eines Papstes unserer Zeit, seine pausenlose Inanspruchnahme, den täglichen Andrang der Geschäfte weit aufgefächert, Sie haben die sensible und reichbegabte Persönlichkeit Pauls VI. porträtiert, so daß jeder Leser diesen Mann nicht nur liebgewinnen muß, sondern auch erkennt — davon bin ich persönlich tief überzeugt —, daß er der von der Vorsehung bestimmte Mann war, der das Schifflein Petri mit sicherer Hand durch unruhige Zonen in neue Weiten steuerte, deren Horizonte verheißungsvoll in der Ferne leuchten.

† F. Kardinal König

VORWORT DES VERFASSERS

Was der Leser in diesem Werk finden wird, ist recht ungewöhnlich. Er soll darin kein Interview suchen, keine Aufnahme der Worte Pauls VI., wie sie ein Tonbandgerät oder eine Schallplatte hätte bewerkstelligen können, diese bildsame und harte Masse, dieser stumme Sekretär. Keines dieser Gespräche ist durch ein solches Gerät, ja nicht einmal durch das Gedächtnis „aufgezeichnet" worden, wie auch die Rede des Sokrates von seinen Schülern nicht wortwörtlich überliefert ist: sondern Platon schuf damals die literarische Gattung, die man seither „Dialog" nennt, indem er die Worte seines Lehrmeisters mit unnachahmlicher Kunst wiedererweckte. Desgleichen möge der Leser dieses Buches keine ausgefallenen Dinge, Indiskretionen und Anekdoten erwarten, er wäre enttäuscht. Gewiß, der Bericht ist bis in die Einzelheiten hinein echt; aber es gibt keine entschleierten Geheimnisse, keine Privathistörchen oder Kulissentratsch aus der Gegenwartsgeschichte.

Und noch viel mehr würde sich der Leser irren, wenn er diesen Essay jenen indirekten vertraulichen Mitteilungen außergewöhnlicher Menschen gleichsetzte, die ihren Einfluß erweitern oder verlängern wollten, wie Napoleon durch den „Mémorial de Sainte-Hélène", den er Las Cases diktierte, oder wie Goethe durch seine Gespräche mit Eckermann. Paul VI. hat mein Unterfangen erst kennengelernt, als es fertig war, am 25. Dezember des vergangenen Jahres.

Die Stellung eines Papstes ist mit keiner anderen auf dieser Welt vergleichbar. Ein Staatsmann, ein Reichsgründer, ein Philosoph oder ein Künstler darf sich vertrauliche Mitteilungen erlauben, er kann seinen persönlichen Standpunkt vertreten, sein Gesicht enthüllen. Und selbst Heilige haben zuweilen über sich selbst berichtet. Ein Papst aber ist zu einer völlig anderen

Haltung verpflichtet; er ist nicht mehr er selbst von dem Augenblick an, da er einen neuen Namen angenommen hat, der ihn von sich lostrennt. Sobald der Fischer Simon den Namen Petrus erhält, existiert er nicht mehr als Privatperson. Durch sein Wesen hindurch muß Christus erscheinen, und er muß unaufhörlich von dem einzigen Wunsch, von der einzigen Sorge erfüllt sein, daß Christus wachsen, Petrus aber schwinden möge bis zu der — unerreichbaren — Grenze, wo Petrus ausgelöscht ist und nur noch Christus durchscheinen läßt wie auf dem Berge Tabor.

Mehrere Male im Verlauf von fünf Jahren habe ich dieses Werk beiseite gelegt. Trotz meines lebhaften Wunsches, ein lebendiges Porträt zu schaffen, empfand ich immer wieder, daß es doch wohl unmöglich wäre, dem Papst so das Wort zu erteilen, wie Platon seinen Sokrates reden ließ. Fünfmal während meines Lebens habe ich ähnliche Schwierigkeiten überwinden müssen, sooft ich mich aus mir selbst gedrängt fühlte, das Porträt eines Menschen zu zeichnen, den ich sehr nah und unmittelbar kannte. Ich habe ein Buch über meinen geistigen Vater, Monsieur Pouget, verfaßt; ich habe auch ein Buch über meine Mutter geschrieben; und weder der (geistige) Vater noch meine Mutter hätten mir dies vermutlich erlaubt. Aber ich bin sicher, daß sie mir verzeihen werden, ihnen das gegeben zu haben, was wir alle suchen: Weiterleben, Zuwachs an Sein.

Stärker als die Bescheidenheit war die innere Stimme: Leg Zeugnis ab von verborgener Größe. Stell das Licht nicht unter den Scheffel. Sei nicht die Wolke, die verhindert, daß man die Stadt von der Höhe aus sieht.

Der Heilige Vater, der das allgemeine Heil sucht, hat in seiner hochherzigen Demut diesen Aspekt meiner Berufung erkannt, als er das Erscheinen dieser Studie erlaubte. Die Dialoge mit ihm gaben mir die Möglichkeit, die ewigen Prinzipien des Christentums in ihrem Zusammenhang mit dem so verwirrenden und entscheidenden Augenblick der gegenwärtigen menschlichen Geschichte darzustellen. Zur heutigen Stunde hat jeder Laie die Pflicht, gleichfalls Apostel zu sein — also die Pflicht, nach seinem Talent das Mögliche zu leisten, damit die Stimme

Christi, die von so viel Propaganda und noch mehr Schweigen eingehüllt ist, auf alle Art und in alle Geistesrichtungen hin vermittelt werde.

Mein Gedanke war es, ein Buch zu schreiben, das auch dann noch lebt und seine Freunde findet, wenn die von ihm betroffenen Menschen und Umstände bereits wieder dahin sind. Denn das Thema dieser Zwiegespräche wird auf Erden immer aktuell bleiben: der in jedem von uns gesprochene Dialog des ewigen Menschen mit dem zeitlichen.

Aber wie mächtig mein Wunsch auch war, im Sog des Konzils ein zeitloses Buch hervorzubringen, so hätte ich diese Arbeit doch lieber dem Feuer übergeben als Paul VI. zu mißfallen. Deshalb war es für mich eine große Freude, als ich am 27. Dezember 1966 in der Frühe (am Tag, an welchem die Kirche den Evangelisten feiert, der mein Namenspatron ist) ein Telegramm von Paul VI. erhielt, in welchem ich die folgenden vorwurfsvollen und zugleich liebenswürdig-nachsichtigen Worte lesen konnte: „Nimis bene scripsisti de Nobis" — Allzugut hast du über Uns geschrieben.

Ich komme auf eine heikle Sache zu sprechen. Viele der folgenden Gespräche sind historisch und, soweit mein Gedächtnis es mir ermöglichte, bis in den Wortlaut hinein getreu wiedergegeben, das ist zum Beispiel gleich im ersten Kapitel der Fall. Andere sind durch eine lange, langsame, sechzehn Jahre währende Osmose zwischen dem „Modell" und seinem „Porträtisten" entstanden, wobei ich bisweilen fast unbekannte Texte herangezogen habe. Der Kritiker wird da wohl unterscheiden müssen. Alles, was ich sagen kann, ist, daß hier — über die oft ungewisse und oberflächliche wörtliche Wiedergabe des Gesprochenen hinaus — eine treuere, tiefere, reinere und wahrere Aufzeichnung vorliegt, nämlich eine, die aus einer gegenseitigen Durchdringung der Seelen hervorgeht. Ich schreibe das Wort nieder, auf das alles ankommt: Wahrheit. Die vorliegenden Äußerungen sind nicht alle historisch; aber ich habe getan, was in meiner Macht steht, um sagen zu dürfen: sie sind alle ausnahmslos authentisch, sind alle wahr.

Nachdem ich nun das Problem der Quellen erörtert habe,

möchte ich sagen, was ich eigentlich zu tun versuchte und was mir den Bedürfnissen einer großen Anzahl freier Menschen zu entsprechen scheint. In unserer heutigen Zeit stecken die Staatsbürger wie die Glaubensbrüder nicht mehr in den Kinderschuhen. Sie möchten wissen, möchten verstehen. Sie mögen es nicht, wenn man sie täuscht oder nicht für voll nimmt. Die Gläubigen möchten behandelt werden wie Töchter und Söhne in modernen Familien. Der Vater steht klar und offen inmitten der Seinen, man sieht sein Gesicht, man weiß, wer er ist. Er schweigt nicht, er redet und hält seine Kinder auf dem laufenden, was seiner Autorität durchaus nicht schadet. Im Gegenteil: wenn er einen Wunsch äußert, wird er verstanden, und man nimmt an seinen Schwierigkeiten und Sorgen Anteil. Und die rechte Zusammenarbeit, ohne die es kein gemeinsames Handeln gibt, vollzieht sich, ohne daß ein (dem chirurgischen Eingriff vergleichbarer) ausdrücklicher Befehl notwendig wäre.

Mehr als die übrigen Päpste unserer Tage macht Paul VI., der ein junger Pontifex ist, den Eindruck eines liebevollen Vaters, der mit den Menschen wie mit Brüdern und Söhnen plaudern und nicht nur Gehör, sondern auch Verständnis und Zustimmung finden möchte. Das hat er gleich in seiner ersten Enzyklika ausgesprochen. Und gäbe es ein allgemeines, ein weltumspannendes Fernsehen, in welchem sich das Pfingstwunder wiederholte, dann könnte ich mir gut vorstellen, wie er jeden Sonntag zu jedem Mitglied der Menschheitsfamilie in dessen eigener Sprache redet, sich einfach, herzlich und ganz familiär mit ihm unterhält.

Die Zeit wird kommen, wo der kleine Bildschirm eine solche Vertraulichkeit eines einzelnen mit Millionen, ja vielleicht mit vier bis fünf Milliarden Menschen, dieser kleinen Familie von Bewohnern unseres Planeten, ermöglicht. Doch bis es soweit sein wird, kann man sich eine noch intimere Beziehung zwischen dem Heiligen Vater und den Seinen vorstellen, zum Beispiel diese Gespräche hier. Zwar sind auch sie gewissermaßen „imaginär", aber trotzdem authentischer, dauerhafter und wahrer als „wirkliche", vom Tonband aufgezeichnete. Denn die vielen Zufälligkeiten einer improvisierten Unterhaltung, die sprachliche Ungenauigkeit, das Fehlen einer inneren Ordnung haben oft zur Folge, daß die Gedanken der Gesprächspartner immer wieder abschweifen, sich verlieren und daß dabei das Wesentliche nicht selten erstickt. Damit ein Dialog genau das vermittelte, was beabsichtigt ist, müßten doch eigentlich die Partner ihre Worte lange durchdacht und gewählt, im Geist und im Herzen erwogen haben, so daß sie schließlich wie Orakelsprüche aus der Tiefe aufstiegen. Und dabei müßte noch der Schein improvisierter Unterhaltung gewahrt bleiben; gewöhnlich redet man ja ohne fixen Plan und überläßt sich dem Zufall. — Mir scheint, das Evangelium des Johannes begründete den hier angestrebten Stil am Ende des ersten nachchristlichen Jahrhunderts.

Und noch etwas. Wenn der Papst spricht, sind seine Worte notwendigerweise klar und einfach. Jeder von uns unterscheidet sich vom anderen durch Begabung, Weltanschauung und Ausdrucksweise, durch die persönliche Eigenart; er kann gar nicht anders, als irgendeinen Einzelaspekt betonen, er ist zur Einseitigkeit beinahe gezwungen. Ein Mensch aber, der so exponiert ist wie ein Papst, muß immer universell sein, ins Allgemeine wirken. Er verwaltet die Wahrheit, die stets einfach ist; er ruft das ins Gedächtnis, was jedermann weiß und — verschweigt. Man erwarte also, wie gesagt, von diesem Buch keinerlei Enthüllungen — es sei denn solche, die gerecht, ehrenhaft, unverfälscht, wohlwollend und ratsam sind.

Niemand kann vorgeben, den Papst zu kennen. Die Einsamkeit und das Geheimnis, die ihn umgeben, verlangen von ihm eine größere Diskretion als von jeder anderen hochgestellten Persönlichkeit. Mehr als andere ist er zu einer universalen Liebe verpflichtet und muß jedes allzu menschliche Wort, jedes allzu einseitige Urteil unterdrücken, er ist zu jener wachsamen Höflichkeit verhalten, die eine kostbare Form der Liebe darstellt.

Und trotzdem bleibt jeder Papst er selbst. Er behält seine Persönlichkeit, seine Sympathien und Antipathien, seinen Charakter. Dadurch drückt er seinem Amt den Stempel des Menschlichen auf. Und auch in diesem höchsten Amt, wo man nur noch Gott allein verantwortlich ist, vermag sich eine Persönlichkeit ganz erstaunlich zu entfalten. Wir haben es an Johannes XXIII. gesehen, der beschlossen hatte, sich einfach so zu geben, wie er war. Aber jeder hat eben seinen eigenen Lebensstil, und derjenige Pauls VI. kann nicht der seines Vorgängers sein.

Wie man sehen wird, enthält dieses Buch nicht nur Zwiegespräche, sondern auch Geschichten aus der Jugendzeit Pauls VI., Betrachtungen über die Landschaft seiner Kindheit und seinen ersten Bildungsweg. Im Grunde stellt es ein Porträt des Heiligen Vaters dar, und ich habe es gemalt, indem ich die verschiedensten Farbflecke nebeneinandersetzte und immer wieder retuschierte, ganz nach der Methode Cézannes und anderer Impressionisten.

In den letzten vierzig Jahren habe ich von Menschen, die ich gut kannte, mehrere solcher Porträts gemalt, und gerade in diesem Jahr erschien ein kleiner Band, der sie alle zusammenfaßt. Von einem Toten, das muß ich gestehen, oder von jemandem, den ich nicht persönlich kenne, würde mir ein solches Porträt nie gelingen. Ich kann nur das Bild eines unerreichbaren, bewunderten Wesens zeichnen, doch muß es mir so gegenwärtig, so vertraut geworden sein, daß es meine Substanz vollkommen durchdringt und in mir lebt.

Die Symphonie der Porträts, die ich schaffen wollte (eins wird durch das andere erhellt wie eine Frage durch ihre Antwort), schien mir eine unvollendete Symphonie zu sein. Warum, wußte ich nicht. Aber da war eine Leere, und in ihr ein geheimer Appell... Herr Pouget, mein toter blinder Lehrer, dieser Unbekannteste unter den Unbekannten, schien auf den Bekanntesten der Bekannten zu warten. So, sagte ich mir, werden dann zwei Extreme eines Christus geweihten Lebens in meiner Gemäldegalerie vereinigt sein und die Ähnlichkeit, ja die tiefe Identität aller Wege zeigen, auf denen Gott tastend gesucht wird. Und das gibt Mut.

Monsignore Montini erzählte mir einmal in Mailand, daß er sich nach einem anstrengenden Tag ein wenig erholen wollte und ganz zufällig mein Buch über Herrn Pouget aufschlug und darin las.[*] Ich glaube, es wird ihn an seinen geliebten eigenen Lehr-

---

[*] Der Heilige Vater hatte die Güte, mir am 1. Januar 1967 zu schreiben: „Seit dem ersten Tag Ihres ‚Herrn Pouget' und seines Dialogs, der nicht nur die eigene Persönlichkeit vertieft, sondern auch die Beziehung zu den Mitmenschen, haben Wir das Wachsen Ihres schriftstellerischen Werkes mit lebhaftem Interesse unablässig verfolgt. Sie haben die Gedankenwelt Ihres Lehrers, in der Glaube und Einsicht einander begegnen und sich gegenseitig befruchten und bereichern, weiterentfaltet."

meister, Pater Bevilacqua, erinnert haben, dessen Gestalt in einem der folgenden Kapitel auftritt. Ich habe mein Buch „Monsieur Pouget" geschrieben, indem ich mein „Modell" durch fünfzehn Jahre hindurch unaufhörlich beobachtete. Hier, bei Paul VI., war es fünfzehn Jahre lang beinahe umgekehrt: Nur in seltenen Stunden — nach langen Zwischenzeiten — war es mir möglich, ihn zu sehen, zu hören, zu beobachten. Doch sind gerade solche Umstände vertiefendem Nachsinnen wieder günstig. In beiden Fällen die gleiche Methode: eindringende Osmose. Die Augen schließen, um besser zu betrachten, besser hinzulauschen; das Unwichtige weglassen, auf das Wesentliche eingehen, die Probleme bis zum letzten, geheimnisvollen Punkt verfolgen, um auch noch das Ungesagte zu vernehmen.

„Eine hohe Freundschaft", sagt Pascal, „schenkt uns viel mehr als eine gewöhnliche, sie erquickt das Menschenherz. In ihrem Wirkkreis treiben die geringen Dinge umher, während die großen festen Stand gewinnen und dauern."

Ich habe an dieses Buch zu allen Tages- und Nachtzeiten gedacht, in allen Pausen zwischen meinen sonstigen Arbeiten, ich trug es, wenn ich so sagen darf, in den Falten meines Herzens. Es zeichnet einen Menschen in seiner Tätigkeit, in einigen seiner Erinnerungen, im fortschreitenden Wandel seiner Gedanken, in seinen Sorgen und Freuden und in seiner unerschütterlichen Hoffnung. Und ich wünsche mir, daß dieses Alterswerk alle meine früheren Arbeiten zusammenfassen und widerspiegeln und daß es, nach dem Wort des Apostels Paulus, ein Brief sein möge, hineingeschrieben in die Herzen und von allen Menschen gelesen.

Rom, am 31. Dezember 1966   J. G.

ERSTER TEIL

PERSPEKTIVEN EINES SCHICKSALS

DER 8. SEPTEMBER 1950

In meinem Gedächtnis ist alles gleichzeitig. Die Bilder überschneiden sich, das gegenwärtige weckt die vorausgegangenen, die dieses ankündigten.

Als ich Paul VI. über seine ersten Erlebnisse im Pontifikat sprechen hörte, mußte ich unwillkürlich an die Zeit denken, da er noch ein gewöhnlicher Sterblicher war, ein Priester unter anderen, den man wie seinesgleichen ansprechen durfte. Jedesmal, wenn es sich in diesem Buch um seine Person handelte, versetzte ich mich vor das unergründliche Geheimnis: Wie können in einem einzigen Wesen ein Mensch so wie ich und der Vater aller Menschen zur Einheit verschmelzen? Und wie vollzog sich für jene, die ihn kannten, bevor er Papst wurde, der Übergang, die Vereinigung von dem, der er war, mit dem, der er geworden ist. Wie sehr bewahrheitete sich in seinem Schicksal und in seinem Selbstbewußtsein das Axiom jeglicher Berufung: „Werde, was du bist!" — Das ist ein für jeden einzelnen ganz persönliches Geheimnis, und man fragt sich, wie man das werden kann, was man noch nicht war. Wer den Papst kennt, neigt dazu, sein gegenwärtiges Bild auf das Erinnerungsbild, das er von ihm hat, zu übertragen. Daraus entsteht ein seltsames Gemisch, das uns hilft, die menschliche Natur zu begreifen.

Ich habe meine alten Notizen durchgesehen, mit welchen ich die erste Begegnung festzuhalten versuchte. Den Anlaß dazu bot ein Buch über die Jungfrau Maria, das ich 1950 veröffentlichte. Darüber kurz folgendes:

Ich hatte das Buch auf den Rat eines priesterlichen Freundes hin geschrieben, der mit mir zusammen fünf lange Jahre in deutscher Kriegsgefangenschaft verbrachte. Ich tat es aus Treue, aus Kameradschaft, doch ohne Anstrengung, so nebenher, in einer Art lässiger Entspannung.

Ich tat es nicht etwa nur, um *über* Maria nachzudenken, sondern um *sie selbst* zu meditieren. Und zwar umfassend, das heißt mit meinem gesamten philosophischen Wissen, das ich nicht nur aus den alten Quellen, sondern auch aus modernen Strömungen erworben hatte. Dabei unterstützten mich sowohl die Zeugnisse des Glaubens als auch diejenigen des Unglaubens und des Widerspruchs. Denn ich hatte bei Goethe, bei Renan, bei Auguste Comte (später auch bei Marcel Proust) ein Bild der allerseligsten Jungfrau im „Negativ" vorgefunden, das ich nun zu „entwickeln" gedachte: nicht anders als in den schwarzen, von rotem Licht erhellten Kabinetten der ersten Photographen, wo mein Vater das Hypersulfit des Entwicklers über die Platte gleiten ließ. Ausgerüstet mit diesen alten und neuen Waffen, machte ich mich daran, ein ökumenisches Buch über Maria zu schreiben. Ich wandte mich zuerst und hauptsächlich an die Leugner, an die Vertreter des Rationalismus sowie an jene seit der Reformation so zahlreich gewordenen Menschen, die in der Marienverehrung ein Überbleibsel des Aberglaubens sehen. Ich widmete das Buch unseren protestantischen Brüdern und sagte, daß — nach dem Johannesevangelium — Mariens Bitte zu Kana die Offenbarung des Messias beschleunigt habe. Ein ökumenisches Gebet der bekannten — unbekannten — Muttergottes vermöchte vielleicht auch die Wiederbegegnung der Konfessionen zu beschleunigen. Das war die Absicht, die ich mit meinem Buch verfolgte, das übrigens in römischen Kreisen nicht sehr günstig aufgenommen wurde. Ich wollte die Entwicklung des Selbstbewußtseins Mariens nachzeichnen und zeigen, daß auch sie ihre Zeit dazu brauchte, um die Gottheit dessen, den sie in ihren Armen trug, zu erkennen. Der „Osservatore Romano" bemängelte meine dürftige „Laientheologie". All dies geschah vor dem Konzil.

Monsignore Montini ließ meine Schwierigkeiten mit einigen Vertretern des Heiligen Officiums unerwähnt. Er sagte mir: „Ihr Buch über die Heilige Jungfrau hat mir gut gefallen. Sie bringt heute die Menschen einander näher. Ich glaube, daß ich außer jenem berühmten Brief Newmans an Doktor Pusey nichts über Maria gelesen habe, was mich so befriedigt hätte. Man kann zugleich konservativ und aufgeschlossen sein, der Tradition gemäß schreiben wie auch dem modernen Geschmack entsprechen. Was nützte es, die Wahrheit zu sagen, wenn man von den Menschen unserer Zeit nicht verstanden wird? Der Heilige Vater und ich wünschen Ihrem Buch einen schönen Erfolg."

„Es wird vielleicht nicht allen gefallen", meinte ich.

Er lächelte. Zum erstenmal sah ich den Blick und den Zug um die Lippen, die freundliches Wohlwollen und Diskretion ausdrückten, nicht ohne leisen Humor. In der Notenschrift gibt es Zeichen für die Pausen; sie müssen sorgfältig beachtet werden, dann ist die Stille beredt.

Es war, wie gesagt, der 8. September. Eben schlug es zwei Uhr. Monsignore Montini hatte gewiß noch nicht zu Mittag gegessen. Dennoch hatte er es durchaus nicht eilig. Der Vormittag, angefüllt mit Audienzen, hatte ihn weder ermüdet noch nervös gemacht. Er sah gut aus in der unauffälligen schwarzen Soutane, die ein römisches Kollar abschloß. Jung, schlank, elegant, aktiv, aufgeräumt und selbstsicher. Er beherrschte die französische Sprache, der er sich sichtlich gerne bediente, indem er sie wie einen Stoff langsam entfaltete.

Bei der ersten Begegnung war ich allein mit ihm und ganz unbefangen. Der Gedanke an seine Stellung störte mich nicht (er war ja nur der Sekretär eines Staatssekretärs, den es nicht gab).* Ich betrachtete sein Gesicht, das ich später wohl altern sehen würde und gezeichnet von quälenden Sorgen. Damals war er noch frei und ohne höchste Verantwortung. An jenem Tag hörte ich ihn sagen: „Freiheit und Verantwortung stehen in einem umgekehrten Verhältnis zueinander."

Tatsächlich haben ihn die Sorgen und die Zeit nur wenig verändert, doch damals erschien er mir sehr jung und elegant.

Ich bemühe mich, mir die erste Begegnung wieder zu vergegenwärtigen, jenen unberührten, unverbrauchten Eindruck,

---

* Das päpstliche Staatssekretariat entspricht etwa einem Außenministerium. Als Kardinal-Staatssekretär Maglione 1944 starb, ernannte Pius XII. keinen Nachfolger, sondern übernahm selbst dessen Geschäfte. Die beiden Sekretäre dieses verwaisten Staatssekretariats, Substitute genannt, waren Monsignore Montini und Monsignore Tardini.

der so kurz anhält. Er ist für mich entscheidender als alle später hinzutretenden Beobachtungen. Ich habe ein lebhaftes Temperament und kann nur dann etwas auffassen, wenn ich wach und frisch bin. Mein Blick trübt sich, sobald sich die Meinungen anderer und die ersten leisen eigenen Zweifel an meinem Urteil dazwischenschieben. Und wenn es sich um einen Großen dieser Erde handelt, verwirrt mich der Schwarm von Legenden, Vorurteilen und vorgefaßten Meinungen.

In dem ersten Eindruck, den mir Monsignore Montini an jenem 8. September machte, lag irgend etwas Überraschendes und zugleich Endgültiges, etwas Plötzliches und doch Verheißungsvolles. Er trat mir offen und sehr unmittelbar entgegen, ohne jenen salbungsvollen Klerikalismus, ohne Ausflüchte — un uomo vivo e un uomo fresco: ein lebendiger und frischer Mann ohne ausweichende Vorsicht („Sibyllinische Mehrdeutigkeiten", hat er einmal gesagt, „stehen einem Priester schlecht an.") und ohne die redselige Geschwätzigkeit derjenigen, die allzusehr gefallen möchten.

Er war von einer strahlenden Liebenswürdigkeit, ernst und gütig, taktvoll und wohlgelaunt. Ich dachte an das Sprichwort: „Der gravitätische Ernst ist der Schild der Toren." — „Ein bedeutender Mann, der sich ungezwungen gibt", sagte mir Mondor einmal in bezug auf Paul Valèry, „ist faszinierend." Er glich dem Engel von Reims, der nicht aufdringlich spricht, sondern sich mit einem Lächeln und einem Neigen des Kopfes begnügt, als ob er nur eine kleine Freude ankündigte.

Wie dieses erste Gespräch zeigen wird (es wurde unmittelbar danach niedergeschrieben), wich er keinem Einwand aus, noch bagatellisierte er Schwierigkeiten. Er verstand einen sogleich und oft besser, als man vermutete. Kurz, ich sah mich einem kultivierten, gebildeten Mann gegenüber. Der gegenseitige Kontakt war sehr bald da, sicherlich dadurch erleichtert, daß Monsignore Montini damals noch keine hohe Würde bekleidete und auch in seiner äußeren Erscheinung bescheiden wirkte: ein gewöhnlicher Geistlicher, ohne Verantwortlichkeit (obwohl das gar nicht stimmte), ohne Rot oder Violett, gleich einem schlichten Vogel auf dem Zweig einer alten Eiche, wo er sich soeben niedergesetzt hat und vielleicht davonfliegt, wie er gekommen ist, ohne die Blätter zu berühren oder den Zweig abzubrechen.

Anderseits war auch ich keine berühmte Persönlichkeit, nichts weiter als ich selbst (was schon schwierig genug ist), unbekannt, ein Laie, der von ihm nichts erwartete und nichts erbat. Auch er wußte, daß es bei mir nichts vorauszusetzen, nichts abzuschlagen, ja nicht einmal etwas zu beantworten gab. So war im Vatikan, wo die Wachen und die Schweizergarde Siesta hielten, ein Augenblick des Gleichgewichts, der Ruhe, der Unbefangenheit eingetreten, deren Zauber ich noch heute empfinde. Es war eine halbe Stunde der Stille, einer Stille wie in der Apokalypse.

Wo hatte ich doch einmal gelesen, daß nach Ansicht der alten Römer die Welt und ihre Geschichte im Monat September begonnen hätten, als die Göttin Lavinia ihre ersten Gaben an die Menschen austeilte? Mir scheint diese Idee gar nicht so unsinnig. Der Herbst ist durch die Süßigkeit des Daseins, durch die Entspannung, durch seine ruhige Pracht ein wahrer Frühling des Geistes. Der Frühling betrübt mich durch seine nicht eingehaltenen Versprechen; der Sommer vernichtet mich, der Herbst hingegen inspiriert mich. Und ich frage mich, ob Raffael in seinem berühmten Fresko „Disputation über das Altarssakrament" den Altar, die Sonne der Eucharistie, die Landschaft und die Unterhaltung der Heiligen nicht an einem Septemberabend malte? Denn die Septemberabende fördern das Denken, sofern es sich in Anbetung vollendet.

Ich hatte also Monsignore Montini lächeln gesehen.

Ein Diplomat, dessen Kunst mit derjenigen des Beichtvaters, des Erziehers oder des Dichter verwandt ist, muß mitunter schweigen können. Wo immer ein Dialog von Geist zu Geist stattfindet, muß selbst das Unausgesprochene vernommen werden; nicht nur das Wort, auch das Schweigen spricht.

In meinen späteren Unterhaltungen mit Monsignore Montini lernte ich immer besser, die Gesprächspausen, eine nicht erfolgte Antwort, kurz, die Symphonie des Schweigens zu interpretieren. Und mir Paul Verlaines tiefsinnige Verse zu wiederholen:

> Hier on parlait de choses et d'autres
> Et mes yeux allaient recherchant les vôtres.

Sous le sens banal des phrases pesées
Mon amour errait après vos pensées

Et quand vous parliez, à dessein distrait,
Je prêtais l'oreille à votre secret.*

Wir sprachen zuerst über den sogenannten Ökumenismus. Ich erzählte Monsignore Montini, daß ich mich von Jugend auf mit der Einheit der Kirche beschäftigte und Lord Halifax und Kardinal Mercier während ihrer Besprechungen in Mecheln kennengelernt hatte. Er antwortete:

„Derartige Kontakte und Gespräche zwischen Katholiken und Nichtkatholiken sind dem Heiligen Stuhl sehr erwünscht. Wenn unser Verhalten bisweilen den gegenteiligen Anschein erweckte, dann deshalb, weil diese Dialoge" (ich wußte damals noch nicht, daß er dem Begriff Dialog einmal eine so große Bedeutung beimessen werde) „oder Unterredungen eigentlich verlangen, daß die Katholiken durch kompetente Teilnehmer vertreten sind. Sie verstehen doch? Wenn bei derartigen Begegnungen inkompetente Gesprächspartner, ich will nicht einmal sagen, Irrtümer, sondern bloß theologische Ungenauigkeiten vorbringen (hier haben schon die kleinsten Nuancen Gewicht und Bedeutung), dann entstehen Mißverständnisse. Das erklärt Ihnen die gegenwärtige Einstellung des Heiligen Officiums und namentlich das jüngste Dekret über die Beziehungen zwischen Katholiken und Nichtkatholiken, worin eine Kontrolle durch die Bischöfe verlangt wird. Aber die Bestrebungen als solche werden nicht verurteilt, sie sind nützlich, ja ich möchte sagen: vortrefflich."

Darauf unterhielten wir uns über die Familie Halifax. Er hatte den dritten Lord Halifax gekannt, er nannte ihn Vizekönig, denn das war er in Indien gewesen. Er fragte mich nach dem zweiten Lord Halifax, der sich für die Einheit der Kirche

---

* Gestern spracht ihr über dies und jenes, und meine Augen suchten die euren. Hinter dem banalen Sinn gewichtiger Sätze forschte meine Liebe nach euren wahren Gedanken. Und während ihr so obenhin miteinander schwatztet, neigte ich mein Ohr zu eurem Geheimnis.

eingesetzt hatte und den ich gut gekannt habe. Ich beschrieb ihm diese so menschliche und christliche Persönlichkeit, welcher die Vereinigung der Christen ein heiliges Anliegen gewesen war.

Dann kam er auf mein Buch über Maria zu sprechen: „Wie haben es die Protestanten in Frankreich aufgenommen?" fragte er.

Ich erwiderte, daß, soviel ich wüßte, Pastor Boegner es günstig beurteilt habe.

Er benützte die Gelegenheit, mir alles Gute, was er über Pastor Boegner gehört hatte, mitzuteilen. Er erzählte mir, er habe in eben diesem Salon, in welchem wir saßen, Pastor Thurian empfangen und mit Erstaunen festgestellt, daß die gelehrten protestantischen Pastoren daran seien, den Begriff der Tradition wiederzuentdecken, den sie übrigens niemals ganz aus den Augen verloren hätten. Dann sprach er von der Aufgeschlossenheit, der Aufrichtigkeit und Frömmigkeit der getrennten Christen. Er hege die größte Hochachtung vor ihren Bemühungen um ein Verständnis für die heikle Lage des Heiligen Stuhls, der bei aller Sympathie und Bewunderung für sie jeden Verstoß und jede Untreue gegenüber der Doktrin, die in der Kirche immerfort Geltung gehabt hat, vermeiden müsse.

„Sie haben", fuhr er fort, „die Pioniere der Einheitsbewegung, Kardinal Mercier und Lord Halifax, gekannt. Ich erinnere mich an eine schöne symbolische Geste: Als der Kardinal im Sterben lag, übergab er Lord Halifax, dem vornehmen Anglikaner, seinen Hirtenring. Ein erhebendes Sinnbild."

„Gewiß", erwiderte ich, „Lord Halifax trennte sich nie von dem Ring des Kardinals. Einmal öffnete er seinen Hemdkragen: der römische Ring hing an einer einfachen Kette an seiner Brust."

„Sie kommen in Ihrem Buch über Herrn Pouget auf schwierige Probleme zu sprechen, zum Beispiel auf die anglikanischen Weihen. Ich erinnere mich an das Zusammentreffen des alten Lords mit dem französischen Priester."

„Ja, Herr Pouget sagte zu Lord Halifax: ‚Bezüglich eurer Priesterweihe wird es zwischen euch und uns stets Unklarheiten geben. Weder Sie noch ich vermögen das zu verhindern. Aber Christus, der uns der Ordnung der Sakramente unterworfen hat, hat sich selbst davon ausgenommen. Im Grunde würde es genügen, wenn der Papst eure Bischöfe als Bischöfe der katholischen Kirche anerkennt. Ich stelle mir das so vor: Er legt die Hände auf das Haupt eures Erzbischofs von Canterbury, der seinerseits seine Hände den übrigen Bischöfen auflegt.'"

Er schloß lächelnd: „Das wäre großartig! Glauben Sie mir, wenn ich Papst wäre, hätten wir das rasch erledigt." Man muß wissen, daß Herr Pouget kurzen Prozeß zu machen pflegte und sich wenig um Rubriken kümmerte. Er bewunderte Elias, der Elisäus bei der Feldarbeit traf und ihm seinen Mantel über den Kopf warf. Er war überzeugt, daß die Engländer ein großes Volk seien, das mit Recht seinen Stolz habe. Man müsse um des Friedens und der Einheit willen alles weglassen, was nicht unbedingt notwendig ist.

Darauf wandte sich unser Gespräch der Enzyklika „Humani generis" zu. Ich sagte ihm, wie ich über dieses päpstliche Dokument dächte, das die Fundamente des Glaubens, das Verhältnis von Glauben und natürlicher Vernunft und die Grenzen dieser Vernunft erläutert. Die Enzyklika, so schiene es mir, könne durch die Perspektiven, die sie eröffne, sowie durch all die Warnungen, die sie ausspreche, die Gefahren des modernen Denkens — Fideismus und Relativismus — leicht vergrößern. „Indes", fügte ich bei, „bedarf die Enzyklika einer Interpretation. Wörtlich genommen und außerhalb ihres Zusammenhanges verleiten einige Stellen zu der Meinung, Rom stehe dem geistigen Fortschritt mißtrauisch gegenüber. Manche Intellektuelle werden sich bei der Lektüre der Enzyklika des Eindruckes der Furchtsamkeit, ja sogar der Mutlosigkeit nicht erwehren können."

Er entgegnete sofort, und ich gebe jetzt die Aufzeichnungen wieder, die ich mir noch am selben Abend gemacht hatte:

„Was Sie mir da sagen, weiß ich wohl und kann es sehr gut verstehen. Dennoch — hören Sie mich an: Im ersten Moment werden manche Katholiken Ihres Landes den von Ihnen beschriebenen Eindruck haben. Aber ich bin überzeugt, daß sich dieser Eindruck verflüchtigt. Ja wir achten sogar darauf, daß es so komme. Die Enzyklika ‚Humani generis' gibt Fingerzeige, sie steckt nach rechts und nach links bestimmte Grenzen ab in der Absicht, daß man auf dem Weg des Fortschritts mit Sicherheit voranschreite, daß insbesondere die Quellen rein bleiben und sich für die Kirche eine neue Ära des kulturellen Fortschritts anbahne. Ich meine, sie eröffnet eine königliche, das heißt eine offene und gefahrlose Straße. Zweifellos haben auch Sie die behutsamen Formulierungen in dem päpstlichen Text beobachtet. So spricht zum Beispiel die Enzyklika nirgends von Irrtümern (errores), lediglich von Meinungen (opiniones). Dies besagt, daß sich der Heilige Stuhl hier keinesweges gegen Irrtümer im strengen Sinne wendet, sondern eine Denkart abweist, die zwar zu Irrtümern führen könnte, an und für sich jedoch akzeptabel ist. Darüber hinaus gibt es drei Gründe dafür, daß der Sinn der Enzyklika nicht verfälscht werden darf. Der erste, im Vertrauen gesagt, ist der ausdrückliche Wille des Heiligen Vaters. Der zweite ist die Geisteshaltung des französischen Episkopats, der so großzügig und den zeitgenössischen Strömungen so aufgeschlossen ist. Freilich sind die Bischöfe ja überhaupt immer wieder versucht — denn sie stehen in unmittelbarem Kontakt mit den Menschen, sofern sie ihre Aufgabe, die Seelsorge, ernst zu nehmen —, immer wieder versucht, sagte ich, den Rahmen des Dogmas und des Glaubens zu erweitern. Das ist freilich richtig. Umgekehrt haben wir in Rom die Pflicht, über die Lehre zu wachen. Wir sind besonders empfindlich in bezug auf alles, was die Reinheit der Lehre — der Wahrheit — beeinträchtigen könnte. Der Heilige Vater ist der Hüter des uns anvertrauten Glaubensgutes, wie es beim heiligen Paulus heißt. Der dritte Grund ist kurz und bündig dieser: Die Franzosen sind intelligent."

Darauf schwieg er und sah mich unmerklich lächelnd an.

Ich entgegnete Monsignore Montini, daß die Franzosen wohl intelligent seien, aber eben deshalb uneins. Wie kürzlich jemand zu Kardinal Maglione gesagt habe: Auf je zwei Franzosen komme jeweils einer, der im Begriff stehe, die Koffer zu packen und nach Rom zu fahren, um die Verurteilung des anderen zu erwirken.

„All das", erwiderte Monsignore Montini lachend, „ist ein Zeichen von Vitalität. Wenn die Franzosen vom Heiligen Stuhl und vom Vatikan so häufig einen Wink erhielten (manchmal in negativem Sinn), dann wohl sehr oft gerade deshalb, weil sie so eifrig, lebendig, schöpferisch und, ich wiederhole es, so intelligent sind. Ich will Ihnen etwas sagen, das Sie als Philosoph leicht verstehen werden. Es hat keinen Zweck, einen Schlafenden oder einen Toten zurechtzuweisen. Übers Ziel schießen nur mutige und hochherzige Naturen. Mit anderen Worten: Einen lebendigen Geist ermahnen, heißt durchaus nicht, ihn nicht gleichzeitig auch bewundern, ja sogar bisweilen beneiden. Die Franzosen vermuten zu Unrecht dort eine Verurteilung, wo es lediglich um einen Hinweis geht, um einen Appell zur Klugheit, zur Bedachtsamkeit, zur Geduld des Reifenlassens. Insofern war die päpstliche Ermahnung ein Beweis väterlicher Gunst und Hochschätzung.

So manche Gegenden der Welt bereiten uns keine derartigen pädagogischen Sorgen, weil der dortige Katholizismus nicht die gleiche Kraft und den gleichen schöpferischen Elan besitzt wie in Frankreich. In Rom weiß man, daß Frankreich das Haupt des Katholizismus ist, zumindest in missionarischer und intellektueller Hinsicht."

Er wandte sich um: „Sehen Sie sich die Regale dieser Bibliothek an: Wer in unserer Zeit hat denn diese Lexika, diese monumentalen Bände und theologischen Werke geschaffen, die auf der ganzen Welt anerkannt werden? Die Franzosen. Ihr seid die einzigen Avantgardisten, die in der Feuerlinie kämpfen. Ihr seid die einzigen, die nicht bloß wiederholen, was schon gesagt worden ist, sondern es erneuern und entfalten. Natürlich ist das nicht ungefährlich. Manchmal geht ihr zu weit oder zu schnell voran. Im Grunde jedoch seid ihr maßvoll, und man darf eurer Klugheit trauen. Ein Beispiel: Ihr werdet hier oft beschuldigt, der Versuchung des Modernismus erlegen zu sein, der von Pius X. zu Recht verurteilt worden ist. Tatsächlich ist aber die modernistische Irrlehre gar nicht in Frankreich entstanden. Selbst euer Abbé Loisy stand da, wo er irrte, unter ausländischem Einfluß. Ich glaube, Sie haben Loisy gekannt. Wissen Sie, in welcher Verfassung er gestorben ist?"

„Er war exkommuniziert", antwortete ich. „Ich besuchte ihn in seiner kleinen Wohnung in Moutier-en-Der, wo er, umgeben von Erinnerungsstücken aus der Zeit seines Priesterdaseins, den Lebensabend verbrachte. Ich erinnere mich an Abbildungen von Lacordaire, von Monsignore Duchesne, von Newman und seinen Mitseminaristen. Als ich hinkam, erteilte er einem kleinen Mädchen aus dem Dorf gerade Katechismusunterricht. Er übergab mir sein Brevier und bat mich, für ihn zu beten und sein Buch über ‚Das Evangelium und die Kirche' eines Tages auf meine Art neu zu schreiben." („Was ich mir auch vorgenommen habe", sagte ich damals zu Monsignore Montini.) „Dann zeigte Loisy auf einen Radioapparat, der in einer Ecke des Zimmers stand. ‚Sehen Sie diesen Apparat, er hat es mir, dem Exkommunizierten, dem man ausweichen muß (vitandus), ermöglicht, den Segen der höchsten kirchlichen Autorität zu empfangen — als Pius XII. anläßlich eines eucharistischen Kongresses der ganzen Welt seinen Segen spendete. Für die Ätherwellen', schloß Loisy, ‚gilt keine Exkommunikation.' "

Ich wollte Monsignore Montini noch einiges über die Enzyklika sagen. „Manches darin ist recht schroff formuliert. Sie forciert gewisse Tendenzen, die bei uns noch sehr unschuldig, ich möchte fast sagen, noch kaum spürbar sind."

Monsignore Montini unterbrach mich sofort: „Das wissen wir. Darum spricht die Enzyklika, wie Sie sehen, nicht von einem vorhandenen Übel, sondern von vorbeugenden Maßnahmen. Auch der Ton ist ein gänzlich anderer als in der Enzyklika ‚Pascendi', die Pius X. gegen den Modernismus erließ. Man darf sagen, daß die Absicht des Heiligen Vaters gerade darin bestand, alles zu vermeiden, was eine neue Enzyklika ‚Pascendi' notwendig machen würde. Dem Heiligen Stuhl wäre es viel lieber, wenn er nichts sagen müßte, aber er darf seine Pflicht nicht versäumen."

„Das wissen wir, Monsignore", erwiderte ich. „Aber wenigstens in Frankreich vermögen wir uns in diesen ‚falschen Meinungen', von denen in der Enzyklika die Rede ist, nicht immer wiederzuerkennen. Wir meinen, es ist oft gefährlich, zu weit vorzupreschen, aber es ist ebenso schädlich, zu weit zurückzubleiben."

Monsignore Montini entgegnete: „Das vergessen wir natürlich auch nicht. Schließlich", fügte er nach einer neuerlichen Pause hinzu, „sind die Aufgaben der Hirten und der Laien verschieden. Wir, die Hirten der Kirche, die wir für die Bewahrung des Glaubensgutes verantwortlich sind, dürfen nicht in die Fehler der Trägheit, der Verspätung, des übertriebenen Konservatismus verfallen. Aber ihr Gläubige, die ihr in dauerndem Kontakt mit der Welt steht, dürft nicht allem Neuen nachjagen, das möglicherweise falsch ist oder sich noch nicht bewährt hat. Ihr müßt euch davor hüten, allzu rasch nachzugeben, sonst rückt ihr am Ende auf minenverseuchtem Terrain vor. Ihr würdet zwar der Kirche Seelen gewinnen, aber einer gefährdeten Kirche. Ich wiederhole: Unsere Aufgaben sind verschieden, ergänzen sich jedoch. Ich würde sagen (vielleicht drücke ich mich auf französisch nicht ganz korrekt aus), wir Hirten neigen zum ‚Dogmatismus‘, ihr Gläubige zum ‚Relativismus‘."

Nun fragte ich ihn, warum die Enzyklika „Humani generis" verboten habe, den Thomismus anzugreifen, und erinnerte Monsignore Montini an den Brief, den er im Auftrag des Heiligen Vaters an Maurice Blondel geschrieben hatte.

„Ja", meinte er, „in dem Brief habe ich den Wert der Philosophie Blondels anerkannt. Indes werden Sie bemerkt haben, daß ich ungefähr hinzufügte: ‚Obwohl die Theologen nicht allen Punkten der Philosophie Maurice Blondels zustimmten.‘ Das war meine Ansicht. Man hat mich wegen dieses Briefes kritisiert, doch sagt er genau das, was gemeint war.

Wir in Rom wissen aus einer sehr langen Erfahrung, daß der Thomismus besser als jede andere, auch die scholastische Philosophie, eine Anzahl von Wahrheiten schützt, die zur Ausübung des katholischen Glaubens unerläßlich sind, beispielsweise die Wertschätzung der Vernunft, einen gesunden Realismus, einen klaren Begriff vom Gottesgeheimnis sowie von den Gottesbeweisen. Nach unserer Auffassung stellt der Thomismus eine lang erprobte, vorbildliche Methode dar, doch folgern wir daraus nicht, daß alle christlichen Philosophen Thomisten sein müßten. Es befällt uns stets ein leiser Argwohn, wenn Philosophen Thesen aufstellen, die nicht der Lehre des heiligen Thomas auf die eine oder andere Weise entsprechen, die nicht an ihr wie an einem lebendigen Kriterium gemessen werden können. Das ist bei der Philosophie Maurice Blondels der Fall. Die Zurückhaltung, die wir in Rom üben, braucht die Philosophen nicht daran zu hindern, ihren Weg weiter zu verfolgen, aber sie gibt ihnen eine Art Achse oder Garantie. Anders gesagt: Wenn Sie wollen, sehen wir bis heute im Thomismus eine optimale Annäherung an die ‚Philosophia perennis‘, zumal in pastoraler, kirchlicher Hinsicht (vor allem für die Ausbildung des Klerus). Darum bedauern wir die ungerechten Angriffe gegen den Thomismus, die der Meinung Vorschub leisten, er sei eine gänzlich überholte mittelalterliche Philosophie, die man nur aus den damaligen Zeitumständen heraus verstehen könne."

Darauf sprach ich zu Monsignore Montini von Pater de Lubac und von der Erregung, die seine Maßregelung in Frankreich verursacht hatte. „Das ist uns bekannt", antwortete er, „aber Sie können versichert sein, daß Pater de Lubac der Kirche noch hervorragende Dienste leisten wird. Wir kennen sein Wissen, seinen Einfluß, sein Verdienst."

Am Ende unserer Unterhaltung erlaubte ich mir die Bemerkung, daß sich die französischen Laien oft in einer schwierigen, zerrissenen Lage zwischen der kirchlichen Obrigkeit und den Ungläubigen befänden. Jene erblickten in ihnen die gefährlichen Avantgardisten, diese hingegen die Rückständigen. Auch mir mache diese Situation sehr zu schaffen.

Indem er sich erhob, um mich zu verabschieden, erwiderte er: „Ihre Schwierigkeit als Laie muß man mitfühlen, sogar mitleiden. Es gibt keine leichte Lösung für das, was von Natur schwierig ist. Wenn man zerrissen ist, muß man es aus Liebe ertragen, zerrissen zu sein.

Heutzutage gibt es in der Kirche viele, die noch in der Vergangenheit leben, das ist gut. Andere verhalten sich so, als ob es nur die Gegenwart gäbe. Einige leben in der Zukunft, und auch das ist sehr gut. Beunruhigen Sie sich nicht, wenn Sie sich in dieser Welt nicht wohl fühlen. Niemand fühlt sich wohl auf dieser Durchreise. Ich zitiere die Verse eines eurer Dichter:

,Geh deinen Weg, ohne dich sonst zu sorgen,
die Straße ist schmal, du brauchst nur weiterzusteigen,
trägst du doch den einzigen kostbaren Schatz bei dir.' "

Er fuhr fort:

„ ,Ja, bewahre die ganze Hoffnung zumal,
dir bereitet der Tod hier unten ein Bett der Freude.' "

Er sah mich mit demselben, ich möchte sagen, engelgleichen, aber auch sibyllinischen Lächeln an:

„ ,Erklimme den Berg ganz so wie ein Kind.' "

Er verschwand. Die Uhr schlug drei. Die Sonne begann allmählich zu sinken.

Das war unsere erste Begegnung, am 8. September 1950.

DREI ZEICHEN AUF ERDEN

Er führte mich zu einem sehr engen Aufzug in dieser Aussichtsgalerie, die über dem Palast erbaut war. Hier konnte er sich ausruhen und frische Luft schöpfen, konnte atmen, ohne zu sehen, die Heimstätten der Römer besuchen, ohne gesehen zu werden (wie die Engel es tun), in glückbringender, wachsamer Gegenwart.

Obwohl mir Paris vertrauter ist als Rom, weil es von so vielen Erinnerungen, von der ganzen Geschichte Frankreichs seit ihrem Ursprung her bewohnt ist, fühle ich mich in Paris doch niemals — wie soll ich sagen — geborgen. Ja, wenn ich wüßte, daß von der Höhe eines Hügels ein inniger, liebender, klarer Blick über jede Straße, jedes Dach, jeden Platz streift — wo man miteinander redet, wo man einander liebt (oder vielleicht gar eine Verschwörung anzettelt), wo man wie die Kinder spielt, wo die Wissenschaft einen langweilt und niederdrückt — ach ja, wenn ich auf einen solchen Blick zählen könnte, dann wäre Paris mein Rom.

Johannes XXIII. hatte sich den Sankt-Johannes-Turm am Ende der Vatikanischen Gärten einrichten lassen, um dort allein zu beten und zu wachen. Doch soviel ich von den Zeugen seiner Einsamkeit in diesem runden mittelalterlichen Turm (ähnlich einem plumpen Kopf) erfahren habe, entfloh er gerne seiner Klause. Oder er machte das Fenster auf, um die bescheidenen Leute besser zu sehen, die rings um den Vatikan herum wohnen — wie die Wogen der Menschheit und der Armut, Wogen, die einst an die Paläste der Könige schlugen, sich daran brachen und sie stündlich an das Elend der vielen gemahnten. Man hat mir erzählt, Johannes XXIII. habe sich erholt, während er dem Trocknen der Wäsche, den häuslichen Arbeiten, dem bunten Treiben der Armen unter der römischen Sonne, dem Hin und Her der Kinder in den Höfen zuschaute. Das gute Volk brauchte das Gefühl seiner Nähe. Man kann den Papst nur verstehen in Verbindung mit dem vielgestaltigen privaten und öffentlichen Leben der Stadt, deren Bischof er ist. Die Entwicklung seit der Renaissance brachte es mit sich, daß er sich immer weiter davon entfernt hat. Und der Lebensstil, der sich im Vatikanstaat wie in einem Gefängnis der Kirche einbürgerte, ist dem Wunsch der modernen Päpste entgegengesetzt: hinauszugehen, Besuche zu machen, sich unter das Volk zu mischen, sich manchmal sehen zu lassen und selbst immerfort zu sehen. „Wie süß ist es", sagte Richelieu, „zu fühlen, wie Paris im Schatten meiner schlaflosen Nächte ruht." Doch der Kardinal begnügte sich mit dieser distanzierten Anwesenheit.

Aus dem engen Aufzug traten wir auf die vorspringende Terrasse. Zu meiner Überraschung entdeckte ich einen Kreuzgang, einen benediktinischen Kreuzgang oder einen Ort der Sammlung, wie ich ihn mir am Abhang des Berges Athos vorstelle. Die Architektur zwingt einen, die Landschaft ringsum durch den Rahmen von Säulen und Bogen zu sehen, was die Ausblicke, die Perspektiven vervielfältigt. Schreitet man hier voran, so wächst das Staunen, und das Gehen wird zum Gebet: Leib und Seele werden zugleich beglückt. Auch ich hätte gern einen Kreuzgang auf meinem Dach oder wenigstens eine Mansarde mit einer Dachluke, die auf das Gewirr von Rohren und Fernsehantennen blickt. Das Dach dieses einsamsten aller Paläste wurde in einen Kreuzgang verwandelt. Zufall oder Absicht? In Avignon hatten die Päpste ihr Domizil als Festung erbaut. Ich habe in Avignon gelebt; da war die Engelsburg in das Brausen des Mistrals, ans Ufer der ungestümen Rhone gestellt worden. — Das Angemessenste, was sich seit Jahrhunderten aufdrängt, wäre die Errichtung eines Konvents oder besser noch eines Klosters, wo der Papst mit den Kardinal-Mönchen lebt, auf jede andere Kleidung als die Mönchskutte oder die symbolischen liturgischen Gewänder verzichtet und Massenaudienzen wie Privataudienzen in nackten Sälen abhält.

Ist etwa dieser Kreuzgang ein bedeutsamer Anfang? Der Heilige Vater hat die noble Eleganz noch vereinfacht. Sein Geschmack ist eher attisch als allgemein antik. Er hat diesen Zufluchtsort als Stätte des Gebets angelegt: um „frische Luft zu schöpfen", sagt er, und ich ergänze: die Luft der Erde und die Luft des Himmels, zu dem hin die Erde sich öffnet.

In diesem luftigen Garten gehen wir auf und ab. Vor allen Blicken geschützt, nur ein Hubschrauber könnte uns stören.

"Die Mauern meines Kreuzgangs sind hoch genug, um nicht gesehen zu werden und selbst nichts sehen zu müssen."

"Es sind, Heiliger Vater, Ihre geschlossenen Augenlider."

Der Heilige Vater war auf einen Steinblock gestiegen, sein Oberkörper ragt empor, er könnte von den Römern, von Besuchern gesehen werden. Ein Windstoß bläht seine Kapuze auf. Ich weiß, er liebt flatternde Gewänder (wie an der Nike von Samothrake) — Bilder des Lebens, Ausdruck von Bewegung. Es ist die Stunde vor der Dämmerung, weich, durchscheinend und phosphoreszierend in unseren gemäßigten Breiten. In Rom ist diese Stunde kürzer als in Paris; das stumme Geheimnis der Mauern und des Bodens tritt deutlicher hervor und inspiriert mich stärker. Das Ockergelb der Mauern intensiviert den Schimmer des Lehms oder des Steins: grelle Sienaerde, feucht oder gebrannt, das Aroma des italienischen Landes. Bei Sonnenuntergang scheint es sich zu verströmen und zu verflüchtigen wie ein zum Gedicht gewordener Gedanke. Jedem römischen Abend eignet diese auseinandergleitende Schönheit, jeder Abend ist herbstlich. Und dann, wenn alles abstirbt und bläulich verblaßt (ohne jemals schlaffes Grau zu werden, denn dem Tag folgt unmittelbar die Nacht), entzünden sich die Lichter in den Höfen und auf den Plätzen, dann in den Verkehrsadern der Stadt in langen Zeilen, in Sternbildern. Und unvermutet ist die ganze Stadt erleuchtet. Jeden Tag wird es Weihnachten in Rom.

Der Papst stützt sich auf den Mauerrand, sonnengebräunt, vom Meereswind gepeitscht, und blickt auf die lächelnde Schönheit der Stadt. Die einzelnen Häuser verschwimmen in einer gelblichen oder rötlichen Mischfarbe, nur die Kirchen erheben sich aus dem roten Schatten, während die Albaner Berge verschwinden. Rom war nichts als ein umgekehrter Himmel voll neuer Sterne, gestaltloser Figurationen, Ermattung und Schwäche. Dieses Gemisch der Großstädte, bestehend aus Schlaf, Lust und Sünde, erfüllte das Auge und die Seele Pauls VI. Er betrachtete diesen Spiegel des Universums, die fieberhaft pulsierende und ruhende nächtliche Stadt. Der Papst sah die Ohnmacht Roms in der Nacht. Er schwieg. Noch immer blies der Wind. Seine weiße Gestalt war zu einem Schimmer, zu einem lichten Schatten geworden — milchig wie die Streifen der Sternnebel, die über die Erde wachsen.

„Man sieht nichts mehr", sagte ich.

„Man sieht alles", entgegnete er.

Er faltete die Hände und neigte ein wenig den Kopf: eine betende Silhouette im Dunkeln. Urbi, orbi: diese Silben gehören zusammen, ich vermeinte sie in dem Gebet zu vernehmen. Ein so natürliches Gebet, so gar nicht theatralisch, ganz verborgen und einfach. Die Stadt, dachte ich, ist ein Abbild der Welt. Und wenn sich der Heilige Vater anderswohin begäbe, nähme er zwar Rom nicht mit sich, wie Corneille sagt. Aber jeder noch so kleine Flecken Erde, den er aus dämmriger Höhe betrachtete, würde zum Sakrament der ganzen Erde, zum Spiegel des unermeßlichen Alls — in dessen grenzenlosen Räumen es vielleicht weder geistiges Leben gibt noch Liebe.

Von der anderen Seite der Terrasse, abseits der Stadt, erblickt man den Petersdom. Aber wie fremd sieht die Kuppel von solcher Nähe aus: eiförmig, riesenhaft, dunkel, wie ein wohlgeformtes Gehirn. Die von Michelangelo entworfenen Linien erscheinen mir in der Nacht noch einfacher als bei Tage: sie rechtfertigen sich durch ihre bloße Form. Die Kuppel ist wie ein architektonisches Symbol für das, was in einem Geist vor sich geht, wenn er denkt und betet: die Bögen der Gedanken verjüngen sich, zur Spitze ansteigend. Bei der Kuppel ist dieser Anstieg harmonischer als bei einem Spitzbogen, der eine gebrochene Figur, eine geknickte Kurve darstellt.

Papst Paul VI. hat dreißig Jahre in dieser schönen (vielleicht zu irdischen) Landschaft gelebt, im Prunk der Renaissancepäpste, die uns so fremd geworden sind, noch fremder als die Päpste des Mittelalters. Ich weiß, daß er von einer Kunst träumt, die die Schönheit von Florenz mit der christlichen Frömmigkeit vereinigt. Und die mailändischen Maler, die er bevorzugt und die auch seine Kapelle ausgestaltet haben, inspirieren sich eher an der Frührenaissance, an Giotto und Fra Angelico, als an Caravaggio. Ich werde weiter unten darlegen, wie sehr diese Kunst geeignet ist, die Auferstehung zu veranschaulichen.

All dies ging mir durch den Sinn, während ich die Kuppel betrachtete. Dann senkte ich den Blick auf die Kolonnaden des Bernini und die Lichtfontänen der Springbrunnen. Man vernahm die Geräusche von unten, war aber zu hoch, um genau zu erkennen, was auf dem Petersplatz um den Obelisken herum geschah.

„Mein Arbeitszimmer befindet sich unter dieser Terrasse, wo wir jetzt sind. Nach einem von dem guten Johannes XXIII. eingeführten Brauch spreche ich zu Mittag vom Fenster aus den ‚Engel des Herrn‘, richte ein paar Worte an das versammelte Volk und gebe ihm den Segen. Ich kann sie leider nicht gut sehen, die Entfernung ist zu groß."

„Umgekehrt schon", sagte ich zu ihm. „Das Volk weiß, wo Sie sind, es sieht Sie an Ihrem Arbeitsplatz, in Ihrem Büro, in Ihrem ‚Laboratorium‘. Und doch stört es Sie nicht. Das trägt bei zu dem engen Kontakt zwischen dem Volk und seinem Vater. Von allen Staatsoberhäuptern ist nur der Papst fast ohne jede Wache und jeden Polizeischutz — derjenige, den man am leichtesten sehen kann und zu dem man am leichtesten Zutritt findet. Eine seiner Obliegenheiten besteht darin, sich so oft wie nur möglich sehen zu lassen, als Vater, nicht als Staatsoberhaupt."

„Deshalb", fuhr er fort, „bin ich glücklich über alles, was an mich herankommen kann. Oft verlasse ich die Sedia gestatoria,* um zu Fuß weiterzugehen, näher bei den Leuten zu sein. Aber ich habe auch das andere festgestellt: Die Sedia vermittelt dem, der auf ihr sitzt, den Eindruck eines ihn umgebenden Meeres, einer Masse, erlaubt ihm aber auch, allen näher zu sein. Man schwebt über allen und kann daher ohne Unterschied von jedem gesehen werden. Doch wenn zu Mittag der Angelus geläutet wird und ich die Besucher aus allen Teilen der Erde erblicke, fühle ich mich zu ihnen hingezogen. Ich bin glücklich über diesen raschen Kontakt zwischen dem Einsamen und den vielen."

---

* Der berühmte Sessel, in welchem der Heilige Vater bei feierlichen Prozessionen getragen wird. (Anm. d. Übers.)

Ich
„Der Einsame wäre isoliert ohne die vielen. Und die vielen wären verloren, wenn sie sich nicht um den Einen scharten."

Papst
„Ich glaube, von allen Aufgaben eines Papstes ist diejenige am beneidenswertesten, Vater zu sein. Früher kam es vor, daß ich Pius XII. bei den großen Zeremonien begleitete. Er tauchte in die Menge ein wie in den Teich von Bethesda. Man bedrängte, man preßte ihn. Er strahlte, er lebte auf. Aber es ist ein großer Unterschied, einen Vater mitzuerleben oder selbst Vater zu sein. Das Bewußtsein, Vater zu sein, erfüllt Herz und Geist und verläßt mich zu keiner Stunde des Tages. Es nimmt nicht ab, sondern vertieft sich noch, weil die Zahl der Kinder wächst; es wächst an und läßt sich auf niemanden übertragen. Es ist so stark und so unbemerkt wie das Leben selbst, das erst im Tod erlischt. Es ist nicht üblich, daß ein Papst vor seinem Ende abdankt — eben deshalb, weil es sich nicht nur um ein Amt handelt, sondern um eine Vaterschaft. Man hört niemals auf, Vater zu sein. Diese Vaterschaft ist allumfassend und erstreckt sich auf alle Menschen. Ich spüre sie mir entströmen in konzentrischen Kreisen, weit über die sichtbaren Grenzen der Kirche hinaus. Ich fühle mich als Vater der gesamten Menschheitsfamilie. Selbst wenn die Kinder den Vater gar nicht kennen, ist er's trotzdem. Aber das Wissen um diese Vaterschaft ‚partikularisiert' auch. Damit will ich sagen: es ‚fixiert' einen auf jede einzelne Person, macht sie zu einer ganzen Welt, auch wenn man ihr nur ein einziges Mal begegnet oder wenn sie ein Kind ist. Dieses Wissen des Papstes ist immer wieder neu, jung, taufrisch, frei und erfinderisch. Glauben Sie das? Dieses Bewußtsein ist keine Belastung, es ermüdet einen nie, im Gegenteil! Ich bin nie auch nur einen Augenblick lang zu müde gewesen, die Hand zum Segen zu erheben. Nein, ich werde niemals aufhören, zu segnen oder zu verzeihen. Als ich auf dem Flugplatz von Bombay gelandet war, mußten wir bis zu dem Ort, wo der Kongreß stattfand, zwanzig Kilometer zurücklegen. Eine ungeheure, unzählbare Menge säumte dicht gedrängt, schweigend und unbeweglich die Straße — fromme und arme Menschen, hungrig, unterdrückt, halbnackt, aber genau beobach-

tend, wie man sie nur in Indien sieht. Ich mußte sie pausenlos segnen. Ein befreundeter Priester an meiner Seite hat, glaube ich, gegen Ende meinen Arm gestützt, wie der Knecht den des Moses. Dennoch fühlte ich mich nicht überlegen, sondern als Bruder: niedriger als alle, weil mit der Verantwortung für alle beladen. Ich meine, das Bewußtsein, Vater zu sein, ist das Wesentliche eines Papstes. Für wie gering hält er sich, wenn er sich selbst betrachtet. Mein bisheriges Leben erscheint mir wie ein Geheimnis. Alles, was mir darin zugestoßen ist, erklärt sich aus dem, was am Ende von mir gefordert wurde: Meine Armseligkeit blieb dieselbe, das Wissen um meine Grenzen ist gewachsen. Aber eine Kraft, die nicht von mir stammt, hält mich von einer Stunde zur anderen aufrecht. Ich begreife, daß der heilige Paulus vom Elend seines Daseins nicht befreit werden wollte. Diese universale Vaterschaft ist ein drückendes und süßes Joch, an jedem Tag anders erscheinend, wie der Schmerz oder das Licht, die sich ebenfalls täglich erneuern. Und auch die Hilfe ist stets neu."

„Das ist das Geheimnis eines jeden Menschenlebens", sagte ich. „Aber das Geheimnis leuchtet heller auf im Zentrum des Lebens und in der Berufung, die alle anderen Berufungen übersteigt. Daher kommt es auch, daß wir die Augen zu Ihnen erheben wie zu dem Zeichen, das auf dem Berg gegeben wurde und uns darauf hinweist, was wir in den großen und kleinen Anliegen des Alltags zu tun haben. Ein Vater ist nicht nur Vater, er ist auch unser Vorbild. Pascal lehrt uns, die kleinen Dinge zu tun, als wären es große, denn Gott kennt in seiner Allmacht, oder besser, in seiner Allgegenwart unser Leben, kennt die Großen wie die Kleinen."

„Im Leben eines Papstes", fuhr er fort, „gibt es keinen Augenblick der Ruhe und der Entspannung, und die Vaterschaft wie die Sohnschaft sind niemals unterbrochen. Und da die Aufgaben die Fähigkeiten stets überfordern, bleibt nichts anderes übrig, als sich der Gegenwart hinzugeben, das heißt dem Herrn. Ein Papst lebt von einer Dringlichkeit zur andern, von einem Augenblick zum andern. Er wandert wie die Hebräer in der Wüste von Manna zu Manna. Er hat kaum Zeit, auf den zurückgelegten Weg hinschauen, nicht einmal, um die künftige Marschrichtung zu erkunden. Johannes XXIII., der so einfach und gutmütig war, hat das bei mehreren Gelegenheiten bemerkt. Mir fallen auch die Worte Newmans ein:

,Leite mich, wohltätiges Licht, leite mich.
Ich verlange nicht, weiter in die Ferne zu sehen,
mir genügt ein Schritt voraus' —
,One step is enough for me'."

„Ich entsinne mich", warf ich ein, „in Castel Gandolfo zeigte mir eines Tages Johannes XXIII. die Sternwarte in der Ferne: ,Nun', sagte er, ,dort drüben sind die Jesuitenpatres; die kennen die Himmelszeichen, ich nicht. Ich gehe Schritt für Schritt vorwärts in der Nacht, wie Abraham.' "

„Ja, so machte er es, selbst in großen Dingen wie beim Konzil. Er hat mir immer gesagt, daß ihm diese Idee plötzlich gekommen sei. Nicht allen wird diese plötzliche Gnade zuteil wie ihm. Die Gaben des Geistes sind so verschieden; doch für alle kommen Augenblicke, wo sie sich von allen Vorbereitungen losreißen und mutig, kühn in die Wolken auffliegen müssen.

Gott läßt sich herab, uns zu helfen, wenn wir uns in seine Arme fallen lassen. Das ist eine große Gnade, eine Erfahrung, die alle Christen gemacht haben, und vielleicht sogar alle Menschen. Das habe ich im Verlauf meiner Reise erlebt. Mehrere Kardinäle hatten mir zu verstehen gegeben, daß sie nicht ungefährlich sei. Und ich glaube, sie hatten recht. Aber es ist so gut, etwas zu wagen, wenn man in der Hand des Allmächtigen ist. Da spürt man wirklich, daß zwischen Gott und uns kein Abstand ist."

Dann erzählte mir der Heilige Vater von seinen Reisen: „Seitdem sie vorüber sind und der Vergangenheit angehören, sehe ich, worin sie einander gleichen und worin sie sich voneinander unterscheiden. Ich vergleiche sie in meinem Herzen, wie uns das Evangelium von Maria berichtet. Das ist eine gute Methode. Wenn ich sie so in meinem Herzen vergleiche, erkenne ich die Gnade jeder einzelnen besser."

Ich sagte ihm: „Die erste Reise führte nach Jerusalem. Es war nicht nur die erste, es hätte auch die letzte sein können. Ich entsinne mich der allgemeinen Überraschung, als Sie sie ankündigten; niemand hätte das gedacht. Niemand hätte das für möglich oder wahrscheinlich gehalten. Doch eine Stunde nach der Ankündigung fand man es schon ganz natürlich. Ja selbstverständlich. Ein gutes Beispiel dafür, wie rasch man sich an eine unerwartete Nachricht gewöhnt. Auch bei der Einberufung des Konzils war es nicht anders: Vorher denkt kein Mensch daran — nachher kommt es jedermann so vor, als habe er es schon längst gewußt. Aber dann gab es viel zu planen und vorzubereiten, wie bei einem großen Aufbruch. Wenn man jemanden noch nie sich bewegen oder sprechen gesehen hat, meint man, das sei unmöglich; nachher heißt es: das war unvermeidlich. Vorher gibt es unerhörte Schwierigkeiten, nachher war alles so einfach."

Der Papst lächelte: „Freilich war es ganz natürlich. Ich wollte, wie ich betont hatte, eine Wallfahrt an jene Orte machen, wo die Kirche ihren Ursprung genommen hat, wo Petrus berufen worden ist, wo Jesus geboren wurde, gelitten hat und auferstanden ist. Aus politischen Gründen oder aus technischen Unzulänglichkeiten heraus war das jahrhundertelang unmöglich gewesen. Aber nachdem die Voraussetzungen da waren, drängte sich die Reise geradezu auf. Sie drängte sich auf, sobald die Möglichkeit dazu gegeben war. Die Idee der zweiten Reise, nach Indien, war nicht so zwingend. Manche warnten vor der Fahrt in ein so fernes und nichtchristliches Land."

„Nun", warf ich ein, „Heiliger Vater, nach der ersten war die zweite vorauszusehen. Sie war folgerichtig, wie die Hoffnung aus dem Glauben folgt. Der Glaube riet zur Fahrt ins Land der Menschwerdung am Schnittpunkt der arabischen und der israelischen Welt, wo sich die zwei abrahamitischen Völker berühren. Wer die geheime Logik in der Wahl ihrer Reisen suchte, durfte annehmen, daß sie auch dorthin gehen würden, wo die Söhne Abrahams an die Völker Indiens grenzen, an den Rand des Orients, wo der Friede der Welt so sehr bedroht ist. Der heilige Paulus, dessen Namen Sie tragen, hatte den Plan, bis zu den äußersten Grenzen der damals bekannten Welt vorzustoßen. Er soll bis nach Spanien, zu den berühmten Säulen des Herkules gekommen sein. Da es der technische Fortschritt dem Papst nunmehr ermöglicht, soll er zu den neuen ‚Säulen' — an die Küsten Asiens — ziehen. Denselben Gedanken hatte seinerzeit schon Franz Xaver, jener zweite Paulus. Die Verkündigung des Evangeliums geschieht nicht allein in festen dauerhaften

Gründungen, sondern auch in einer bloßen Ankündigung, einem flüchtigen Besuch, einer sichtbaren Präsenz, im Umriß einer Silhouette, in einem Wort und sogar im Schweigen. Darf ich den Erzbischof von Mailand zitieren: ‚Wenn ein Dialog unmöglich ist, dann bleibt noch ein Wort, ein Appell, ein Hinweis.' Ratisbonne sagte von der berühmten Erscheinung der heiligen Andrea della Fratte: ‚Obwohl sie nichts zu mir sprach, verstand ich alles.' Eine Erscheinung am Himmel Indiens; dort waren Sie der weißgekleidete Mann, wie Gandhi, der Mann des Friedens, dessen Symbole die Taube und die weiße Farbe waren. Wäre ich ein Inder gewesen und hätte ich Ihre undeutliche Gestalt nur von weitem wahrgenommen, ich hätte doch gewußt, daß meine Sehnsucht erfüllt, daß meine geheimste Hoffnung nunmehr Wirklichkeit geworden ist."

Papst

„Die Indienreise hat mir tatsächlich eine unbekannte Welt erschlossen. Ich erblickte, wie es in der Apokalypse heißt, eine Schar, die niemand zu zählen vermag, eine Menschenmenge, die mich durchwegs freundlich empfing. In den Tausenden von Augen entdeckte ich mehr als Neugierde, eine schwer zu beschreibende Sympathie. Indien ist ein frommes Land. Es hat von Natur aus den Sinn für christliche Tugenden. Ich sagte mir, wenn es ein Land gibt, wo die Seligkeiten der Bergpredigt eines Tages gelebt werden können, und zwar nicht nur von wenigen, sondern von einem ganzen Volk, von einer einmütigen zahlreichen Menge, dann hier. Was steht dem Herzen der Inder näher als die Armut des Geistes? Was ist charakteristischer für einen Hindu als die Sanftmut, die sich in seinen Blicken, Gebärden und Worten ausdrückt? Sind nicht Friede, Erbarmen und Herzensreinheit die Seele Indiens? Wer hat ein tieferes Wissen um jene Demut, die mitten in der Verfolgung um der Gerechtigkeit willen die Hoffnung nie verliert! Wir können nicht wissen, was geschähe, wenn alle Möglichkeiten, Anlagen und — ich betone — Erwartungen, die in diesem großen Volke schlummern, plötzlich aktiviert würden.

Ich habe ferner bemerkt, daß die Führer dieses Volks Weise sind. Im Westen sind die leitenden Persönlichkeiten durch die Politik geformt, dort sind sie Mystiker, Weise. Sie leben kontemplativ, sie sprechen leise, ihre Gebärden sind gemessen, liturgisch. Diese Länder sind für den Geist geboren. Niemand kennt die Zukunft des Geistes."

„Dennoch", wandte ich ein, „hat Indien kein Verständnis für die Menschwerdung und die Erlösung; das Geheimnis des Christentums ist ihm fremd, man darf sich sogar fragen, ob der westliche Atheismus, den wir so fürchten, der alle unsere Diskussionen beherrscht, nicht eine geringere Gefahr darstellt als der östliche Atheismus von morgen, der ein mystischer Atheismus sein wird. Durch seine Denker und durch seine Massen könnte Indien leicht zum Zentrum eines Mystizismus werden, wo man das Selbstbewußtsein im reinen Geist, in der Inaktivität verliert, wo man sich niemandem widersetzt — eines Mystizismus, der alles annimmt, der auch gegen das Christentum nichts einzuwenden hat, weil er meint, es verstanden und überholt zu haben. Passivität ist schlimmer als Verfolgung."

Papst
„Wir vermögen die Schicksale der Völker nicht vorauszusehen; jedes Schicksal ist für die beste wie für die schlimmste Möglichkeit offen. Es ist unergründlich und kann zum Segen wie zum Fluch ausschlagen. Ja, je höher eine Berufung ist, desto leichter kann sie verfehlt werden. Das gilt auch für Indien. Aber oft genügt ein Funke, ein Hauch, ein Appell in der Nacht oder ein erhobener Finger, der stumm in eine bestimmte Richtung weist. So wie Leonardo da Vinci auf dem Bild der ‚Madonna in der Felsengrotte' den Finger des heiligen Johannes dargestellt hat."

Ich
„Die Reise nach dem sagenhaften Indien war ein Wunder, eine Legende, ein Glanz von Farben und Fremdheit, eine Entdeckung und zugleich eine Erfindung, ein Blitzstrahl, ein Durchgang, etwas Göttliches, etwas Feenhaftes im Sinne Shakespeares oder der Romantik. Denn das Wesen der Kunst ist die Überraschung, und in der Romantik wird eine Episode oft ohne jeden Zusammenhang mit den vorausgegangenen dargestellt. Claudel gestand mir einmal: ‚Ich liebte die Romane von Eugène Sue. Du bist in Frankreich, und plötzlich, du weißt nicht, wie und warum, siehst du dich an den Nordpol versetzt.' Auch im

,Seidenen Schuh' gibt es solche Metamorphosen, und durch die Reisen des Heiligen Vaters entstand im Bewußtsein der Christenheit so etwas wie Neugierde und Spannung. Man fragte sich: Was hat er vor? Man versucht aus der Vergangenheit die Zukunft zu erraten. Wie gesagt, nach Jerusalem war es schwer, sich die Wallfahrt nach Indien vorzustellen. Und nach Indien war es nicht so leicht, zu sagen, ob es während des Konzils eine dritte Reise geben und wohin sie führen würde."

Der Papst lächelt von neuem. „Glauben Sie nicht, daß ich irgend jemanden überraschen will. Je nach der Lage der Dinge erwäge ich Umstände, Zusammenhänge und Konstellationen der Ereignisse, die stets Momente der Notwendigkeit wie des Zufalls enthalten: Zeichen der Zeit — ich denke vor Gott nach, um genau herauszufinden, was ich tun könnte — es mag gering und einfach sein, aber doch sinnvoll und bedeutsam —, um den Katholiken, den Christen, allen Menschen zu helfen, einander zu verstehen, sich zu einigen: Denn das ist meine erste Pflicht als Apostel, als Nachfolger dessen, den Christus den Fels genannt hat. Ich plane nichts voraus, ich erstelle keinen Fünfjahrplan künftiger Reisen, nicht einmal eine ideale Liste möglicher Reisen. Wie schon gesagt, ich lebe von einer Stunde zur nächsten, von einer Aufgabe zur andern und — mit der Barmherzigkeit Gottes — von Gnade zu Gnade. So faßte ich den Gedanken, an den Sitz der UNO zu reisen, weil ich in Bombay zum Frieden und zur Hilfe an die Entwicklungsländer aufgerufen hatte. Der Appell war nicht ungehört verhallt, U Thant hatte ihn aufgegriffen. So ergab eins das andere, ohne daß ich es beabsichtigt hätte."

Ich

„Sie wußten nicht, was Sie dazu bewog. Wir wissen es niemals genau. Nach der Reise des Glaubens und der Hoffnung die Reise der allumfassenden Liebe. Sie reisten nach dem äußersten Westen, um die Vereinten Nationen zu besuchen. Noch nie, glaube ich, hat ein Papst zu den Nationen geredet, das heißt zu allen Nationen, zu den ‚omnes gentes' der Bibel. Und doch lautet der Auftrag des Evangeliums, zu allen Völkern zu gehen. Ehemals waren sie unter dem harten, meist wohl auch fiktiven und vergänglichen Symbol des Kaisertums vereinigt. Die Symbiose der Völker war jeweils sichtbar und greifbar im Kaisertum. Es war die Idee der Einheit unter einem Zepter, unter einem Haupt, das manchmal vom Papst gesalbt wurde, der in ihm sein Spiegelbild, sein Double oder seinen Zwillingsbruder erblickte. Aber das Bild war unvollkommen, denn die Völker hatten keine Bewegungsmöglichkeit, keine Autonomie, keine Freiheit. Wenn ich mich recht erinnere, hat Viktor Hugo gesagt, man solle die Völker nicht unterdrücken (dasselbe gilt von den Kirchen), sondern in einem gemeinsamen Haus ansiedeln, ohne ihr kulturelles Erbe, ihr Brauchtum anzutasten. Allerdings muß das Haus wohnlich sein, einigermaßen geordnet, damit sich die Völker darin wohl fühlen."

Papst
„Sie haben den Zweck dieser Reise richtig erfaßt: es war ein Besuch bei den Nationen, deren Vertreter den römischen Papst eingeladen hatten. Ich erwog die Bedeutung, den ebenso überraschenden wie einfachen Sinn dieser Einladung. Das Papsttum ist keine Nation, es hat keinen Platz unter den Nationen. Sein Territorium ist winzig, gerade ein Vorwand, um zu existieren, das Minimum an Leiblichkeit, das die Seele zum Leben braucht. Das Papsttum ist etwas anderes und in gewissem Sinn mehr als eine Nation. Es spielt keine Rolle unter den Nationen, aber es kann von ihnen eingeladen werden. Wie der Jesusknabe von den Schriftgelehrten. Zwanzig Jahrhunderte haben wir darauf gewartet, und jetzt endlich ist es geschehen."

Ich
„Und als Sie allein vor ihnen standen, mußte man unwillkürlich an den heiligen Paulus im Areopag denken. Den Griechen war er ein Grieche, er redete ihre Sprache bis zu dem Augenblick, als er nicht mehr verstanden wurde."

Papst
„Ich habe den heiligen Paulus in meiner Ansprache zitiert, aber es war nicht meine Sache, das Evangelium zu verkünden. Die Ansprache bewegte sich auf einer anderen Ebene, ich möchte sagen: auf der sokratischen. Ich suchte nach dem, was gerecht und vernünftig, billig und heilsam ist, was jedem verantwor-

tungsbewußten Menschen einleuchten muß. Wenn ich ein Evangelium verkündet habe, dann jenes, das im wirklichen Evangelium virtuell enthalten ist, das Evangelium der Vernunft und der Gerechtigkeit."

Ich

„Gerade das ist charakteristisch für unsere Zeit, daß Vernunft und Gerechtigkeit sich nicht mehr aus eigener Kraft erhalten können, sie benötigen eine neue Grundlage. Damit die sichtbaren Dinge auf rechte Weise geliebt werden, sind heute immer mehr Menschen erforderlich, die an das Unsichtbare glauben. Um das Licht zu erkennen, bedarf es eines höheren Lichtes; um die Würze des gesunden Menschenverstandes zu verkosten, bedarf es der Hilfe von Glaubenden. Sie allein reden, ohne daß man sich dessen bewußt würde, die Sprache des gesunden Menschenverstandes und garantieren seine Verwirklichung. Ich weiß nicht, ob man in New York diesen außerordentlichen Augenblick wahrgenommen hat: das Evangelium der Gerechtigkeit und des gesunden Menschenverstandes. Der Papst spricht als Weiser zu Weisen und findet das allen gemeinsame Band. Jeder hätte das sagen können, was Sie gesagt haben, aber es war gut, daß der Papst es gesagt hat."

Er

„Ich mußte lange nachdenken und beten, bis ich mich so weit entäußert hatte."

Ich

„Ja, als man Sie in Europa auf dem Fernsehschirm erblickte, allein, eine weiße Gestalt, während Herr Fanfani Sie in dieser weltlichen, einfachen und nüchternen Umgebung so schlicht vorstellte, schienen Sie wie ein Mensch, der vor seine Richter tritt. Bald als Lehrer, der unterrichtet, bald als Angeklagter, der sich verteidigt — oder einmal wie Jesus, als er während seines Leidens vor Pilatus, vor Kaiphas stand; dann wieder, wie er am Osterabend bei verschlossenen Türen zu seinen Jüngern trat."

Er

„Jeder Mensch trägt stets dieses doppelte Antlitz wie die zwei Seiten einer Medaille."

Ich

„Es war ein historischer Augenblick, das haben alle verstanden. Ein Anfang, der nicht wiederkehrt, der indes große Auswirkungen auf den Frieden haben kann."

Er

„Das Wort ‚Friede' hat einen absoluten und neuartigen Sinn. Das Paradox ist heute spürbarer denn je. Das, wonach jedes Volk sich sehnt, ist gerade das, was es nicht erlangen kann. Je mehr man den Frieden will, desto weiter entfernt man sich davon. Nie war er der Menschheit erreichbarer und zugleich unerreichbarer als jetzt. Zum erstenmal steht sie vor der Möglichkeit der Vernichtung oder des Überlebens. Noch nie war sie so mächtig und zugleich so preisgegeben. Darum mußte ich diese Sprache reden. Die einen *mit* den andern, die einen *für* die andern. Ich habe die Sprache der Liebe geredet, sie ist der Imperativ, der unausweichlich geworden ist. Ehemals mochte das Evangelium als überflüssiger Luxus erscheinen, jetzt ist es zu einer praktischen Notwendigkeit, zum einzigen Ausweg, zur zwingenden Lösung geworden. Nachdem wir alles versucht haben, bleibt uns nichts anderes mehr übrig; nicht etwa, weil wir so besser zu leben hoffen, sondern weil wir wissen, daß wir sonst zugrunde gehen. Diese Umstände bewirkten, daß der Papst schweigend angehört wurde: nicht als Papst, sondern als ein Mann, der eine lange Erfahrung repräsentiert und daher autorisiert ist, in voller Klarheit zu sprechen, als käme er aus grauer Vorzeit, ein Menschheitsexperte."

Ich

„Sie sprachen ja nicht nur in New York. Ihr Erscheinen auf den Bildschirmen hat sie vervielfältigt und jeder Gruppe von Menschen vergegenwärtigt, so daß Sie jetzt im Bewußtsein vieler Millionen einzelner leben. Ohne irgend Gewalt anzuwenden, ohne jede Anstrengung kommt die Kirche in Ihrer weißen Gestalt, in Ihrem schlichten Wort zu denen, die Sie nicht kennen. Nun verstehe ich, warum Jesus von den zwölf Aposteln einen ausgesondert hat, einen einzigen: damit er unter gewissen Umständen alle zwölf sei, das Ganze. Es tut der Welt bisweilen not, diesen einen zu sehen. Es ist für sie unter gewissen Umständen nützlich, die eine Stimme zu hören, die alles ausdrückt.

Ich erinnere mich noch gut meines Eindrucks vor dem Fernsehapparat am Montag, den 4. Oktober 1965. Ich befand mich ganz in der Nähe des Vatikans, den Sie im Morgengrauen verlassen hatten und wohin Sie am Mittag des folgenden Tages zurückkehren sollten. Ich sah Sie der DC 8 der ‚Alitalia' entsteigen. Sie war zuerst in den Wolken aufgetaucht, zog dann einige langsame Kreise und stand endlich still. Die Tür öffnete sich nicht sogleich, man mußte länger warten. Welch ein Augenblick, als der Papst, der den Namen des Völkerapostels trägt, zum erstenmal in der Neuen Welt erschien, die auf den mittelalterlichen Landkarten noch gar nicht existierte und der damaligen Christenheit unbekannt war und die dann die Erde um das Doppelte vergrößerte. Es muß kalt gewesen sein, jedenfalls schien der Flugplatz wie vereist. Er glich einer ungewohnten Weite, windig und rauh wie ein unbekanntes Land, das es zu erobern gilt."

Papst

„Sobald man begriffen hat, daß das, was zu tun ist, einem Gebot entspricht, wird es leicht. Der Vogel spreitet die Flügel und fällt, aber der Schwung und die Leere tragen ihn.

Während des Besuches kannte ich keine Müdigkeit. Und die Reise hat mich durch das Echo gestärkt, das meine Worte im Herzen und im Geist der leitenden Männer fanden.

Man wird einwenden, daß sich das Papsttum in die Politik einmischt. Doch sollte man, wie ich Ihnen schon sagte, die Umstände berücksichtigen. Das Konzil hat die Unabhängigkeit des Papsttums von weltlichen Interessen deutlich gemacht. Es hat sich nicht einmal die Frage gestellt, ob man Kaiser oder Könige oder Botschafter einladen soll. Das Papsttum ist eine Stimme geworden, ein Zeichen über den Stimmen und Zeichen der Erde, ohne daß es, um in der Sprache der Chirurgen zu reden, ‚eingreifen' müßte. Der Papst ist ‚außerhalb', er interveniert nicht. Er ist aber da, wenn die vereinigten Stimmen aller Völker, die von allen Völkern gebildete Gemeinschaft, nach etwas ruft, das nichts ist und dennoch sehr viel: nach einer Bekräftigung, einem Segen, einem Einverständnis, einem Hauch, der ja sagt.

Wir leben, glaube ich, in einer ganz neuen Situation. Denn für alle besteht immer und überall auf der Welt (auch wenn es gerade keinen Krieg gibt) höchste, dauernde, tödliche Gefährdung, eine unausgesprochene, latente Angst. Und gerade weil diese Angst so allgemein ist, verbindet sie alle Menschen miteinander, wie es in der Geschichte noch nie der Fall war. Angst hat es gewiß immer gegeben, aber es war jeweils eine begrenzte Angst, keine so allgemeine, die jetzt alle Nationen vereinigt in der gegenseitigen Furcht voreinander, dieser traurigen Frucht der Sünde. Deshalb war damals die Begegnung mit den Politikern alles andere als eine politische Geste, vielmehr die Negation der ‚niederen' Politik, oder sie war, wenn Sie wollen, Politik im wahrsten und höchsten Sinne des Wortes. So hat es Augustinus gemeint: die Versöhnung des Menschenstaates mit dem Gottesstaat. Die Kenner Augustinus' sollen mich korrigieren, wenn ich mich irre."

Ich

„Für Augustinus waren die beiden ‚Staaten' doch eher zwei Geisteshaltungen, die sich überschneiden. Auf der einen Seite der ‚Staat des Bösen', wo Eigenliebe die Menschen trennt, sie in feindliche Lager spaltet, weil ihr Egoismus bis zur Gottesleugnung, zum Gotteshaß führt. Und auf der anderen Seite der ‚Gottesstaat', wo die Gottesliebe schließlich die Mauern des Hasses überwindet und dazu führt, daß die Völker einander lieben. So viel glaube ich wenigstens aus der Lektüre Augustinus' entnommen zu haben, und das dürfte auch zu aller Zeit Geltung haben."

Papst

„Sie haben recht. Aber vielleicht durchdringen und überschneiden sich die zwei ‚Staaten' in noch stärkerem Maße. Der heilige Augustinus wußte noch nichts von dem, was Pater de Lubac den ‚gottlosen Humanismus' genannt hat. Die wahre Schwierigkeit, das Ärgernis unserer Zeit liegt ja gerade darin, daß die Menschenliebe scheinbar im Widerspruch steht zum Gottesbegriff: daß die Gottesliebe bei denen, die Ihn lieben und in Seinem Namen handeln, nicht stark genug ist, um gegen alle Schismen, alle Spaltungen aufzukommen; daß man meint, man müsse zuerst Gott verschweigen oder leugnen oder abschaffen, damit die Menschenliebe sich voll entfalten könne. Daß man die beiden Liebesgebote, die Christus so innig miteinander verknüpft — du sollst Gott lieben aus allen deinen Kräften, du sollst deinen Nächsten lieben wie dich selbst —, voneinander trennt und in Gegensatz zueinander bringt."

Um das Getrennte wieder zu verbinden, ist der unwürdige und schwache Nachfolger des Apostels Petrus, der die Macht hat, zu binden und zu lösen, zur UNO gegangen — ganz im Geist und in der Konsequenz des Konzils. Denn in unserer Zeit hängt alles geheimnisvoll und dramatisch zusammen. Ein weiteres Motiv für die Reise des Papstes war, daß sein Amt der Liebe — der universellen Audienz — das Band symbolisiere, das alles mit allem einigt.

Das Gespräch hatte sich bis zu jenem Punkt erhoben, wo es in Schweigen mündet. Unter den Arkaden des kleinen Kreuzgangs, von Schatten erfüllt — mit einem Blick auf die Stadt, von der nur noch ein schwacher rötlicher Dunst wahrnehmbar war. Die modernen Städte sind niemals ganz dunkel.

Mit seinen Worten hatte der Heilige Vater der Politik ihren Platz innerhalb der Politik zugewiesen. Ich hatte zahlreichen Diskussionen darüber beigewohnt, ob er richtig gehandelt habe oder nicht, als er zur UNO ging. Ob er sein unveräußerliches Prestige durch die Unterstützung einer umstrittenen, uneinigen, ohnmächtigen Institution nicht kompromittiert habe. Ob die Kirche nicht einen falschen Weg einschlage, wenn sie den Traum von weltlicher Macht in demokratischer Form wiederaufnehme — für ein neues Christentum, verschieden von jenem des Mittelalters oder des Heiligen Römischen Reiches, im Grunde aber doch mit ihm identisch. Ob sie die Taubenflügel nicht über den Abgrund erheben und sich im Himmel isolieren sollte, um sich mit dem Schrei der Taube und dem Schatten ihrer Flügel zu begnügen?

Die berechtigten Fragen, die auch ich mir gestellt hatte, verloren, von einem höheren und einfacheren Standpunkt aus gesehen, alle ihre beunruhigende Schärfe und reduzierten sich auf die eine: Welches ist meine Aufgabe als Führer der Menschheit und Stellvertreter Jesu Christi im jetzigen Augenblick, dem einzigen, in welchem sich das Unendliche ins Endliche verkürzt, wie in der Hostie? Unser Zeitalter unterscheidet sich so sehr von den anderen, Vergleiche mit früheren sind schwierig, Präzedenzfälle selten. Ich dachte auch: Durch sehr allgemeine Gesten, Symbole und einige wenige Worte (anders ist es einem obersten Schiedsrichter, der über der Sache zu stehen hat, gar nicht möglich) hatte er die Ebene der Einwände unter sich gelassen. Ich meine, es gibt Probleme, die man nicht auf derselben, sondern nur von einer höheren Ebene aus lösen kann, indem man sie einfach übersteigt, oder auch indem man unvermittelt von einem Tabor herniedersteigt.

Sein ganzes früheres Leben war eine Vorbereitung auf diese Stunde gewesen. Die Abende im Familienkreis in der alten Wohnung in Brescia. An der Seite seines Vaters, der ihm den Sinn für öffentliche Angelegenheiten erschlossen, ihn gelehrt hatte, sich nicht mit rein privaten Interessen zu begnügen. Er hatte ihn auch ermahnt, an den Sieg der Vernunft und an die weltgestaltende Kraft des Christentums zu glauben. Der hl. Paulus war ein „civis romanus" gewesen. Er legte gewöhnlich keinen Wert darauf, weil ihm der Sinn nach Höherem stand, weil er Jude war und seine Sorgen der Verheißung seines Volkes galten. Doch wenn es notwendig wurde, erinnerte er sich sehr wohl daran, daß er ein „römischer Bürger" war. Ebenso war sich der junge Montini auch als Seminarist und Priester bewußt, Italiener und durch Italien mit der Welt der Nationen verbunden zu sein. Sein Bruder hat die väterliche Tradition fortgeführt: er ist Senator und fördert als solcher die engeren Kontakte der europäischen Bürgermeister untereinander.

Während der Konzilsfeierlichkeiten befand ich mich einmal in der Nähe dieses Bruders und konnte so das ähnliche Profil beobachten, besonders die tiefliegenden Augen unter dem Bogen der Brauen, die Form der Nase, den Ausdruck glühender Konzentration, der allen Montini (diesen feurigen Bergbewohnern) eigen ist, verbunden mit einer gewissen Zärtlichkeit und vergilischen Sanftmut. Brescia liegt in der Ebene, nicht weit von Mantua, wo Vergil zur Welt kam. Die Bevölkerung dieser Gegend ist sehr selbständig, weil sie unter fremder Herrschaft gelebt hat. Man interessiert sich dort für die kleinen, dem einzelnen überschaubaren Gemeindefragen. Man sieht, wie sich die gezackten Stadtmauern gegen die Weideflächen abheben, sieht die Weinreben und die braunen Ochsengespanne mit ihren langen Hörnern... Nach Rom, zu seinen Mauern steigt man empor, aber wie zu einer immerwährenden Muttergemeinde, die ihre Tochtergemeinden nicht zerstört, sondern beschützt und durch ihre Obhut noch einmal gründet. Ebenso beschützt und stärkt die Autorität des Papstes die Bischöfe, seine Brüder, die wie er Nachfolger der Apostel sind.

Ich weiß nicht, ob ich die Montini allzu menschlich deute, wenn ich sie von ihrer ursprünglichen Heimat, von ihrem vergilischen oder lombardischen Erdreich her zu verstehen suche. Doch nein, im Gegenteil. Man begreift nun, daß dieser italische Menschenschlag, der der Welt so viele hervorragende Staatsmänner geschenkt hat, daß dieser stadtbürgerliche und unabhängige Menschenschlag eine im besten Sinn politische Rasse ist. Der hl. Paulus wußte, weshalb er auf seinem römischen Bürgerrecht bestand, auch wenn er deswegen außerhalb der Mauern enthauptet wurde. Die gleiche „politische" Luft atmete auch der junge Giovanni Battista Montini in der Stadt Brescia. Das ist eine Stadt in menschlich überschaubaren Maßen; sie liegt nahe genug von Mailand und Venedig, um etwas vom Hauch des Westens wie vom Duft des Ostens zu spüren, aber auch genügend abseits, um eine Autonomie zu besitzen, die durch die Entferntheit der Regierung möglich wird. Sie war auch nie lange Zeit hindurch erobert. Und wenn (zum Beispiel, als sich Napoleon 1797 dort festsetzte und Josephine dort wohnte), dann war sie doch niemals ganz unterworfen.

Der Besucher Brescias nimmt noch den Pulsschlag einer befestigten Stadt wahr. In derlei Durchzugsstädten, die etwas abseits liegen, gibt es natürlich immer eine Zitadelle, die die Mauern beherrscht, aber auch eine blühende Kunstakademie sowie eine eingewurzelte Bürgerfreiheit. Ungeachtet der Protzigkeit der faschistischen Monumente blieb Brescia, auch während Mussolini die Macht innehatte, unbezwungen, den Tag voraussehend und vorbereitend, an dem die Freiheit wiedererstehen würde.

Die Familie der Montini arbeitete dort in der Lokalpresse. Der künftige Papst lebte in einer Atmosphäre immer erneuten Schöpfertums und im Hinblick auf eine ungewisse Zukunft doch stets in sicherer Zuversicht. Er erlebte alle Erschütterungen und Wechselfälle zusammen mit seinem Vater, dessen Aufgabe es war, in den Artikeln einer unbedeutenden Zeitung stets die Hoffnung wachzuhalten. Er übte in vorbildlicher Weise den Beruf des christlichen Journalisten aus, der verlangt, daß man jeden Tag mit neuem Elan beginne. Daß man inmitten der bewegten Aktualität das Ewige bewahre. In gewissem Sinn tut ein Papst das gleiche.

Jeder Sohn verwirklicht den Appell seines Vaters und das Wort seiner Mutter auf eine neue Weise; er vereinigt in sich die Aktivität des Vaters und die Kontemplation der Mutter. Giovanni Battista Montini sublimierte sie zugleich zu höherer Form und tieferer Einheit, indem er auf jede Tätigkeit in der Familie und in der Stadtgemeinde verzichtete und der Diener jenes einzigen Geistes wurde, der uns für sich allein will, auf unvorhergesehenen Wegen. Indes bedeutet diese Verwandlung keine Vernichtung des Ererbten. In dem jungen Priester fanden sich in anderer Gestalt die Gaben und Neigungen wieder, die aus ihm ebenso einen Redner, einen Schriftsteller, einen Advokaten, einen Journalisten oder einen Senator gemacht hätten.

Wie gesagt, in einer Berufung beginnen von neuem die Karriere des Vaters sowie der Charme der Mutter, ihre ernste Reinheit, ihre hingebende Zärtlichkeit. So geschah es auch in jenem lombardischen Bezirk. Giovanni Battista weihte sich dem Herrn und hat die Tradition seiner Familie, ihre Arbeit und ihr öffentliches Wirken in höherer Form fortgesetzt.

Die Fähigkeit eines echten Politikers zeigt sich in der sorgfältigen Beobachtung der Situation, im Erfassen dessen, was Kardinal Retz den „präzisen Punkt der Möglichkeit" genannt hat — in der Kunst, die Menschen dazu zu bringen, das zu tun, was sie insgeheim wünschen, während sie nach außen hin scheinbar alles tun, um es zu verhindern. Die Kunst, das Gemeinwohl zu fördern, indem man sich der Privatinteressen bedient.

Der Politiker gleicht einem Seefahrer, der mit einem kleinen Segel trotz des Gegenwindes durch „Kreuzen" dorthin gelangt, wohin er will. Nebenbei bemerkt: Jede Kunst bedient sich konträrer Mittel und des Teufels, der Schriftsteller verwendet matte und verbrauchte Worte. Der Mann der Kirche, dessen

Sorge dem wahren Gemeinwohl gilt, ist ein Politiker im höchsten Sinn. Ein kirchlicher Würdenträger hat daher oft nichts anderes zu tun, als herabzusteigen, seinen klerikalen Habitus abzulegen, um alsogleich Politiker zu sein. Man denke an Retz, Mazarin, Talleyrand. Man wunderte sich darüber, daß unsere (französischen) radikalen Minister, die Politiker sind, sich so gut mit den Nuntien verstehen.

Die wahre Politik ist mit der Nächstenliebe verwandt, sofern, wie Leibniz lehrte, Liebe darin besteht, sich auf den Standpunkt der anderen zu stellen. Die ganze ökumenische Disziplin besteht darin, sich nicht in sich, sondern in den Augen der anderen zu sehen. Die echten Politiker sind deshalb so selten, weil ihre Kunst Selbstlosigkeit voraussetzt. Aber der Dämon wünscht, daß sich die Schlauen danach drängen und daß die Politik zum Instrument ihrer ehrgeizigen Karriere gemacht wird.

Monsignore Montini diente zuerst unter Pius XI., der als erster sein Talent erkannte. Viele wissen nicht, wie sehr ihn Pius XI. schätzte. Zuweilen bat er ihn, ihm ausführlich seine Ansichten mitzuteilen, und hörte sie trotz des großen Unterschiedes im Alter und in der Stellung, auch wenn sie von den eigenen abwichen, aufmerksam an. Monsignore Montini war tief beeindruckt von diesem Papst, den er eines Tages mir gegenüber als „rex tremendae maiestatis" bezeichnete. Seine Schulung in der Erledigung wichtiger Geschäfte wurde unter Pius XII. abgeschlossen, der ihn „adoptierte" und in ihm durch lange Zeit gleichsam ein Organ und eine Verlängerung seiner selbst sah, bis er ihn schließlich nicht mehr entbehren konnte. Montini war nicht sein Staatssekretär, was eine Funktion bedeutet, eine Arbeitsstellung, eine Abhängigkeit gleich der Richelieus gegenüber Ludwig XIII., des Ministers gegenüber dem König. O nein! Er hatte einen diskreten Titel: er teilte sein Amt des Prosekretärs mit Monsignore Tardini. Er war mehr im Schatten Tardinis, der der „ersten Sektion" des Sekretariats vorstand, doch um so mehr war er gegenwärtig. Der Papst gab ihm weniger Befehle, vielmehr ließ er ihn an seinen Gedankengängen in ihrem Entstehen teilnehmen. Pius XII. erprobte die im Werden begriffenen Gedanken an dem ersten und stummen Echo. Welch eine Lehrzeit für einen Montini!

„Im ganzen", sagte der Papst, „wurden diese Reisen gut aufgenommen."

„Ja", erwiderte ich, „die Welt war überrascht. Es war wie ein poetischer Akt, wenn Keats damit recht hat, daß die Poesie darin besteht, ‚by fine excess' zu überraschen, durch eine Übertreibung, die schön ist. Übertreibung bedeutet einen Schritt vorwärts, ein wenig über das Erwartete hinaus."

„Das ist Prophetie", fügte Paul VI. hinzu.

Prophetie war hier nicht zu verstehen als Voraussage des Künftigen, sondern als Reden von Herz zu Herz, ohne das Medium der Begriffe. So wie die Kunst: Sagen, was unsagbar oder unaussprechlich ist; eine Sprache, die das Volk begreift und über welche die Weisen nachdenken können. Denn die Prophetie ist hell-dunkel und erlaubt mehrere abgestufte Deutungen. Sie verletzt nicht. Sie ist geduldig. Sie glaubt alles. Sie duldet alles.

Es gibt meiner Meinung nach drei Arten, sich auszudrücken. Die erste ist die Sprache. Aber sie versagt vor dem Unaussprechlichen unseres Selbst, oder vor dem Geheimnis, das man vermitteln will. Bleibt also das Schweigen, ein bestimmtes Schweigen, wohlgemerkt: das Schweigen, das dem Worte folgt, das Schweigen in den Qualen der anderen, das Schweigen des Mitleids oder der Ehrfurcht, oder einer ungesagten, unsagbaren Liebe. Zwischen diesen unvollkommenen Ausdrucksweisen gibt es nun eine dritte, mittlere: die symbolische Geste, die stumm ist wie das Schweigen, aber reich an Sinnhaftigkeit wie das Wort.

Das aber ist die Prophetie. Sie war bei den jüdischen „Nabis" eine Tat, eine neuartige, befremdliche Tat, die bisweilen von ihrer eigenen Interpretation begleitet war. Wir sehen das noch im Evangelium, und die großen Ereignisse im Leben Jesu sind gleichfalls prophetisch, wie die Taufe durch Johannes, oder der Tod. Wie deutlich sprechen sie noch zu uns — nach so langen Zeiträumen!

Ganz ähnlich hat Seine Heiligkeit nach langer Überlegung, nach verborgener, umsichtiger Vorbereitung, ohne Hast und bis auf die Minute vorausgeplant, der Erde diese drei Zeichen eingeprägt: Jerusalem, Bombay, New York. Und es sind unauslöschliche Zeichen, die diesen Orten eine neue Tiefendimension verleihen. Jerusalem und Galiläa können nicht mehr auf die gleiche Art besucht werden, seitdem sie der Stellvertreter besucht hat. Ich war seit 1935 nicht mehr dort unten, aber ich spüre, daß es nicht mehr dieselbe Landschaft ist, einfach deshalb, weil sie sich in diesen Augen gespiegelt hat. Hierin liegt eine Art von Magie, vielleicht eine Illusion wie in den Werken der Kunst. Wir betrachten ein Gemälde von Rouault oder von Cézanne nicht nur: sowohl die Maler als auch der Besucher verändern die Landschaft. Sie teilen ihr etwas von ihrer Seele, von ihrem Wesen mit.

Ich bin überzeugt, daß bei künftigen Baedeker-Ausgaben nach der Beschreibung der heiligen Stätten hinzugefügt wird: 1964 hat der Papst diesen Ort besucht. Die Reisenden werden ihn dann nicht mehr auf dieselbe Art sehen. Wie wenn man etwa läse, an diesem Ort habe eine Schlacht stattgefunden.

Oder anders gesagt: Ein Sternbild ist nicht eine zufällige Anhäufung von Sternen, sondern eine Figur, ein Zeichenmuster: der Löwe etwa, die Jungfrau, die Zwillinge. „Ich betrachte das Sternbild, das Sie mit Ihren Reisen eingezeichnet haben." Ich betrachte die Figur, die durch die drei Zeichen umrissen wird: sie ist lehrreich. Sie entstand während des Konzils, das sie auch interpretiert. Sie ist die Verbindung der drei Städte New York, Bombay, Jerusalem. Sie ist der Zusammenhang dieser drei Intentionen: der Vergangenheit, der Zukunft und der Gegenwart. Einklang und Verschwörung des Glaubens (in der Rückkehr zu den Quellen), der Hoffnung (für die Zukunft) und der Liebe (in der Sehnsucht nach dem Frieden unter den Menschen). Ich bin überzeugt, daß man noch weitere Bezüge aufdecken könnte: wenn man nach den Zusammenhängen dreier verwandter Dinge sucht, findet man stets wieder neue. Es ist, als ob ein Lichtstrahl von einem zum anderen gleitet und sie erhellt, wie zwei Blicke, die sich begegnen. Etwa folgendermaßen:

Bombay war eine Huldigung an das eucharistische Mysterium, das den Indern, die sogar die Menschwerdung ablehnen, so fremd ist. Gerade dieses Mysterium wollte der Heilige Vater vor der letzten Konzilssession feiern als den Inbegriff des Glaubens. „Nur uns hat Gott so sehr erleuchtet", sagte einst Pascal. Wer vermag zu sagen, ob es nicht eines Tages in jenen nach dem Geist hungernden Ländern eine tiefere Einsicht als unsere in dieses Mysterium der göttlichen Erniedrigung geben wird?

In Jerusalem, Kapharnaum, Bethlehem stand das Geheimnis der Menschwerdung im Mittelpunkt. Nicht eine abstrakt aufgefaßte Menschwerdung, wie das manchmal im hellenisierten Westen der Fall war, oder eine Menschwerdung, die durch eine gewisse Bibelkritik auf einen geoffenbarten Mythos reduziert wird, sondern, wenn ich so sagen darf, eine menschgewordene Menschwerdung: in dem Lande, wo Jesus geboren wurde und aufgewachsen ist, wo er redete, lehrte, starb und wahrhaft und glorreich auferstand. Das Heilige Land offenbart uns die Geistigkeit, die Menschlichkeit und die Güte des unter uns gegenwärtigen Gottes. Und mehr noch: „Die Ausstrahlung von Galiläa und Judäa über die ganze Erde hat zur Folge, daß der ganze Planet das Ziel des göttlichen Besuches war und daß nunmehr die ganze Erde ‚Heiliges Land' ist."

Und die „Neue Welt", von welcher der Genueser Columbus träumte (in der Stadt, wo Katharina von Genua die jenseitige Welt erforschte), Amerika, Symbol alles dessen, was im Kosmos unentdeckt ist — das ist die Welt der Konquistadoren, die in ihren vorwärtsstürmenden weißen Karavellen neue Sterne an einem unbekannten Himmel aus dem Ozean aufsteigen sahen.

Da sagte ich ihm: „Hier erhebt sich doch eine Frage, die schon manche an mich richteten. Darf ich einen Einwand, ein Bedenken formulieren? Daß nämlich diese Reisen einen neuen Lebensstil einführen, daß die Gefahr besteht, das Prestige des Papsttums werde sich in dem Maße verringern, als es sich in weltliche Belange einmischt; daß diese Reisen notwendig einen sozialen und politischen Aspekt haben, ob Sie es wollten oder nicht. Mitunter scheint es, als ob Sie das wollen. Wird ein reisender Papst seiner Rolle des unbeweglichen Schiedsrichters nicht untreu, wenn er Stellung beziehen muß und sich folglich in Verwicklungen hineinziehen läßt, die er nicht mehr beherrschen kann? Wird er nicht den Anschein erwecken, eine Nation der anderen vorzuziehen, zum Beispiel in Jerusalem für die Juden gegen den Islam Partei zu nehmen?"

Papst

„Die Kirche ist in die Zeit hineingestellt, sie ist geistlich *und* zeitlich. Sie kann nicht ohne Gesicht sein, und dieses Gesicht ist dasjenige einer Zeit und einer Nation. Ich weiß, man wirft ihr vor, italienisch zu sein, wie man ihr früher vorgeworfen hat, französisch zu sein. Der Papst müßte also aufhören, ein Mensch zu sein und in der Zeit zu denken und zu handeln. Wenn der Papst eine Gegend, einen Ort, ein Volk, eine Nation, einen Punkt im Raum wählt, sollte er sich über diesen Punkt erheben und ihn so aufsuchen, wie Christus ihn besucht hätte. Die Worte des Papstes unterscheiden sich von denen eines Staatschefs. Was immer er tut, wo immer er ist, stets spricht er als universaler Vater. Das fühlt auch das Volk, das ihn empfängt. Gerade deswegen empfängt es ihn ja. Sie haben gewiß bemerkt, daß Wir uns auf Unseren drei Reisen niemals auf katholisches Gebiet begeben haben. Man hätte denken können, daß die ersten Reisen den Papst zunächst in die Länder alter Katholizität, zu den großen Stätten des katholischen Gebetes hatten führen sollen. Der Papst aber fuhr auf die hohe See hinaus und durchschnitt die Wellen. Dazu brauchte es Glauben, Vertrauen und Mut zum Wagnis. Und er wurde nicht enttäuscht."

CONCESIO UND VEROLAVECCHIA

Ich dachte an seine Kinderjahre und sagte mir, daß er glücklich gewesen sein mußte: in der Nähe des Göttlichen, aber auch nahe der Welt, den Menschen, in einer kleinen Stadt, mit einem benachbarten Landhaus an den Abhängen des Berges.

Ein aktiver Vater, eine kontemplative Mutter, ein alter Priester als Freund, ein Garten zum Träumen — und all das eingesponnen in die Zartheit, in die kleinen Sorgen der Kindheit ...

Ich sagte mir: So war ohne Zweifel auch die Geschichte jenes Dichters, der unsere abendländische Sensibilität geformt hat, sogar noch vor der Verkündigung des Christentums: Vergil.

Vergil war einer der ersten, der mir den Zugang zur Dichtung, gerade in ihrem universalen Charakter, eröffnete. Er hat die angeborene Liebe zum ländlichen Leben gerechtfertigt, er hat mich die Spiritualität der Arbeit gelehrt.

Freilich, die lateinische Sprache, auch der zeitliche Abstand, das Heidentum schafften eine gewisse Distanz zwischen ihm und mir. Aber die Einsicht, daß dieser Heide enthüllte, was ich insgeheim im Innern ahnte, dies vor allem brachte mich auf die Idee einer gemeinsamen Grundlage, einer menschlichen Natur, vielleicht einer ersten Offenbarung?

Und ich sagte mir auch, daß ich eines Tages jene Orte schweigend betrachten müßte, wo Vergil, der Sohn Mantuas, seine ersten Visionen erlebt hatte.

> Ce qui fait les épis gras et drus,
> Sous quels signes labourer, ô Mécène, et marier les
>   vignes,
> Ce qu'exige un rucher d'intelligent travail,
> J'essaierai de le dire en vers ...*

Diese Verse sind von meinem Lehrer André Bellessort ins Französische übersetzt, der, als er uns 1918 im Louis-le-Grand** unterrichtete, Vergil für Éditions Budé herausgab. In Concesio hatte ich sein Buch über Vergil bei mir, es war mir, als hörte ich Bellessort mit seiner rauhen Kehle die Übersetzung des Gedichtes rezitieren.

Ich bezog jene Verse der Vierten Ekloge auf die Kindheit des jungen Giovanni Battista in der Wohnung von Concesio:

„Siehe, o Kind, dir treibt sogleich ohne Pflege der Boden
Üppigen Efeu hervor und würziges Heilkraut in Fülle,
Seltene Blumen zumal und erlesene blühende Sträucher."

Das Haus von Concesio hatte sozusagen zwei Gesichter in der Art der orientalischen Häuser. Auf der Straßenseite — es ist die Durchzugsstraße, die das Dorf durchquert — sah man nicht viel außer einer Vorhalle und einem schmiedeeisernen Balkon, wo man etwa an Feiertagen die Fahnen anbringen und sich zeigen konnte. Die ganze Schönheit war im Inneren, in der Halle, besser gesagt im Hof, besonders im Garten. Das war nicht wie bei uns ein abgegrenzter Garten, in dem eine deutliche Trennungslinie gezogen ist zwischen dem eigentlichen Garten und dem Obstgarten, sondern ich konnte ganz unmerklich vom Garten auf die Felder gelangen und von den Feldern aufs Land hinaus und vom Land zu den ersten Hügeln der Alpen.

---

* Georgica, Beginn des Ersten Buches. In deutscher Übertragung:
„Was uns lachende Saaten gewinnt, welch jährliches Sternbild
Bauern die Scholle zu brechen gebeut und Winzern am Ulmbaum
Sprossende Reben zu ziehen, Mäcenas, welcherlei Wartung
Schafen und Rindern gedeihet und dem fleißigen Volke der Bienen:
Davon singen wir jetzt..."   *(Rudolf Alexander Schröder)*

** Das berühmte Pariser Lyceum Louis-le-Grand geht auf das Collegium von Clermont zurück, das 1561 von den Jesuiten gegründet und bis 1763 geleitet wurde. Seinen heutigen Namen erhielt das Lyceum 1682 zu Ehren Ludwigs XIV., der diese Schule besonders förderte. (Anm. d. Übers.)

„Großen Ehren (schon reif ist die Ernte) geht du entgegen...
Komm doch, o Knäblein, komm und grüße lächelnd die Mutter!
Vieles hat sie in zehn beschwerlichen Monden ertragen."
Die Verse schlummern in unseren abendländischen Erinnerungen; und niemals ließen sie sich so gut anwenden wie auf Concesio.

Das Treiben in einem Dorf, der Friede einer Wohnung, die Schatten und Winkel eines mystischen Gartens, die Sonne und ihre Weite, die Felder, die verschiedenen kleinen Abenteuer, die Häuschen: immer wieder verschiedene Möglichkeiten, sich abzusondern und dennoch mit den Menschen in Kontakt zu bleiben wie in einem Kloster, das gleichzeitig ein Observatorium ist. Geschieden von der Welt. Verbunden mit der Welt. Mitten in der Welt.

Es hat sich nichts geändert. Ich betrachtete das ungezwungene und patriarchalische Familienleben in Italien, wo sich alles viel mehr miteinander vermischt und verquickt als bei uns, selbst in der Provence. Wo man so wenig Mauern, Ecken und Zäune sieht; wo sich die Trennung von Dein und Mein durch Gewohnheit und Brauch ergibt, mehr als durch die Gesetze, die Abgrenzungen — und ohne Neid. Dieses Norditalien ist lange Zeit ein Garten geblieben und das, was der Orientale ein „Paradies" nennt. Ein kritischer Beobachter sagte mir: „Italien, das ist Leben in der Gegenwart. Der Italiener weiß nichts von dem Drang der Franzosen, erwachsen zu werden, er will den seligen Zustand der Kindheit verlängern oder ihn wenigstens wiederfinden. Und manche ziehen sich mit den Methoden des verwöhnten Kindes aus der Affäre. Nach Modena verläßt du die Welt der Skrupel, des schlechten Gewissens und des Bedauerns oder auch der Reue, um in die der Gnade und der Natur einzutreten." Er fügte geheimnisvoll bei: „Jeder Mensch in Europa, der das dreißigste Lebensjahr erreicht, muß sein erstes Leben verlassen. In Italien bleibt die strahlende Kindheit bestehen, und sie trägt den Menschen von Lebensalter zu Lebensalter bis zu seinem letzten Tag. Nur ist es ein göttliches Spiel, welches an die Stelle des kindlichen Spiels tritt. Der heilige Franz von Assisi, Philipp Neri und Don Bosco, vielleicht auch Johannes XXIII. (Sotto-il-Monte ist gar nicht weit von Concesio) lehren dich diesen Lebensstil, den der Norden nicht nachahmen kann."

Im Garten von Concesio machte ich mir Gedanken über die Kindheit, ihre Dauer, ihre Bedeutung, ihre mögliche Verwandlung. Es war Ende März 1965. Ich suchte das Bild des jungen Knaben wiederzufinden, der etwa so lebte, wie auch ich einst gelebt habe. Er ist geistig geformt worden durch den Garten, durch die Ferien, durch das Gebet in diesem Garten, durch die mütterliche Sorge. Gewiß hat der Jüngling seine Pläne ausgebreitet über diese beschränkte, verborgene, harmonische Landschaft. Gar manche gedankenvolle Jünglinge lebten in einer solchen offenen Klausur, in einem grünen Kloster. Die entstehende Gedankenwelt muß geschützt werden. Jeder tiefe Gedanke stammt aus einem Traumgrund, wo er seinen Sauerstoff bezieht und atmet. Das wird man am künftigen Papst bemerken, der in sich die Imaginationsgabe ausbildete, den die Schule niemals auszutrocknen vermochte. Reisen, Ortsveränderungen waren recht selten, flüchtig und eilig. Dazu berufen, die Welt zu kennen, hat er sie vor allem durch Lektüre kennengelernt, oder durch die Besuche, die er unaufhörlich empfängt. Die Welt ist zu ihm gekommen, nicht er zur Welt. Aber eine verträumte Kindheit schafft hier ein Zwischenreich: eine stets gegenwärtige Poesie, wo die ganze Welt wohnen kann, sie wird dort aufgenommen, findet dort ihren Platz. Und Marcel Proust, der von träumerischem Wesen war, der ebenfalls die Erziehung eines Gartens und einer Reise nach Venedig, die eigentlich niemals stattfand, erhalten hatte, hat ein Universum geschaffen und gestaltet.

Am 30. September 1897 wurde Giovanni Battista in der Kirche von Concesio getauft. Am selben Tag um 19.15 Uhr starb Theresia vom Kinde Jesu nach einem grausamen Todeskampf im Karmel von Lisieux. Dieses Zusammentreffen wäre weniger auffallend, wenn man nicht im Tagebuch der Schwester Agnes von Jesus eine geheimnisvolle und liebenswürdige Notiz gefunden hätte. Am 25. Juni, am Tag des Herz-Jesu-Festes, zeigte nämlich Theresia ihrer Schwester eine Stelle in einem frommen Buch, wo die Rede war „von der Erscheinung einer schönen, weißgekleideten Frau mit einem Täufling. Und Theresia sagt zur Schwester: ‚Einst werde ich wie sie unter kleinen Täuflingen gehen.' "

Daß seine Kindheit ganz ähnlich der meinigen war, weiß ich, weil der Heilige Vater mir eines Tages in bezug auf mein Buch über meine Mutter sagte: „Ich habe in Ihrem Buch ein paar von meinen eigenen Erinnerungen wiedererkannt. Ich glaube, daß auch ich in meiner Art, zu denken und zu fühlen, vieles meiner Mutter verdanke. Wir betreten einen Bereich des Unsagbaren", fügte er hinzu. Die wahren, die gründlichen Ferien, die entspannen und erholen, fanden nicht in Concesio statt. Die Familie ging nur alle zwei Jahre dorthin, und Concesio lag zu nahe von Brescia, um in der Stille Erholung zu gewährleisten. Die liebsten Ferien für Don Battista waren, wie für viele Kinder, in der Heimat seiner Mutter, 30 Kilometer von Brescia entfernt, in einem Dorf Namens Verolavecchia, im Landhaus del Dosso. Es war eine Ebene, von Sonne erfüllt und auch von Nebel und sehr fruchtbar: die ehemaligen Sümpfe waren durch die Arbeit der Benediktiner trockengelegt und in Ackerland umgewandelt worden. Der Vater des Papstes verwirklichte in dem Land die Prinzipien von „Rerum novarum", um die Lebensbedingungen der Landarbeiter zu verbessern und sie vom letzten Rest der Knechtschaft zu befreien.

Das war, wie gesagt, die Heimat seiner Mutter, einer geborenen Alghisi, die am 17. Juli 1874 das Licht der Welt erblickte. Sie war die einzige Tochter und mit vier Jahren Waise. Da Verolavecchia keine Sekundarschule besaß, wurde sie mit sieben Jahren nach Mailand ins Pensionat der Schwestern von Marcellina geschickt. Dort erhielt sie ihre Ausbildung, formte sich ihre junge Freiheit. Ihre Vormünder hatten einen Bräutigam für sie ausgesucht. Sie lehnte ihn ab. Im Alter von 18 Jahren hatte sie auf einer Wallfahrt nach Rom Giorgio Montini kennengelernt. Sie bewunderte den Mut, mit dem er seinen Glauben ohne menschliche Rücksicht bekannte. Weil die Vormundschaft diese Wahl nicht guthieß, mußte sie die gesetzliche Großjährigkeit abwarten, ehe sie den heiraten konnte, dem ihr Herz gehörte. Am 17. Juli 1895 war sie einundzwanzig. Am 1. August heiratete sie den katholischen Advokaten Giorgio Montini, der sein Leben der Förderung der bürgerlichen Rechte geweiht hatte. Man bemerkt bereits einen Zug ihres Charakters: den persönlichen, in der Stille gereiften Entschluß. Die Hochzeitsreise führte das junge Paar in die Schweiz zur Benediktinerabtei von Einsiedeln.

Sie war besonnen, fromm. Sie hatte die Entscheidung Pius' X. vorweggenommen: seit 1892 kommunizierte sie täglich.

Man kann sich denken, wie anders sie war als die „Leute von Welt". Nach der Beschreibung, die man mir von ihr gegeben hat, war sie außerstande, eine leichtfertige Konversation zu führen oder sich über Nichtigkeiten aufzuregen. „Sie ließ", sagte mir ihr Sohn Dr. Francesco, „den Kleinigkeiten eine recht summarische Gerechtigkeit widerfahren." Doch sie war eine überaus geistvolle Frau. Sie schrieb bezaubernde Briefe, man brachte es nicht über sich, sie zu zerreißen. Ihre Briefe waren eine Plauderei, eine Chronik der Familie, des Lebens in der Provinz. Unvermutet zog sie daraus eine Lehre für die Seele, in unbedeutenden Alltäglichkeiten fand sie Spuren, fand sie Fingerzeige Gottes. „Alles, was sie tat", sagte mir derselbe Zeuge ihres Lebens, „hatte einen übernatürlichen Sinn." Die Kinder erinnern sich an die Gespräche über das Evangelium an den Sonntagabenden. Offenbar war die Auslegung sehr einfach, aufs wesentliche gerichtet. Bewunderungswürdig. 1909 hatte sie die „Geschichte einer Seele" der hl. Theresia vom Kinde Jesu gelesen; später Gemma Galgani, die Briefe der Elisabeth Leseur, Don Marmion, die „Élévations" von Bossuet. Wie ihr Gemahl gehörte sie dem Dritten Orden der Franziskaner an, und sie betete täglich den Rosenkranz.

„Wir erinnern uns noch an einige Freunde, die mein Bruder, der so viel Sinn für Freundschaft hatte, geliebt hat: an Abbé François Galloni, eine glühende und großmütige Seele; er war Militärgeistlicher im Ersten Weltkrieg gewesen, bevor er in Sofia mit Monsignore Roncalli befreundet war; oder an Abbé Henri Soncini, einen überaus fein gebildeten Mann, der den ‚Bericht einer Schwester' von Pauline Craven de la Ferronays aus dem Französischen übersetzt hatte; oder an Defendente Salvetti, an Longinotti, an Bazoli, den er während der Ferien im Trentino wiedersah."

Manchmal wurde der Urlaubsort gewechselt. Auf den Rat eines Onkels, eines gebildeten Arztes, Giuseppe Montini, ging man nach Levico im Trentino, das damals noch österreichisch war und wo es eisenhaltiges Wasser gab. Oder auch nach Recoaro Terme — oder ins Gebirge, nach Borno, nach Bagolino. Der Urlaub wurde stets am 8. September unterbrochen, da fand sich die gesamte Familie in Brescia ein, um das Fest Mariä Geburt zu feiern, was in der Kirche „Unserer lieben Frau aller Gnaden" besonders feierlich war, ganz nahe vom Wohnsitz der Familie.

„Mein Bruder Battista war schon damals von apostolischem Eifer erfüllt und sehr liebenswürdig. Er bezauberte seine Zuhörer. Ich erinnere mich, daß er ausgezeichnet Geschichten zu erzählen wußte. In Concesio gibt es noch Schuhmacher, die sich daran erinnern, wie er in ihre Familienwerkstatt kam und ihnen während der Arbeit die Geschichten vom Domherrn Christoph Schmidt erzählte oder die Fabeln Teophils: ‚Das Waisenkind des Tales', ‚Der gute Fridolin und der Bösewicht'. — ‚Da hörten wir', sagten sie, ‚mit der Arbeit auf und mußten weinen.' "

„Ich entsinne mich", sagte mir sein Bruder, „wie Battista, der eher zart gebaut war, im Jahre 1912, um ein Fahrrad einzuweihen, die schwere Strecke von Brescia nach Bagolino ohne Schwierigkeit zurücklegte. Unsere Mutter war in Sorge, sie tadelte seine Verwegenheit."

„Unsere Mutter", berichtete mir Dr. Francesco weiter, „empfand eine reine und tiefe Freude, als mein Bruder zum Priester geweiht wurde, und ich erinnere mich, wieviel Frieden, Trost und Freude sie den Freundinnen brachte, die traurig waren, wenn einer ihrer Söhne sich zum Priestertum entschloß. Sie hatte eine besondere Gabe, die Trauer der Mütter, wie das Evangelium sagt, in Freude zu verwandeln."

„Wenn man", fuhr er fort, „all die unbekannten und selbstlosen Seelen aufzählen wollte, die, wenn man so sagen darf, die Berufung meines Bruders gefördert haben, dann müßte man mehrere Verwandte erwähnen, etwa unsere Tante Elisabeth Montini und unsere Großmutter Francesca, geborene Buffali. Diese war vor ihrem dreißigsten Lebensjahr Witwe geworden, sorgte für ihre sechs Kinder (mein Vater war der Älteste) und weckte in unseren Herzen die Liebe zur Kirche und die Ehrfurcht gegenüber dem römischen Pontifex.

Auch unsere Großmutter Giovanna Francesca ist mir in guter Erinnerung. Sie hatte ihren Vornamen nach der Baronin von

Chantal erhalten. Sie war sehr alt und las — und ließ sich vorlesen — die Briefe des heiligen Franz von Sales, die Battista stets liebte und aus denen er zum Teil sein Verständnis für einen christlichen Humanismus gewann. Als mein Bruder die Soutane anzog, überreichte sie sie ihm unter Freudentränen."

Ob die Mutter des Heiligen Vaters eine Vorahnung davon hatte, wer Don Battista einmal sein würde? Ich fragte Dr. Francesco danach. Er antwortete: „Unsere Mutter war zurückhaltend, sehr bescheiden, sie hatte eine Scheu vor öffentlichen Aktionen. Hat sie dadurch vielleicht den Einzug meines Vaters ins Parlament etwas verzögert? Was meinen Bruder Giovanni Battista anlangt, so werden sich Vorahnung und Furcht die Waage gehalten haben. Wir anderen aber hatten schon eine Art von Vorahnung. Aber man sprach darüber mit keinem Menschen auf der Welt, man verbarg es in seinem Herzen."

Ich nahm mir die Freiheit, ihn über die Jugend seines Bruders zu befragen, über die ersten Einflüsse, die erste Lektüre, die verborgenen Quellen im frühen Lebensalter, die zum Verständnis eines außergewöhnlichen Schicksals so wichtig sind.

„Mein Bruder", sagte er, „war sehr ordnungsliebend. Er studierte planmäßig, eifrig, energisch, hartnäckig. 1904 hat Battista, ich glaube in Pezzoro (einem Bergdorf, wo wir unseren Urlaub verbrachten), gelernt, bei der heiligen Messe zu ministrieren. Der Pfarrer, der ihn in Concesio getauft hatte und sein allererster Lehrer war, war, wenn ich mich recht entsinne, Don Giovanni Fiorini. Er hat ein sehr gelehrtes und originelles Buch geschrieben mit dem Titel ‚Fastidi Teologici'. Das ist schwer zu übersetzen. ‚Die lästigen Theologen' wäre mißverständlich. Es handelte sich um unlösbare Fragen zweiten Ranges, die für Theologen unbequem sind, aber zugleich Denkübungen darstellen. Don Giovanni warf beispielsweise die Frage auf: ‚Wäre unser Herr Mensch geworden, wenn Adam und Eva nicht gesündigt hätten?' Die Übersetzung ‚Die Qual der Theologen' ginge wieder zu weit. ‚Die Schwierigkeiten der Theologen'? Ich weiß nicht, ob das richtig wäre."

„Doktor", sagte ich ihm, „es ist unübersetzbar."

„Nun ja! Jedenfalls wurde das Buch nicht gelesen — außer natürlich von meinem Bruder, der darauf neugierig war. Mein Bruder hat sich, glaube ich, 1913 entschlossen, Priester zu werden. Sein erster Oberer war Pater Baroni, ein energischer Oratorianer von strenger Frömmigkeit, wohl zu streng für das Leben der Welt. (Er trat später ins Kloster ein.) Im ‚Collegium Arici', das die Jesuiten leiteten, und im ‚Oratorium des Friedens', das die Oratorianer leiteten, hatte mein Bruder einen jungen Mann mit einer klaren, reinen Seele zum Freund, der frühzeitig starb, Lionello Nardini. Auch Andreas Trebeschi, sehr lebhaft und begabt, war sein Freund. Dieser war in der Staatsschule erzogen worden und stand dort im Ruf, allerhand Zivilcourage zu besitzen. Zusammen mit diesen Freunden gründete mein Bruder 1918 die Studentenzeitung ‚La Fronde', die das Organ des Vereins ‚Alessandro Manzoni' wurde. Mein Bruder arbeitete dort begeistert und eifrig mit.

Sein verehrter Lehrer im Oratorium war der junge Pater Bevilacqua. Mit seinen Konfratres hielt der Pater den Studenten religionswissenschaftliche Vorträge. Meine beiden studierenden Brüder hörten diese Vorträge mit Enthusiasmus. Besonders interessierte sie die von den Oratorianern auf tausend Arten aufgeworfene Frage nach dem Zusammenhang zwischen Kultur und Glaube.

Später, unter dem Faschismus, zog sich Bevilacqua nach Rom zurück. Dort begegnete er Don Battista wieder, als er seine Laufbahn im Vatikan begann und kirchlicher Assistent der Italienischen Katholischen Föderation der Universitäten war. Hier festigte sich diese christliche Freundschaft, die im Leben beider eine große Bedeutung hatte."

Dieser Bericht wäre unvollständig, wenn ich nicht auch die Namen der unbekannten Freunde des künftigen Papstes mit Ehrfurcht erwähnte. Da sie stets in seinem Herzen gegenwärtig sind, ist es wohl recht und billig, daß auch die Welt sie kennt: Monsignore Giovanni Marcoli, Angelo Zammarchi, Monsignore Giorgio Bazani, Monsignore Domenico Menna und der alte Oratorianer, Pater Paul Caresanna, der als einziger noch am Leben ist. Alle waren Mitarbeiter und Schüler des Vaters von Paul VI., jedem verdankt Paul einen Strahl seines Lichtes.

„Da der Gesundheitszustand Don Battistas stets zu wünschen übrigließ und man deshalb den Winter in Brescia fürchtete, wußte sein Bischof nicht, wie er ihn einsetzen sollte. Er schickte ihn nach Rom ins Lombardische Seminar, Via del Mascherone, in der Nähe des Palazzo Farnese. Ich erinnere mich an einen Besuch bei ihm: Ich stellte fest, daß seine Zelle ohne Ofen viel kälter war als sein Zimmer in Brescia, das geheizt wurde. Am Tag seiner Ankunft in Rom inskribierte er an der ‚Gregoriana' Theologie und an der philosophischen Fakultät der staatlichen Universität.

Eines Tages besuchte ihn in seiner stillen Abgeschiedenheit M. Longinotti, der seit 1907 Deputierter von Brescia war und ein Freund unseres Vaters. Er war Unterstaatssekretär im Arbeitsministerium gewesen und mit Kardinal Gasparri befreundet. Auch Pius XI. hatte ihn gut gekannt. Kardinal Gasparri verschaffte meinem Bruder durch Longinotti Zutritt zur Päpstlichen Diplomatischen Akademie. Dort besuchte er eifrig die Vorlesungen von Monsignore Pizzardo, der ihn später ins Staatssekretariat berief. Ich entsinne mich, daß Longinotti damals zu Kardinal Gasparri sagte: ‚Heute ist es an mir, Eurer Eminenz dafür zu danken, daß Sie Don Battista die Aufnahme in die Akademie an der Piazza Minerva ermöglicht haben. Vielleicht wird es eines Tages an Eurer Eminenz sein, mir für das Geschenk zu danken, das ich damit der Kirche gemacht habe.' "

Der Vater Pauls VI., der einen solchen Einfluß auf seine Kinder, Freunde und Anhänger hatte, war ein Vorkämpfer der bürgerlichen, sozialen und politischen Aktionen in Italien. Schon früher hatte er — im Geiste Leos XIII. — begriffen, daß der italienische Katholizismus sich vom Leben der Nation nicht fernhalten könne, daß er vielmehr daran teilnehmen müsse, daß er seine Freiheit fordern, sich auf dem Forum zeigen, seinen Platz, ja eines Tages den ersten Platz in der Presse, in den Gemeinden, in den Provinzverwaltungen, im Parlament, in der Regierung einnehmen müsse. Er, Advokat und geschulter Jurist, ein Schriftsteller und Philosoph, gründete in Brescia die Tageszeitung „Il Cittadino di Brescia". Welche Energie war täglich für die Durchführung eines solchen Unternehmens in einer Provinzstadt erforderlich! Man beginnt immer mit einer Zeitung: Jeden Tag die Zeichen der Ewigkeit in der wandelbaren Aktualität aufzeigen. Dann sich überall den Wählern stellen, wo immer es möglich und erlaubt ist. Denn dazu bedurfte es der Zustimmung des Staates wie der Kirche, die damals miteinander im Streit lagen. Kämpfe für die Freiheit der Schule, für den

„sozialen Katholizismus", für die „christliche Demokratie", und das alles, ohne persönliche Erfolge für sich selbst zu wollen, immer nur Aufgaben, Verantwortung, Rückschläge, Leiden. Giorgio Montini wurde dreimal ins Parlament berufen. Ich habe jene gefragt, die sein Feuer und seine Überlegenheit in der politischen Tätigkeit erlebt haben. Ich konnte den außerordentlichen Eindruck feststellen, den er machte. Giorgio Montini war tatsächlich eine Art Held, ein moderner „Ritter", dessen Bescheidenheit ebenso ungewöhnlich war wie sein Unternehmungsgeist. In meinen Augen verwirklichte er das tiefe Wort Descartes': „Die Großmütigsten pflegen auch die Demütigsten zu sein."

Seine Tapferkeit erwuchs aus seiner Familie, aus dem Vorbild seiner Schwester Elisabeth (der Tante Bettina), die ihr Leben der Kinderpflege gewidmet hatte und mit 41 Jahren in Brescia starb. Sie erwuchs aus seiner Familie, wo er seine drei Söhne in der Treue zu seinem Geiste heranreifen sah. Diese Tapferkeit in jeder Prüfung erwuchs auch aus der Hingabe seiner schweigenden Gattin. Sein letztes Wort galt ihr: „Angelo di tutta la mia vita — Du Engel meines ganzen Lebens!"

Sie sollte ihn nicht lange überleben. Ein paar Monate nach dem Tode ihres Gatten fühlte sie sich plötzlich krank. Es war am 1. Mai 1943, gegen Mittag, während sie in den „Élévations sur les mystères" von Bossuet las. Sie hatte an diesem Tag die Stelle über den Gesang des Zacharias „Gepriesen sei der Herr, der Gott Israels" gewählt.

Ich habe in dem Exemplar der „Élévations" (die meine Mutter stets bei sich hatte) den Kommentar zu diesem Hymnus des Zacharias gesucht. Unter der 15. Woche, die der Geburt des Vorläufers gewidmet ist, las ich: „O Friede, inniger Wunsch meines Herzens! O Jesus, der Du mein Friede bist... wann... werde ich, in gänzlichem Einverständnis, in Ergebenheit, in liebender Bereitschaft gegenüber Deinem ewigen Willen, den Frieden in allen Ereignissen des Lebens besitzen, der in Dir ist, der von Dir kommt und der Du selber bist?"

Wie Marc Aurel erinnert sich auch Paul VI. gerne jener, die ihm zu dem verholfen haben, was er geworden ist. Mir scheint, jeder, der über sich selbst nachdenkt, sieht sich wie einen Diamanten, wo in jeder Facette die Erinnerung an einen Anreger, an ein Vorbild, an einen Freund, an eine unerwartete Begegnung wohnt, die ihm eine Welt eröffnete. Wenn man nun am Ende des Lebens auf diese Weise über sich nachdenkt, sind die ersten, die man antrifft, der Vater und die Mutter. „Meinem Vater", sagte Paul VI., „verdanke ich Beispiele der Tapferkeit, den Entschluß, sich niemals mit dem Schlechten bequem abzufinden. Den Vorsatz, das Leben niemals um des bloßen Lebens willen festzuhalten. Mit einem Wort: ein Zeuge zu sein. Mein Vater hatte keine Angst, und die ihn gekannt haben, bewahren die Erinnerung an seine Unerschrockenheit.

Meiner Mutter verdanke ich die Neigung zur Sammlung, zur Innerlichkeit, zum betenden Nachdenken, zum denkenden Gebet; sie gab mir das Beispiel gänzlicher Hingabe.

Der Liebe meines Vaters und meiner Mutter, ihrer Einheit (denn man soll seinen Vater nicht von der Mutter trennen) verdanke ich die Liebe zu Gott und die Liebe zu den Menschen. Oder besser gesagt: Die Liebe zu Gott, die ihre beiden Herzen erfüllte und sie miteinander vereinigt hatte, äußerte sich bei meinem Vater in der öffentlichen Tätigkeit, bei meiner Mutter in der Stille. Oder anders gesagt: Derselbe unbeugsame Wille, dieselbe absolute Bestimmung war bei meinem Vater *eher* Stärke und bei meiner Mutter *eher* Sanftmut. Aber die Sanftmut beruht auf der Stärke."

„Ich erinnere mich", warf ich ein, „wie einmal zu Kardinal Mercier gesagt wurde: ‚Die Sanftmut ist die Fülle der Stärke.'"

„Wie stimmt das! Wir leben alle mehr oder weniger (selbst Renan hat es gesagt) von dem, was uns eine Frau vom Geheimnis des Göttlichen gelehrt hat. Die Söhne fühlen das mehr als die Töchter infolge des Unterschiedes der Naturen. Und die Priester-Söhne mehr als die anderen Kinder, weil sie der Einsamkeit geweiht sind."

Ich
„Die Mutter eines Papstes ist anders als die anderen Mütter."

Er
„Nie hat die Mutter eines Papstes gewußt, was sie war, aber

ihr Sohn weiß es. Er leidet darunter, ihr seine Dankbarkeit nicht mehr bezeugen, sich nicht vor ihr niederknien zu können, um ihren Segen zu empfangen."

Ich

„Jede Mutter ist ein Abbild des Moses: sie gelangt nicht ins Gelobte Land. Sie bereitet eine Welt vor, die sie selbst nicht näher sehen wird."

Er

„Wie hochherzig ist das Gebet der heiligen Katharina von Siena: ‚Mein Gott, gib meinem Vater und meiner Mutter die ewige Ruhe und bestrafe in mir alle Fehler ihres Lebens.' "

Um eine Berufung zu verstehen, müßte man, glaube ich, dieses erste Geheimnis ergründen: Warum bin ich *hier* und nicht dort? Warum bin ich in diesem Moment der Geschichte da? Warum entstand ich gerade aus diesem Mann und aus dieser Frau? Sehr mit Recht sagt Simone Weil: „Die Betrachtung über den Zufall, der meinen Vater und meine Mutter einander begegnen ließ, ist noch viel nützlicher als die über den Tod." O ja! Weil die Betrachtung über den Tod sich im Tod einzuschließen droht, während die Betrachtung über die Begegnung eines Vaters und einer Mutter uns zum Leben führt, über den Zufall hinaus, zum Geheimnis unseres von Ewigkeit her vorausgewußten Daseins.

Ich habe dieses Buch der Erinnerung und des Gedenkens, o unbekannter Leser, nicht begonnen, um ungedruckte oder verborgene Dinge zu enthüllen. Über die Privatsphäre Pauls VI. weiß ich fast nichts, es sei denn, daß ich ihn liebe. Was ich in allen Sprachen vernehmbar machen möchte, ist dies: Daß das Mysterium, das wir in uns tragen, das Mysterium des „Menschen, der in diese Welt gekommen ist", auf eine tiefere Weise gelebt wird von dem, der den Namen trägt „Vater und Diener der Diener".

MAILAND

Man sagt, Mailand verhalte sich zu Rom wie New York zu Washington. Und Pius XI., der das Hirtenamt in Mailand innegehabt hatte, bevor er Papst wurde, machte die Bemerkung: „Ich versichere Ihnen, es ist leichter, in Rom Papst zu sein als in Mailand Bischof." Für Monsignore Montini war die Veränderung seines Daseins eine totale. Er war keineswegs auf eine so vielseitige Aufgabe vorbereitet. Bis dahin hatte er es in den Arbeiten an der Kurie mit Zeichen zu tun gehabt, mit Symbolen. Die Dinge der Welt waren ihm gegenwärtig, aber bereits filtriert, klassifiziert, von Vermittlungsinstanzen geordnet. Nun tauchte er in den wirklichen Ozean, in den unmittelbaren Kontakt mit den Dingen.

Mailand ist die dynamische Hauptstadt Italiens, die Stadt des industriellen Aufstiegs, der Zukunft. Die Stadt der Fabriken, der menschlichen Arbeit, wo wenig Zeit ist für die Träume der Vergangenheit, für die Beschaulichkeit. Montini fand dort gegen tausend sehr unterschiedliche Pfarreien vor: Großstadtpfarreien, Pfarreien in den Vorstädten, auf dem Land, bis zu den fast unzugänglichen Pfarreien in den Alpen. Die ganze Skala des christlichen Lebens in Europa, alle Stufen der geschichtlichen Entwicklung, Unveränderliches gemischt mit Veränderlichem, altes ländliches Brauchtum neben der polypenartigen Großstadt, Wolkenkratzer, die neuen Schleusen der großen Bahnhöfe, die die vom Land kommenden Arbeiter jeden Morgen einsaugen und jeden Abend wieder ausspeien.

In Rom gibt es ein „Volk" — Mailand hingegen bietet das Phänomen des einförmigen, erbarmungslosen Kollektivismus. Eine undefinierbare Menschenmasse, das Bild einer Zeit, der Christus auf seinem geschichtlichen Weg nirgends begegnet war.

Monsignore Montini wußte das freilich alles, Brescia ist nicht weit von Mailand. Aber es ist ein gewaltiger Unterschied zwischen dem Bild einer Stadt, einer Nation, eines Volkes, ja selbst eines Dorfes, das man sich bloß vorstellt in seinem Garten, in seiner Bibliothek, und demselben Bild, das dann Fleisch wird.

Monsignore Montini war, wie gesagt, auf diese verantwortungsvolle Aufgabe weder durch seine Studien noch durch seine bisherige Erfahrung vorbereitet. Auch war seine Gesundheit labil und dem rauhen nördlichen Klima keineswegs gewachsen. Da begreift man die Wahrheit jenes Ausspruches von Carlyle: „Die Substanz der großen Männer ist einzigartig. Die Umstände nötigen sie zur Rolle des Königs, des Priesters, des Denkers." Die menschliche Natur ist weit, bildsam, dehnbar: es ist nicht richtig, sie allzu früh zu spezialisieren. Offene und aufgeschlossene Geister, großmütige Herzen, fähig, jeden Appell zu vernehmen, können der Reihe nach mehrere Existenzformen verwirklichen. Wenn das schon von jedem Menschen gilt, dann um so mehr von dem, der zum Priester berufen ist, zum Hirten der anderen. Montini ging ohne Zögern an diese unerwartete Aufgabe heran.

Am Tag seines Einzugs in Mailand regnete es. Als er vor seiner Kathedrale eintraf, war er bis auf die Haut durchnäßt. Am Vorabend, als er an der Grenze seiner Diözese anlangte, war er aus seinem Wagen gestiegen und hatte im Regen den schmutzigen, tonhaltigen roten Erdboden geküßt.

Für diejenigen, die, wie ich es hier tue, nicht sosehr sein Leben als vielmehr den Bogen seines Schicksals erforschen, war das ein erhabener Augenblick. Würde die Angel des Schicksals der Last standhalten, die schwer auf seinen zarten Schultern lag? Würde er in Mailand an seinem endgültigen Posten sein? Oder war Mailand nur eine Episode in seinem Leben? Niemand konnte das wissen: in diesem unsicheren Augenblick war noch alles offen. Doch jetzt, da das Abenteuer in das Unveränderliche eingeschrieben ist, wird offenbar, daß es vom Standpunkt des Herrn über die Schicksale nicht nur darum ging, eine der größten Diözesen Europas zu leiten, sondern, wie Goethe gesagt hätte, seine Lehrjahre zu absolvieren.

Fast jedes Jahr besuchte ich ihn in Mailand, um Licht und Rat zu erhalten. Ich habe eine Seite meines Tagebuches gefunden, die ich hier, so wie sie ist, wiedergebe:

„Rispetto singulare verso il mondo."* Man denkt, er sei noch nicht an seinem Ziel angelangt, trotzdem steht er auf einem Gipfel: „Ich suche das Positive, Gute" (14. August 1959). Er erweckt den Anschein, ganz in seiner Arbeit aufzugehen.

Die Messe. Violette liturgische Gewänder, zwei Pfauen, Vögel der Unsterblichkeit, die einander über dem Kelch anblicken. Dreieckige Füße (Dreifaltigkeit?).

Ich weiß nicht, warum an dieser Stelle meines Tagebuches die zwei Gedanken von Joubert stehen, die eine Beziehung zu dem gehabt haben müssen, was ich empfand. Die Sybille wird sie mir deuten:

„Denn die Seele strahlt natürlicherweise einige Freude aus darüber, was sie gut verstanden hat."

„Was man begonnen, aber nicht vollendet hat, dient zum Grundstein für ein neues Unternehmen."

Besuch in einem großen Saal, wo die Porträts der Mailänder Erzbischöfe hängen. Zuerst das des hl. Bernhard, der diese Würde abgelehnt hatte, „mit gutem Recht", bemerkte Monsignore Montini zu mir. Unter den jüngsten machte er mich auf Confrera aufmerksam, der zur Zeit des Konkordats Nuntius in Paris gewesen war.

In Mailand wurde Monsignore Montini die konkrete Offenbarung der modernen Welt zuteil. Er beschreibt sie ohne Optimismus in der Sprache eines Propheten Israels:

„Es sind nicht Vorurteile, die uns blind machen", erklärte er in seiner Weihnachtsbotschaft 1962, „die uns die Hoffnungen der Welt, ihre weltlichen, zeitlichen, natürlichen Hoffnungen verhüllen. Wenn ein Mensch heute hofft, dann baut er seine Hoffnung auf sich selbst. Ein neuer Humanismus, von dem man träumt, der zum Mythos wird, stützt die Hoffnungen der Welt. Aber parallel zu dieser Bewegung der Hoffnung, sehr oft im Schoße dieser Bewegung selbst, entstand eine Art von Desillusionierung, von Pessimismus, von Verzweiflung, die den modernen Menschen charakterisieren. Literatur und Philosophie reden

---

* Einzigartige Ehrfurcht gegenüber der Welt.

eine klare Sprache, sie schrecken vor den schlimmsten Schlußfolgerungen der Absurdität und des Nihilismus nicht zurück. Ein mächtiger Pragmatismus fördert die Energien der Welt: und die Welt schreitet, stürzt voran wie ein blinder, entfesselter Riese."

„Unsere Gesellschaft", sagte er ferner in einer Ansprache am Karfreitag 1959, „wird areligiös und atheistisch. Der Atheismus, der gestern, wenn ich es so ausdrücken darf, eine seltene Krankheit war und ohne Kraft, ist eine internationale Krankheit geworden, gewollt, organisiert, mit seinen Druckereien, seinen Büchern, seinen Publikationen, seinen Propagandisten und Parteien. Unsere Welt bezeichnet sich als christlich, weil sie die Erbin der katholischen Tradition ist, weil unser Glaube seit Tausenden von Jahren Sakralbauten errichtet, weil er Gesetze, Gewohnheiten, edle Traditionen, Schulen, eine ganze Kultur mit sich gebracht hat, und trotz alledem ist die Apostasie die für unsere Zeit charakteristische Sünde, der Abfall vom Glauben, der Unglaube, die Krise des Denkens und des Gewissens, das beinahe üblich gewordene Aufgeben von sakralen, religiösen Traditionen."

Am 8. August 1963 warf er die Frage auf: „Bedeutet die soziale Evolution den Ruin oder die Zukunft des christlichen Lebens? Das ist das Problem, das sich heute stellt."

Er bemühte sich um die Welt des Arbeiters. Er machte den Eindruck eines Arbeiterbischofs. Diese Bemühungen hat er überaus ernst genommen, sie haben ihn für immer geprägt. Sie erklären vieles von dem, was er jetzt oder auch in Zukunft tut.

In seiner ersten Ansprache hatte er den Arbeitern versprochen, sich wie ein Hirte, wie ein Vater auf ihre Seite zu stellen, sooft es sich um ein Leid, eine Ungerechtigkeit, um den legitimen Anspruch auf soziale Besserstellung handelt. Den Arbeitern der Pneufabrik Pirelli erklärte er: „Freilich habe ich nichts, was ich euch geben könnte, meine Hände sind leer. Aber ich weiß, daß ihr, gerade weil ihr Menschen seid, die arbeiten, nach etwas strebt, was mehr ist als eure Arbeit, mehr als euer Lohn, mehr als materielle Dinge, ihr strebt nach einem Anteil am wahren Leben, nach einem Anteil an der Freude. In dieser Beziehung vermag ich euch unermeßliche Schätze zu geben: die

Hoffnung, den Sinn für Menschenwürde, grenzenlose Horizonte des Lichts. Ihr habt eine Seele: ich habe Schätze für diese Seele."

Indem Montini von den Wirkungen zu den Ursachen fortschritt, erkannte er den Grund des modernen Übels: die Unwissenheit samt ihren Folgen, die Indifferenz, der kollektive Atheismus, der sich dem christlichen Glauben nicht widersetzt, weil er ihm leer, gegenstandslos und vor allem von der Geschichte überholt erscheint. Er ging daran, eine universale Mission abzuhalten, die gleichzeitig auf den Straßen, in den Fabriken, in den Kinos, in den Theatern, auf den Straßenkreuzungen veranstaltet wurde, nicht zu vergessen die Kirchen. Ich habe von 1289 Orten der Begegnung gelesen. Die Strategie bestand darin, einen wirksamen Schock zu verabreichen, wie es eine protestantische Mission in der Stadt New York getan hat. Und zwar um die atheistische Gleichgültigkeit zu erschüttern. Da fand Montini ein ungewöhnliches Echo bei einem katholischen Bischof, ein Echo von ergreifender Demut, das beim Konzil in seinen eigenen Worten nachklang. Es waren wohl die erhebendsten, vornehmsten Worte, die je von einem kirchlichen Würdenträger der modernen Zeit ausgesprochen wurden, nämlich:

„Wie leer ist manchmal das Haus des Herrn! Wenn es möglich wäre, daß unsere Stimme bei euch Gehör fände, ihr Söhne, die ihr nicht mehr liebt, dann würde ich euch zuerst um Verzeihung bitten, ja wir müssen euch bitten, uns zu verzeihen, bevor ihr Gott bittet, daß er euch verzeihe. Denn weshalb hat sich unser Bruder von uns abgewendet? Weil er nicht genug geliebt worden ist. Weil wir nicht genug über ihn gewacht, weil wir ihn nicht genug belehrt, weil wir ihn nicht genug in die Freuden des Glaubens eingeführt haben. Weil er über den Glauben geurteilt hat, indem er davon ausging, was wir sind, die wir ihn verkündigen und repräsentieren. Weil er infolge unserer Fehler angefangen hat, sich zu ärgern, wenn von Religion die Rede war, sie zu verachten, sie zu hassen, zumal er mehr Vorwürfe gehört hat als Rat oder Aufmunterung.

Da es also nun so ist, bitten wir euch, fernstehende Brüder, uns zu verzeihen, wenn wir euch mißverstanden haben, wenn wir euch zu leicht abgewiesen haben, wenn wir uns nicht genug um euch gekümmert haben, wenn wir nicht genügend gute geistliche Führer, genügend gute Seelenärzte waren, wenn wir unfähig waren, zu euch von Gott zu sprechen, wie wir es hätten tun sollen, wenn wir euch mit Ironie, mit Sarkasmus begegnet sind, wenn wir andauernd die Polemik gesucht haben. Heute erflehen wir eure Verzeihung. Hört uns wenigstens an..."

Die Kathedrale von Mailand — der „Duomo" — ist nicht eigentlich eine Kirche, sie ist eine Welt, ein Universum, das sich selbst genügt.

Ich kenne nur noch Chartres, das mir einen ähnlichen Eindruck macht.

Monsignore Montini hat vor den Mailändern den Zauber ihrer Kathedrale oft gepriesen. „Er ist", sagte er, „ein Bienenkorb für die Seelen, ein von schweigsamen und geheimnisvollen Leuten bewohntes Schloß, wo die Heiligen die Steine in die Höhe zu dehnen scheinen, als ob sie zu Feuer geworden wären. Man tritt ein: Welches Arkanum! Welche Stille! Doch es ist auch ein Aufruf zum Aufstieg der Seele... Nie werde ich müde, dieses Farbenspiel zu betrachten, diese Myriaden von Formen und Figuren, diese Säulen, die wie kräftige Bäume aussehen, unerschütterlich, und trotzdem leicht. Ich empfinde wirklich den Eindruck eines Sieges des Geistes über die Materie. Der Stein betet, die Materie betet."

Am 8. September 1960 war ich im Dom zu Mailand, der dem Fest Mariä Geburt geweiht ist. Der Erzbischof sprach von der Höhe der Kanzel. Ich erkannte ihn kaum wieder. Den Stab in der Hand, wie vernichtet unter der weißen Mitra, mit Handschuhen. Das sind keine günstigen Voraussetzungen für eine herzliche Ansprache. Was sagte er? Er sprach über das Geheimnis Mariens. Als Resümee schrieb ich ein Wort des Angelus Silesius über Maria in mein Notizbuch: „Sie ist ein' andre Welt." Hat er das zitiert? Ich glaube nicht, aber es enthält den Sinn dieser Predigt, wobei ich einen unbekannten Zug seines Wesens entdeckte: Montini ist ein Redner, ein großer Redner. An jenem Tag ging er voll aus sich heraus — ohne daß er jedes einzelne Wort genau abgewogen hätte. Die Menge fühlte sich wohl. Sie kam und ging während der Predigt, als ob sie bei sich zu Hause wäre, in einer Halle des Herrn, auf einem Markt Gottes. Montini hatte bisher nur die kleinen Studentenauditorien gekannt und genoß zweifellos die Freude, sich an ein ganzes Volk zu wenden, „wo der Zufall ein Herz, das in der Einsamkeit wartet und vielleicht eine Welt in sich trägt, mit unseren Worten konfrontieren kann". Er baute mit singenden, harmonischen Sätzen eine Art klingendes Gewölbe und ließ seinen Gefühlen, seinem Eifer, seinem Gebet freien Lauf. Es gab eine Kommunikation seiner Seele mit dem christlichen Volk, einen Augenblick der Ruhe.

Ich höre noch die ersten lyrischen Worte, die er an die Mailänder gerichtet hatte: „Ich werde darum beten, daß das Dröhnen der Maschinen zu Musik, daß der Qualm der Schornsteine zu Weihrauch werde."

DAS MYSTERIUM DER NEUEN GEBURT

Die menschliche Natur interessiert mich, alles, was sie beunruhigt, was sie erhebt, und auch das, was sie in den großen und kleinen Dingen, die einander so ähnlich sind, überrascht. Und dieses Buch, das von einem einzigen spricht, möchte darüber hinaus von allen sprechen: denn unsere Schicksale sind gleich. „Abgesehen vom Grad der Vollkommenheit."

In jeder menschlichen Existenz gibt es Augenblicke der Überraschung, wo man sich unvermutet in ein Universum von Erschütterungen und neuen Leiden geworfen sieht. So, wenn aus dem Frieden plötzlich ein Krieg ausbricht, wie es diese Generation zweimal erlebt hat.

Diese Zustände sind jenen ähnlich, die auf die Geburt folgen. Und sie versinnbildlichen zweifellos das Erstaunen, das dem Tode folgt. Die Sakramente, die einen Lebensstand begründen, wie die Ehe oder die Priesterweihe, vermitteln ebenfalls diesen Eindruck eines Beginns, einer neuen und nicht mehr rückgängig zu machenden Zeit, einer Konsekration.

Wie tief, wie außergewöhnlich unter all diesen Metamorphosen, deren Bühne das menschliche Bewußtsein ist, ist die eines Christen, eines Priesters, der plötzlich der Nachfolger Petri wird, der sich auf die Spitze der Pyramiden versetzt, geworfen sieht, wo der Wind bläst, wo man in die Ferne blickt, wo man allein ist!

Es gibt keine Vorbereitung auf eine derartige Verwandlung. Und selbst wenn man wie ein adoptierter Kronprinz dazu prädestiniert wäre, bliebe ein unauslotbarer Unterschied zwischen dem Horizont, den man vorher hatte, und dem neuen Horizont.

Wie erhaben ein Amt, das nicht das höchste ist, auch immer sein mag, es gleicht nicht dem Amt dessen, der allein verantwortlich ist, der niemanden über sich hat, der allein die Last aller trägt. Johannes XXIII. erzählte, daß er sich in den ersten Tagen seines Pontifikates bei dem Gedanken ertappte: „Ich werde den Papst fragen" — und dann: „Aber das bin ja ich." Unendlicher Unterschied. Man kann nicht mehr gehorchen und sich die Hände (in Unschuld) waschen.

Gegen 5 Uhr abends am 19. Juni 1963 zogen die 80 Kardinäle durch den „Saal der Sieben Türen", den Paul III. für die Empfänge der Staatsoberhäupter durch Sangallo hatte erbauen lassen, in die Capella Paolina ein.

Man erzählt, Kardinal Montini sei als letzter eingetreten, mit hastigen Schritten, so wie Petrus und Johannes zum leeren Grab geeilt waren.

Über das Amtsgeheimnis des Konklaves kann ich nichts aussagen, zumal ich darüber keinerlei Information besitze. Aber man kann Schlüsse ziehen; das ist eine Art der Geschichtsschreibung, die keinem Dementi unterworfen ist. — Ich trete in ein Bewußtsein ein, ich errate, was darin vorgeht. Monsignore Montini kann nicht umhin, sich zu gestehen, daß er ungeachtet dessen, was er seine „Unfähigkeit" nennt, „wählbar" (papabilis) ist. Die Wahl der Kardinäle ist von Notwendigkeiten bestimmt, die wie Kreise, die mehr und mehr konzentrisch verlaufen, ihn umschließen und ihn allein bezeichnen. Man hat niemals so viele Wahlmöglichkeiten, wie man meint.

Zwei Bedingungen sind diesmal unerläßlich: Es muß ein Papst sein, der das angefangene Konzil nicht abbricht, der sich die Perspektiven Johannes' XXIII. zu eigen macht, der nicht sofort einen anderen Kurs steuert, der diese ungeheure Versammlung, auf welche die Blicke der Öffentlichkeit gerichtet sind und von welcher die Zukunft der Kirche abhängt, an ihr Ziel gelangen läßt. Das allein verringert schon die Möglichkeiten. Wer kennt die Gedanken Johannes' XXIII. besser als Kardinal Montini? Johannes wollte, daß er während des Konzils im Vatikan bleibe, damit er in seiner Nähe sei. Wer weiß, ob nicht er die Entscheidung des 23. November, die das Konzil auf die Linie der „Öffnung" festlegte, vorgeschlagen und empfohlen hat? Auf jeden Fall hat er nur einmal beim Konzil gesprochen, im Dezember 1962, und zwar um dem Konzil eine Methode, ein Programm, eine Struktur vorzulegen.

Ferner muß es ein Papst sein, der Italien mit dem katholischen Universum vereinigt und die Verbindung zwischen der italienischen Mehrheit und der ganzen Welt sichert. Zweifellos ist es noch zu früh, um die Tiara einem nichtitalienischen Bischof zu verleihen, um der Stadt Rom und Italien einen abendländischen Patriarchen zu geben, der kein Italiener ist. Wenn indes der italienische Bischof von Rom darüber hinaus auch universaler Pontifex ist, dann muß er selbst universal sein: muß die Welt kennen, der Welt bekannt sein, von der Welt akzeptiert und geachtet und, wenn möglich, noch jung sein für ein so umfassendes Amt. Wer erfüllt diese Bedingungen im Jahre 1963? Wer?

Schließlich wäre es wünschenswert, daß der neue Papst das Räderwerk der zentralen Verwaltung kennt, unter den vorausgegangenen Pontifikaten, insbesondere unter Pius XI. und Pius XII., gedient hat. Hier ergibt sich allein der Name Montini. In den Augen vieler Beobachter und mancher Propheten schien offensichtlich er seit langem darauf vorbereitet, Papst zu werden. Denn das ist wohl ein Charisma, aber auch ein Beruf. Es kann jemand auch zufällig Papst werden, dann sorgt der Heilige Geist für alles. Aber vielleicht ist es besser, diese Kunst gelernt zu haben.

Monsignore Montini wußte um diese verschiedenen Gründe. Sie ließen seit langem einen Schatten, manchmal ein Schwert auf seine Zukunft fallen. Es ist klar, daß eine so hohe Zukunft auch die Ankündigung eines Schmerzes ist. Seine Berufung nach Mailand konnte ihm nicht verhehlen, daß sie (vielleicht) auch eine Vorbereitung auf das Unbekannte war. Auf alle Fälle mußte er — gegen seinen Willen und durch den Zwang der Ereignisse — die so schwere Rolle annehmen, in den Augen vieler Gutgesinnter als möglicher, als wahrscheinlicher Papst zu gelten, als ein für die Zukunft bestimmter Papst. Aber es war ihm nicht möglich, sich des fatalen und wahren Ausspruches nicht zu erinnern: „Wer als Papst ins Konklave einzieht, geht als Kardinal aus ihm heraus." Ich habe festgestellt, daß die hohen Instanzen es nicht gern sehen, wenn Meinungen, Weisheiten oder gar Notwendigkeiten ihnen ihr Verhalten aufzwingen, daß sie vielmehr durch Entscheidungen, die alle Welt überraschen, ihre Freiheit unter Beweis stellen.

Die einfache Tatsache, quasi designiert zu sein, war also ein Grund, nicht gewählt zu werden. Zumal eine starke Persönlichkeit wie Monsignore Montini in Italien nicht nur Freunde hatte, namentlich in Rom, wo niemand Prophet ist. Seine außerordentlichen Fähigkeiten konnten ein Grund gegen ihn sein: die Autorität braucht bisweilen eine gewisse scheinbare Mittelmäßigkeit. Es ist gut, „irgendwer zu sein", Talent ist nicht immer von Vorteil! Gesunder Menschenverstand und Frömmigkeit genügen. Wie viele gewöhnliche Päpste, denen die Kirche viel verdankt, gab es unter den 262! Nach Johannes XXIII., der so viel Erschütterung verursachte, brauchte die Tiara Ruhe. Wer kannte schon die Absichten dieses ans Schweigen gewöhnten Prälaten? Was sind im einzelnen seine Ansichten zur Weltpolitik, zur europäischen, zur italienischen? Ist er nicht zu sehr, allzusehr aufgeschlossen? Darf man die Zügel diesem noch undurchschaubaren Wesen anvertrauen? — Derlei Gründe und Überlegungen konnten in einigen Köpfen auftauchen, die Zögernden gewinnen, einen Ratschluß hervorbringen und zur Wahl eines nicht so außergewöhnlichen italienischen Kardinals führen. Etwa des Kardinals Lercaro, mystisch, volkstümlich, persönlich anspruchslos, der in Bologna mit den Kommunisten „koexistierte". Oder des Kardinals Agagagnian, der die Einheit des Okzidents und des Orients symbolisiert hätte. Oder irgendeines Kurienkardinals, der öffentlich nicht so bekannt, aber mit der Geschäftsführung vertraut war wie Benedikt XV. vor seiner Wahl oder auch Pius XI., ganz zu schweigen von Pius X. Was anderseits noch viel bedeutsamer war — und das ist in früheren Zeiten auch die Auffassung der Fürstenhöfe gewesen, vor allem die des französischen —, war die Wahl seines Staatssekretärs. Und Monsignore Montini war ein geradezu idealer Staatssekretär für einen kühl abwägenden Papst.

So also konnten — und zwar ohne Ressentiments oder Leidenschaft, nur auf das Wohl der Kirche bedacht — die Überlegungen der Opposition lauten. Auch jene, die die Geschichte nachzeichnen und dann wiederholen, daß sie „es ja gesagt hätten", daß „es gar nicht anders habe kommen können", machten sich zu billigen Propheten. Ein wahres Wort Klios heißt: „Man weiß nie", the unexpected always happens, „das Unerwartete trifft immer ein." Und überdies braucht es im Konklave eine

Mehrheit von zwei Dritteln, und eine Mehrheit ist machtlos angesichts einer unbeugsamen Minderheit; selbst wenn diese nur über eine Stimme mehr als ein Drittel verfügt, blockiert sie alles. Man müßte dann ein Kompromiß ins Auge fassen. Und wer so nahe daran gewesen wäre wie Rampolla, der müßte seine Tage in der Stille beschließen, in einer Stille, die sich wie ein Nebel über die abgebrochenen oder unerfüllten Schicksale ausbreitet.

All dessen war sich Monsignore Montini bewußt, als er raschen Schrittes ins Konklave trat, in die Säle, die ihm vertrauter waren als irgendeinem anderen, und unter den Blicken seiner Mitkardinäle, die er besser als sonst irgendwer auf der Welt kannte; denn viele Kardinäle des Heiligen Kollegiums waren zur Zeit Pius' XII. kreiert worden. Man kann sich seine beherrschte Unruhe vorstellen und wie sein Geist hin- und herschwankte zwischen einer sehr wahrscheinlichen Hypothese, die er durch sein Wollen ausschloß, und dem Mißerfolg seines Namens, dessen Bestätigung er ersehnte. Jede Lösung mußte ihn verletzen, aber jede auf eine andere Weise. Er mußte alles der Vorsehung überlassen ...

Das Konklave begann um 19.20 Uhr. Symbolische Riegel schlossen außer den 80 Kardinälen noch 70 Personen von der Welt und allen Außenkontakten ab wie auf einem aufgegebenen Schiff oder in einer Schutzhütte im Hochgebirge — wie auf dem Patmos der Apokalypse. Nie in der Geschichte des Konklaves waren die Kardinäle so zahlreich gewesen wie diesmal. In der Zeit der verborgenen Radioempfänger und Miniatursender sind Mauern, Schlüssel und Riegel überholt. Der Tag wird kommen, wo das Amtsgeheimnis des Konklaves einzig auf dem Gewissen beruht: das ist eine Konsequenz jener Achtung vor der menschlichen Person, die das letzte Konzil ausgesprochen hat. Aber in einer Übergangszeit wie der unsrigen haben die Päpste die Vorsichtsmaßregeln verstärkt. Sie dachten nach ihrer Wahl darüber nach, „was nicht hätte geschehen dürfen", und verschärften die Maßnahmen gegen Indiskretionen. Pius XII. hat verfügt, daß die Wahlbulletins ohne Unterschrift abzugeben sind. Johannes XXIII. hat verfügt, daß die Kardinäle die Papiere, auf welchen sie die Zahl der Stimmen notiert hatten, abgeben müssen. Ihr künftigen Geschichtsschreiber, man nimmt euch euer Futter weg! Die Löwen verwischen ihre Spuren im Sand. Das Wort von François Poncet kommt mir in den Sinn: „In Rom dünstet das Erz aus, würde Heredia sagen, und den Geheimnissen ist's heiß, sie schwitzen." Noch einmal (vielleicht zum letztenmal) folgte man beim Konklave der Gewohnheit des Einschließens. Als ob sie listige Betrüger wären, diese ehrwürdigen Väter im Gewand von der Farbe des Blutes, zum Zeichen dafür, daß sie bereit sein sollen, für die Wahrheit zu sterben.

Die Kardinäle wählten also am 20. Juni. Es gab vier Wahlgänge an diesem Tag, 54 Stimmen waren erforderlich. Am Abend des 20. Juni befand ich mich in der französischen Botschaft nahe dem Vatikan. Man munkelte dort, daß der Papst bereits feststehe, daß man aber am nächsten Tag noch einen endgültigen Wahlgang durchführe. Das hieß beinahe, daß Kardinal Montini gewählt war.

Ich bin sicher, daß er in manchen Augenblicken die wesentlichen Momente seines bisherigen Lebens noch einmal erlebte, daß er sein Brescia wiedersah (das Gotteshaus Unserer Lieben Frau von der Gnade, wo er seine Primiz gefeiert hatte), vielleicht auch den Garten von Concesio. Das Antlitz seiner Mutter und seines Vaters, das seiner Lehrer, in einem geistigen, ruhigen Licht. Dann seine Ankunft in Rom, seine ermüdenden Aufgaben, seinen Verzicht auf die Seelsorge zugunsten der administrativen Tätigkeit, seine Unverdrossenheit, sein Schweigen, seinen Einzug in Mailand, sein Hirtenamt, seine kurzen Reisen, seine großen Freundschaften. Das alles erhielt nunmehr seinen vollen Sinn, seine *Rechtfertigung*. Und vor allem die Stunden restloser Aufopferung, die er durchlebt hatte und um die niemand wußte; ich meine jene verborgenen Augenblicke, die es in jedem hochherzigen und gefährdeten Leben gibt, in jedem einsamen Zwiegespräch der Seele mit ihrem Schöpfer, wo man wie Paulus in Damaskus überwältigt und blind spricht: „Herr, was willst Du, daß ich tue? Vater, laß diesen Kelch an mir vorübergehen." Ja, diese Augenblicke der Selbsthingabe glänzten ohne Zweifel in seiner Nacht wie Lichtpunkte. Und in der einen oder anderen Form (vielleicht in gar keiner Form, sondern in einer Weise, die nur dem Geist vernehmbar ist) sprach der Herr — verhüllt — seinem Herzen Mut zu: „Ich bin da, was fürchtest du?" Paul VI. hat diese Stelle aus dem Lukasevangelium stets besonders geliebt, wo Petrus in den Wellen versinkt und von Jesus emporgehoben wird. Er ließ die Szene auf eine Medaille des Konzils prägen.

Fortan konnte er wie in einer Art lichter und sanfter Agonie seine Geschichte, sein Schicksal, endlich sich selbst begreifen; eine Seligkeit, sich in Gott zu erblicken, auf die eigene wechselvolle Vergangenheit hinzuschauen und zugleich auf die ewige göttliche Vollkommenheit, die durch so viele verwirrende Wechselfälle hindurch unwandelbar bleibt. Und doch besitzt diese Vergangenheit die Dichte der Existenz: Niemand kann sie verändern. Man muß sie annehmen. Dieser gewöhnliche Lehm muß noch geformt werden. Man hat keine Wahl, es gibt kein anderes Material zum Formen. Aber diesmal nicht nur für wenige, sondern für alle, um der ungeheuren menschlichen Familie zu helfen.

Papst Johannes hatte eine Vision. Jetzt geht es darum, diese Vision in Wirklichkeit, in Geschichte zu verwandeln. Paul würde der Fortsetzer sein, aber auf eine andere Art, in einer anderen Weise. Was in ihm bisher privat und ohne Echo war, wird überall widerhallen, wird der Kritik, dem Urteil preisgegeben sein. Privatleben ist fortan unmöglich, und damit auch Entspannung, Erholung, Ruhe, Aufschub: *Man muß bis ans Ende gehen.* Und selbst das Alter, die Zurückgezogenheit, diese Zeitspanne zwischen der Arbeit und dem Tod, wonach sich jeder Geist sehnt, ihm wird sie nicht vergönnt sein. *Man muß bis ans Ende gehen:* die Agonie eines Papstes (man hat es an Johannes XXIII. erlebt) ist die Agonie eines verwundeten Generals in der Schlacht, der immer noch Befehle erteilt. Eine Funktion legt man nieder, einen Lebensstand, etwa den eines Sohnes, eines Gatten, eines Vaters, legt man nicht nieder. Ebensowenig wie man aufhören kann, zu denken oder Künstler zu sein.

Im moralischen Leben messe ich dem Niveau eine höhere Bedeutung bei als der einzelnen Entscheidung. Die Wahl zwischen Gut und Böse ist selten. Aber in jedem Augenblick kann ich mich auf eine höhere Stufe erheben, kann ich das, was ich getan habe, auf eine vornehmere Weise tun: mit größerer Genauigkeit sprechen, mit mehr Bejahung leiden, mit mehr Freude glücklich sein. Es geht weniger darum, zu wählen, als zu wachsen. Mir scheint, man findet diese ansteigende Bewegung in den letzten Gesprächen Jesu, so wie sie der Evangelist Johannes berichtet. Da lebte Jesus sein eigenes Leben auf eine noch höhere Weise, zarter, stärker und, so könnte ich sagen, ewiger. Für ein Wesen, das zu einer letzten Geburt berufen ist, handelt es sich wohl um einen letzten Aufstieg: derselbe zu sein auf höherer Ebene.

Ist das so schwierig, so unmenschlich? Ich weiß es nicht. Ein ehemaliger Ratspräsident, den ich kannte, als er mein Kollege war, gestand mir neulich etwas. Ich hatte ihn gefragt, wie er, ein Gelehrter, die Regierungsarbeit bewältigt habe. „Lesen Sie Toqueville", antwortete er. Toqueville war Kabinettsmitglied und eine Zeitlang Außenminister gewesen. In seinen Memoiren erzählt er, daß ihn die Anzahl und die Größe der Schwierigkeiten zunächst erschreckt habe. „Und", fügte er bei, „was mich am meisten beunruhigte, war ich selbst. Ich stellte fest, daß die Aufgaben nicht jedesmal schwieriger wurden, wenn sie größer wurden, wie das leicht aus der Ferne so aussehen konnte. ... Es kommt sogar vor, daß sie dann einfacher werden. Wessen Schicksal das Schicksal eines ganzen Volkes beeinflußt, der findet unter der Hand auch mehr Menschen, die ihn beraten, ihm helfen, die ihm mancherlei abnehmen ... Schließlich erweckt gerade die Größe des Ziels alle Kräfte der Seele."

Wenn das auf den Staatsmann zutrifft, um wieviel mehr erst auf den, der nichts als die Kraft der Seele besitzt? Winston Churchill sagte, daß es eine Erleichterung für ihn gewesen sei, als er 1940 die Verantwortung übernahm. Daß es einem auf dem ersten Platz am wohlsten sei, wenn man wisse, daß man dazu bestimmt ist; man entschlummert in der Hingabe. Nichts wiegt so sehr in Schlaf wie der Sturm.

Ich werde bald erzählen, wie ich Pater Bevilacqua in Brescia kennenlernte, der der Lehrer und Freund des Heiligen Vaters seit dessen Jugend war. Er sprach mit mir über Paul VI. und sagte mir eines Tages: „Er muß gleichzeitig tun, was seine Vorgänger nacheinander taten. Aber seien Sie versichert, ich weiß ihn dafür gerüstet. Ich kenne ihn und beobachte ihn durch mehr als vierzig Jahre. Wenn Sie seine starke Aufmerksamkeit kennten, mit der er alles verfolgt! Seine Fähigkeit zur Intuition, zum Leiden, zum Verstehen!"

ZWEITER TEIL

PORTRÄT EINES GEISTES

DER MANN, DER PAPST WURDE

> O mein Ich, ich verlasse dich auf immer,
> bis mir mein Herr befiehlt,
> dich wieder aufzunehmen.
>
> *Franz von Sales*

Man hat gesagt, die Persönlichkeit Pauls VI. sei enigmatisch, rätselhaft, geheimnisvoll, undurchsichtig. Man hört das oft über ihn, und es ist sehr richtig: sein Innerstes bleibt verschlossen.

Das ist um so überraschender, als Johannes XXIII. den Eindruck erweckte, sich jeden Augenblick jedem Menschen ganz zu widmen, dem einen zu sagen, was er allen anderen verschwieg, mit unverhülltem Gesicht zu leben. Er hat die Blätter seines „privaten Tagebuchs" nie verbrannt. Ich bin sicher, wenn Paul VI. je ein solches Tagebuch führte, so ist es nichts mehr als Asche. Doch kann man ein Wesen nicht lieben, ohne den Wunsch zu haben, mehr von ihm zu wissen, bis auf den Grund zu dringen. Ich würde mich nicht mit einer Geschichte des Konzils begnügen. Wenn man es in seiner lebendigen Dynamik verstehen will, muß man jenen mit einbeziehen, der sein Führer ist, der ihm seinen Impuls oder sein Zögern, seine Ungeduld oder seine Geduld vermittelt; denjenigen, der — obwohl unsichtbar und sogar abwesend — der Bleibende ist. Während des Konzils war Paul VI. der Bleibende; an ihn dachte man, obwohl man ihn fast niemals nannte; er war es, nach dem man jeden Morgen im Geiste Ausschau hielt, wie der Bauer den Himmel befragt, um zu wissen, woher der Wind blasen wird. Er war ein Orakel; er repräsentierte die Zukunft, das, was noch nicht ist, was sein könnte. Die Voraussetzungen, auf denen die Zukunft beruht, sind unübersichtlich. Der Wind sagt nicht, was er vorhat. So kann man wenigstens auf den Steuermann blicken, den einzigen festen Punkt; man kann die Zeichen auf seinem Antlitz zu lesen suchen.

Die Kirche ist auch im Jahre 1967 genauso wie an ihrem Beginn an den Charakter, an das Schicksal eines Mannes gebunden. Das macht ihre Geschichte so faszinierend, so menschlich. Der Heilige Geist durchwirkt sie. Er beeinflußt unsichtbar die Masse der Gläubigen, die Elite der Hirten; sichtbar wird er in der Person eines einzigen Menschen, der Papst geworden ist.

Ich erinnere mich an seine erste Ansprache beim Konzil während der zweiten Session. Unsere Zeit hat keinen Sinn für das Feierliche. Sie liebt die Schlichtheit. Dem bescheidenen und majestätischen „Wir" zöge sie das „Ich" des Apostels Paulus vor. Papst Johannes hat es nicht gewagt, diese Schwelle zu überschreiten. Immerhin hat er den Stil der päpstlichen Ansprachen verändert: ungezwungene Leutseligkeit und etwas von jener Unbekümmertheit, von der Raffael sagte, sie sei erforderlich, damit man mühelos und ohne an die Arbeit zu denken malen könne.

Bei Paul VI. gibt es diesen Zug nicht, wenigstens nicht in der öffentlichen Ansprache. Der Unterschied zu seinem Vorgänger hat gewiß überrascht. Johannes XXIII. gab sich gegenüber dem Volk einfach, obwohl er viel weniger einfach war, als seine Ansprachen und sein Äußeres vermuten ließen. Aber er hatte die Gabe der Leutseligkeit wie La Fontaine. Von Paul VI. hört man sagen, er sei enigmatisch. Merkwürdig, von Pius XII., der weder leutselig noch herzlich war, würde man das nicht sagen.

Ich habe öfters die Bemerkung gehört, die Persönlichkeit dieses Papstes sei schwer zu beschreiben und nirgends einzuordnen. Einige sprachen von Doppelsinnigkeit. Sie sagten, daß der Papst „das Übel der Welt" trage, daß er in der Geschichte mehr ein Geführter als ein Führender sei. Ein schwieriger und pessimistischer Geist wollte eines Tages in einem Wort zusammenfassen, was er an Paul VI. auszusetzen hatte, und formulierte: „Alles in allem, er ist ein Philosoph." Wenn das stimmt, dachte ich, muß ich den Schlüssel finden, denn ich kenne diese seltsame Spezies.

Wo soll man mit der Entdeckung eines so fernen und zugleich

so nahen Wesens beginnen, da doch in einem Bewußtsein alles mit allem zusammenhängt und unsere Eigenschaften einen unentzifferbaren Grund widerspiegeln? Ich überlasse mich einigermaßen dem Zufall. Ich wage in die Tiefe hinabzuloten, ich schreibe ein Wort: Innerlichkeit. Diese Seiten werden es zur Genüge erklären.

Das Herz darf nicht vom Geist getrennt werden. Der Zauber des Christentums, den wir beim hl. Paulus, beim hl. Johannes in den Evangelien verspüren, besteht in der Verbindung von Geist und Herz, Denken und Lieben. Auch die Gelehrten besitzen menschliches Zartgefühl, auch die Mystiker sind Theologen, und immer vermag Frömmigkeit die Trockenheit der Intelligenz zu mindern. Aber diese Verbindung von Herz und Geist vollzieht sich nicht so leicht, sie ist gar nicht so häufig. Es gibt da verschiedene Möglichkeiten. Obwohl die Liebe das Band der Vollkommenheit ist, kommt es selten vor, daß der Heilige Geist, der Herr seiner Gaben, gegensätzliche Fähigkeiten miteinander verknüpft und zum Beispiel einen empfindsamen, sensiblen Theologen schafft. Oder einen abstrakten Dichter. Oder einen Chef, der des Mitfühlens fähig ist. Es erstaunt uns, wenn wir eine dieser nicht sehr wahrscheinlichen Mischungen beobachten können. Das ist ein erstes Enigma, ein erstes Rätsel und Geheimnis.

Was Lehrer, Bekannte, Freunde an Giovanni Battista Montini gewiß seit seiner Jugend überraschte, ist — neben seinem Sinn für Einsamkeit und Verschwiegenheit (schon die Innerlichkeit, stets die Innerlichkeit!) — die Beherrschung seines Körpers, seines Wortes, sogar seiner Gebärden. Als ob er immer gesehen, gehört werden könnte. Es ist die Verbindung einer intuitiven, künstlerischen, durchdringenden, ja ich würde auch sagen musikalischen, architektonischen Intelligenz mit einem intensiven Gefühlsleben. Er hat eine sehr aufnahmefähige und sensible Seele. Man müßte ihm das charakteristische Beiwort verleihen, das wir gewissen Blumen geben, deren Blütenblätter Organe zu sein und Sinne zu haben scheinen. Empfindsam ist sein Gewissen, seine Art zu hören, zu verstehen, wahrzunehmen, zu schweigen. Deshalb spricht er auch mit Leichtigkeit, ohne je geschwätzig zu sein, und ist zugleich imstande, lange zuzuhören, wortlos zu beobachten. Er ist Redner, wenn er in einer Predigt den beiden Rossen des Geistes und des Herzens die Zügel schießen läßt; wenn das eine das andere überholt, aber rasch wieder eingeholt wird in einem fröhlichen, singenden Wettlauf. Wer niemals Paul VI. in einer Frühmesse vor den Pilgern predigen gehört hat, wo er ohne unmittelbare Vorbereitung spricht, der weiß nicht, was ein Zwiegespräch von Geist zu Geist und von Herz zu Herzen, was ein väterliches, mütterliches Wort ist. Ein noch recht junger Vater, der ein älterer Bruder zu sein scheint, mehr Führer als Patriarch.

Wenn man ihn den Dialog rühmen hört, ahnt man, warum: seiner Persönlichkeit ist das suchende Erforschen des innersten Geheimnisses eigen, der unwiderstehliche Drang zur Vertiefung, wie wir noch sehen werden, und gleichzeitig auch — umgekehrt — der Wunsch, nicht allein zu sein, mit anderen Seelen mitzufühlen, anzubieten und anzunehmen.

Es existiert in ihm eine drängende Unruhe; diese Unruhe ist geboren aus der Idee des Vollkommenen, verbunden mit einem lebendigen Bewußtsein von den Bedingungen, unter welchen sich das Vollkommene verwirklichen, sich mit der Erde vermischen kann. Er weiß zu gut Bescheid um die jeweiligen Verhältnisse, Widerstände, Spaltungen, Doppeldeutigkeiten. Er weiß zu gut, daß nichts einfach ist, und das ist sehr selten bei einem, der berufen ist, zu vereinfachen, aus der Höhe zu beobachten und zu entscheiden. Er hat beispielsweise gesagt: „Brennende Fragen sind immer auch komplizierte Fragen. Der gewöhnliche Anstand verlangt, daß man sie nicht in Eile behandle. Wir müssen ihre Kompliziertheit respektieren."

Kompliziertheit der Probleme — Kompliziertheit der Personen. Denn jeder von uns hat zwei Gesichter. Hinter der sichtbaren Persönlichkeit existiert ein verborgener Grund unseres Selbst: die wahre Person, tief, schlecht gekannt, verkannt, unbekannt, die komplexe Persönlichkeit, brennend, mit ihrer Unruhe, Unentschiedenheit, und die nicht recht weiß, was sie wirklich ist.

Paul VI. fühlt sich sozusagen wohl in seiner Kompliziertheit, in den Schwierigkeiten, die alle Menschen dieser Zeit charakterisieren. Seine im Schweigen ausgeübte Gabe der Intuition, des „Hellsehens" führt ihn bis an den innersten Punkt der Schicksale.

Ich habe oft an ihm bemerkt, welche Ehrfurcht er vor den Dingen hat, noch mehr vor den konkreten Umständen. Keinesfalls verändert er die Figuren auf dem Schachbrett. Wie ein Schachspieler, der einen anderen mitten in einer Partie ablöst, beläßt er den Läufer, den Turm und sogar den Springer auf ihren jeweiligen Feldern, „er spielt mit". Er operiert lieber zuerst mit den Bauern, als daß er die Dame bewegt, er investiert lieber, als daß er gewinnt. So hat sich Jesus den Umständen angepaßt. Er machte weder Ordnung noch Unordnung. In allem, was sich am Rande seines Weges einfand, Dingen oder Menschen, bewirkte er eine Erneuerung. Er hat die konkreten Umstände ewig gemacht; „er nahm das Brot", das Brot, das gerade da war, wie er die Menschen, die gerade da waren, genommen hat, um aus ihnen Apostel zu machen, weder bessere noch schlechtere.

Auch Paul VI. verändert nicht. Er hat bis jetzt niemanden auf einen anderen Posten versetzt. Er hat die großen Diener seiner Vorgänger beibehalten. Ebenso prüft er, hört er an; er nimmt an, was man sagt, er dringt ein in das, was man sagt, er nimmt Schwierigkeiten ernst, er besitzt viel Taktgefühl und Geduld. So wenig wie möglich eingreifen. Wirft er sich vielleicht manchmal vor, zuviel gewährt, zuviel erlaubt, zuviel gutgeheißen zu haben?

Dann versichert er sich wieder: „Wenn die Vergangenheit uns eine Lehre gibt, dann die, daß es besser ist, abzuwarten, auch auf die Gefahr hin, die Ungeduldigen zu enttäuschen, anstatt hastig zu improvisieren. Je höher eine Autorität ist, desto mehr muß sie abwarten. Eine Frage studieren ist leicht, sie zu entscheiden schwer."

Seiner Natur entspricht nicht sosehr peinliche Genauigkeit, der man bei Pius XII. oft begegnete, sondern eher sorgfältige Aufmerksamkeit und Exaktheit.

Immer wird man diese drei Männer zusammen sehen: Pius XII., Johannes XXIII. und Paul VI. Den Gegensatz zwischen Johannes und Paul aufzuzeigen, ist billiger Gemeinplatz, wozu wiederholen, was so oft gesagt worden ist. Aber worin besteht der Unterschied zwischen den einander ähnlichen Männern Paul und Pius? — Was die Ähnlichkeiten betrifft, so würde ich anführen: Zurückhaltung, Takt, Sinn für Nuancen, Höflichkeit, Arbeitsenergie, ein gewisses anfängliches Zögern, dann, sobald die Pflicht feststeht, unabänderliche Klarheit; und dazu manche sichtbare Ähnlichkeiten, wie die bogenförmig erhobenen Arme, die weitausholenden Segensgebärden. Hat sich Paul VI. ihrer erinnert? Hat er sie bewußt oder unbewußt nachgeahmt? Oder gleichen einander die Gesten wohl eher infolge der Verwandtschaft dieser beiden zarten, verletzlichen Naturen, die die Unbeweglichkeit nur durch Schnelligkeit erreichen, Ruhe nur durch Überanstrengung erlangen konnten? Ich erinnere mich an ein Wort von Péguy nach einer Vorlesung seines Lehrers Henri Bergson: „Ich habe eine unaufhörlich überwundene Kraftlosigkeit gesehen."

Im Inneren bemerke ich tiefe Unterschiede. Die geistige Aufmerksamkeit Pius' XII. erstreckte sich bis ins Detail: sie war sein Charme, er verfeinerte und kultivierte sie. Er lernte wirklich „neue Sprachen": Mit den Bauern redete er über Landwirtschaft, mit den Atomphysikern über Atomphysik, mit den Hebammen über Geburtshilfe, mit Juristen über Jurisprudenz, unter Kindern war er ein Kind. Und umgekehrt — wie zur Kompensation für diese Inkarnation in eine Technik, in einen Beruf, in eine Situation, in einen Einzelfall — erhob er sich zum Tabor. Er richtete seinen Blick zum Himmel. Er sah.

Die geistige Struktur Pauls VI. ist anders geartet. Er besteht nicht auf dem Detail, er verliert sich nicht im Nebel. Er hält sich auf der menschlichen Ebene, auf der Ebene, die er so oft als die des Dialoges bezeichnet. Der Begriff Dialog ist in seiner Sprache ein Schlüsselwort, das just durch seine Klarheit unklar ist, womit ein Denker viele Erfahrungen und Bedeutungen zusammenfaßt. Man darf das Wort nicht in seinem banalen, gewöhnlichen, sokratischen Sinn verstehen. Und da ich diesem Buch den Titel „Dialog" gegeben habe, muß erklärt werden, wie sehr dieses Werk des Dialoges dem Charakter des Papstes entspricht. Es könnte seine Denkweise, seine menschlichen Beziehungen und, wie Fra Angelico nahelegte, die Art seiner Gespräche resümierend zum Ausdruck bringen. Da kommt mir das ziemlich bekannte Gemälde des Dominikanermalers in den Sinn, das die „Konversation" zwischen Maria und den Schriftgelehrten wiedergibt: als ob sich das Glück des Himmels nicht von der Konversation ablösen könnte! Eine sehr menschliche

Vorstellung! — Man denke auch an das Wort des Paulus: „Nostra conversatio in caelis est — Unser Gespräch (im Kirchenlatein bedeutet das Wort conversatio zugleich auch Lebenswandel) gehört dem Himmel an." Es ist viel Ungeklärtes, nach meiner Ansicht, in diesen Begriffen Gespräch und Dialog. Das sind geistige Akte, in denen sich sogleich der Kontakt mit den anderen herstellt, wie der junge Jesus die Schriftgelehrten anhörte und befragte. Das Evangelium ist eine Anfrage, eine „göttliche Plauderei". Die Griechen verstanden die Intelligenz nicht sosehr als eine belehrende, sondern mehr als eine dialogisierende, die darauf achtete, das Echo dessen, was gesagt wurde, zu vernehmen, und sich befragen zu lassen.

Man könnte bei Paul VI. seit seiner Jugend genug Beispiele dafür finden, wie er immer wieder Fragen stellt, das Wahre zu vernehmen strebt, den Schleier der Furcht und Konvention durchstößt, zum Mark, zum Kern vordringt, ans Licht zu bringen sucht, was sich im Herzen des Menschen verbirgt. So wird der Dialog zum Instrument der zweiten, der *menschlichen* Offenbarung: er ermöglicht es jedem Selbstbewußtsein, „sich zu offenbaren", wie es ist. Diese Offenbarung wollen unsere modernen Wissenschaftler mit Gewalt erzwingen (ich denke an Drogen, an die Folter, an die Psychoanalyse, an die Meinungsforschung, an Tests), doch es gibt eine viel einfachere, alte, hellenische, menschliche, evangelische Methode, um sie zu ermöglichen, sie beruht auf dem kleinen Wort: „Laß uns einen Augenblick miteinander plaudern, willst du?"

Ich möchte jetzt einige Skizzen wiedergeben, die ich von seinem Gesicht gemacht habe. Die Augen: graugrün, klar, aber gleichzeitig undurchdringlich wie ein vor dem Innersten herabgesenkter Vorhang. Manchmal scheinen sie anderswohin zu blicken. Scharfe, zusammengerückte Augenbrauen, wie bei Gebirgsbewohnern, die aber die Augen nicht verdüstern. — Feine, bewegliche Lippen. — Wie soll man seine Stimme, ihren Tonfall beschreiben? Sie ist tief, etwas felsig-rauh, ich würde wieder sagen: wie die eines Bergbewohners. — Die Stirn ohne Sorgen, faltenlos, gerade, wenn man sie von vorn sieht, aber wie unter der Last des Denkens gewölbt, sieht man sie von der Seite.

Schwer zu sagen, wieso von diesem eher gespannten und aufmerksamen Gesicht Ruhe ausgeht und nicht Spannung. Manchmal eine Wolke von Sorge, Leid, Ermüdung, doch rasch überwunden. Friede der Tiefen, schwer zu durchdringendes Geheimnis.

Ein besonderer Charakterzug ist der Wunsch, in die Welt einzutauchen, zumal in die moderne Welt. Man kann sich denken, daß der Papst darunter leidet, sich nie mehr ins Gemenge stürzen zu können. Und daß er in seinen schlaflosen Nächten vor allem nach neuen Mitteln sucht, mit den Menschen in Kontakt zu kommen. Nein, sagt er sich, das ist nicht unmöglich, das müßte nicht so schwer sein für den Nachfolger dessen, der mit einem Satz in die Wogen sprang, dem es nichts ausmachte, bis zum Gürtel naß zu werden, der sein ganzes Leben lang die Gewohnheiten seines ersten Berufes beibehalten hatte, den bittern Geschmack der Wellen, den Wunsch, hineinzuspringen oder das Netz auszuwerfen, nicht in der Nähe des Ufers, sondern auf hoher See.

Indem ich die Erinnerungen an sein früheres Leben zusammenstelle, stoße ich auf das Schicksalsmotiv: trotz der Risiken in die dynamische Bewegung einzutreten. So seine ehemaligen Beziehungen zu den Studenten: ihr Tumult, ihr ohrenbetäubender Empfang, die Mischung von Übereifer und Zartheit ist der Jugend gar nicht so fremd. Sie entschied, daß Don Giovanni Battista Montini ein offensichtlich viel zu langer Name sei. Er nannte sich Don „Gibiemme" (G. B. M.). Er erinnerte sich wohl an den Tag, als er in die Höhle des Löwen geworfen wurde:

„Das war eine Entdeckung. Wenn ich etwas weiß, dann verdanke ich es zum Großteil den Studenten jener fernen Tage, sie waren für mich wie ein Stimulus, eine lebendige Lehre, die ich niemals aus Büchern hätte lernen können, auch nicht, darf ich sagen, aus den Vorbildern des Klerus, mögen sie in anderer Hinsicht noch so hervorragend gewesen sein."

Ein anderes Mal sagte er: „Wenn es etwas Schönes gibt, das das Herz des Papstes und Bischofs mit Freude zu erfüllen vermag, dann ist es der Anblick eines armen Priesters, bekleidet mit einer abgenützten Soutane, die Knöpfe abgerissen, inmitten einer Gruppe von Jugendlichen, die mit ihm spielen, die studieren und nachdenken, was das Leben ist, die ihn freudig aufnehmen und an ihn glauben."

Diese Lust an der Begegnung, am Sprung in den Teich von

Bethesda hat ihn nie verlassen. Es ist weniger der Wunsch, in die Menge hineinzugehen oder sich von ihr tragen zu lassen, sich unter sie zu mischen, nein, es ist eher der Wunsch, mit einer spezialisierten Gruppe, etwa mit Fabrikarbeitern, zu reden und ihre anfängliche Gleichgültigkeit zu besiegen.

Folgende Einzelheit des Besuches von Monsignore Montini bei Falconi ist einer Heiligenlegende würdig:

Falconi trat aus der Kirche aus, in der er elf Jahre lang Priester gewesen war, weil sich sein Glaube „auf den Glauben an ein unlösbares Geheimnis Gottes" reduziert hatte. Es ist der Heilige Abend 1950. Es klopft. Es ist Montini. Er betritt die kleine, zweifelhafte Wohnung zwischen dem Spanischen Platz und dem Corso, „wo ein mit unansehnlichem Damast bedeckter, merkwürdiger Schlafdiwan zu sehen ist". Wenn Montini, sagte Falconi, ihn an diesem Heiligen Abend besuchte, dann deshalb, weil er ihn allein wußte in einer Situation, wo die Einsamkeit eine Last ist. Was wurde wohl bei dieser Begegnung von Priester zu Priester gesprochen? ... Falconi läßt nichts durchblicken. Aber man begreift die Überraschung, die Initiative, die Gabe, die Gebärde, die darin besteht, über sich hinauszugehen.

Heutzutage nähern sich, ich glaube mit Recht, die Väter den Söhnen und Töchtern: sie wollen wie ältere Brüder sein. Und das ist schwierig, sehr schwierig. Wenn ein Papst jugendlich wirkt im Gesichtsausdruck, im Benehmen, im Lächeln, in der Haltung; wenn er ungeachtet seiner Jugend die Rolle eines Vaters einnimmt, eines „universalen Vaters, wie der Alte der Tage, wie der Ersehnte der ewigen Hügel"; wenn man seine regelmäßigen Züge wahrnimmt, die lebhaften Augen und um den klugen Kopf einen Kranz von noch immer schwarzen Haaren, die faltenlose Stirne: dann hat man das Gefühl, einen Vater-Bruder zu besitzen, und das ermutigt, das gibt Sicherheit.

Stets habe ich das an ihm bemerkt, was ich mangels eines anderen Wortes als „Elastizität" bezeichne. Zum Beispiel wenn er während einer Zeremonie — was alle Zuschauer ebenfalls sehen konnten — von einer Stelle zur anderen geht, von seinem Thron zum Altar, manchmal in diesen schweren liturgischen Gewändern, mit diesem Bischofsstab, den er sich freilich besonders leicht hat anfertigen lassen; doch all das macht das Schreiten keineswegs mühelos, zumal man segnen muß während des Gehens, sehen, ohne hinzuschauen, und den Leib des Herrn betrachten. Nun gut! Er bewegt sich, als ob er vom Geist geführt wäre, den Wind in den Gewandfalten. Wenn ich gewisse Photographien betrachte, glaube ich, er liebt den Wind, er liebt es, gegen den Wind zu gehen, den Wind Falten in seine Mäntel einzeichnen zu lassen — wie an der Nike von Samothrake. Der Wille geht gegen die Winde, aber die Winde zeichnen ihn. Und schließlich: Er hat das Bedürfnis, schöpferisch zu denken. Einbildungskraft hält ihn aufrecht. Er hat sie lange Zeit unterdrückt, hat den poetischen Teil seines Wesens nicht immer entfalten können. Stets hat er seinem Alltag etwas Phantasie erlaubt: an den Rändern, in den Zwischenräumen, in den Ritzen, dort, wo seinem so beherrschten Temperament ein Augenblick der Entspannung möglich war. Das ist ohne Zweifel sein mütterliches Erbteil, wo für gewöhnlich die Quelle der Poesie ist, ich meine die reine Poesie. Denn der Vater hatte eine andere, die Poesie der Aktion. Es wird erzählt, daß er als Kind mit Marionetten spielte. Da ich ihn kenne, vermute ich in ihm die Gabe, Puppen Leben zu verleihen. Das ist mit der Liebe verwandt. Denn lieben heißt, sich identifizieren. Die Einbildungskraft, oder was wir ungeschickterweise mit diesem Wort bezeichnen, ist eine Fähigkeit des Charakters, wie sie uns in Shakespeare aufleuchtet.

Sie setzt die Liebe zu den Dingen voraus.

Ich erinnere mich an einige seiner Ausflüge, die dem großen Publikum kaum bekannt waren. So ging er an einem Novembertag 1965 in die römische Campagna in das Lager der Zigeuner, der Nomaden, in denen er das moderne Abbild des Pilgers begrüßte, überhaupt des Menschen, der ein Wanderer ist auf der Erde. Die Zigeuner kampierten, es war ein schlechter Tag, regnerisch, windig, schmutzig. Ich war zwischen Zigeunern und Zigeunerinnen eingeklemmt in einem orientalischen Gedränge, wo man unbekannte Sprachen redete. Wegen des Regens zelebrierte der Papst die Messe in einer improvisierten Bude inmitten des Getümmels. Alles war volkstümlich, ich sage nicht vulgär: die Regenschirme, die lauten Schreie, die kindliche Freude dieses Volkes ohne Grenzen, dessen Religion mir nicht recht definierbar erschien. Die Zigeuner hatten einen König, der es nicht fertigbrachte, daß die Schirme geschlossen wurden und die Hochrufe aufhörten. Paul VI. war ganz augenscheinlich glücklich.

Ein andermal empfing der Papst im Vatikan am Dreikönigsfest Kinder. Da kommen in feierlichem Aufzug das Kamel aus dem Tiergarten und die Drei Könige herein. Das gutmütige Kamel hatte die heilige Einfriedung durchbrochen, was gewiß noch nie passiert ist, zumindest nicht mehr seit den Renaissancepäpsten, die viel Phantasie hatten.

Eines Tages kamen zwei sechs Monate alte Löwen mit dem Flugzeug an, die ihm der Gouverneur von Indien schickte und die der Papst der Stadt Brescia schenkte. Der Papst freute sich, als er die jungen Löwen sah; er legte den Finger auf ihre Pfoten, womit er wohl seine Umgebung, nicht aber die beiden Löwen erschreckte.

Das ist die poetische Seite des Heiligen Vaters, zugleich spielerisch und belebend. Wir haben die Einbildungskraft zu sehr vernachlässigt, oder eigentlich auf bestimmte Tage eingeschränkt, dem Theater vorbehalten, dem Radio, dem Film, und aus dem täglichen Leben verbannt. Doch die wahren Dichter (ich denke an Jean Cocteau, an Giraudoux) wußten die Phantasie mit dem Leben zu verbinden, wie Shakespeare den Traum mit einer Sommernacht. Claudel hätte dem Drama „Der Bürge" oder dem „Erniedrigten Vater" eine Szene hinzufügen können: der Papst mit dem Dromedar, der Papst mit den Zigeunern, mit Kindern.

In dieses poetische Register gehören auch die unerwarteten Reisen. Und in diesem Zusammenhang müßte man auch all das erwähnen, was in ihm Überraschung ist, sprühender Geist, unerwartete Geste. In Mailand nimmt er an einer „Konferenz des hl. Vinzenz von Paul" teil. Man veranstaltet eine Sammlung für die Armen. Er hat keine Geldbörse, er hat nie Geld bei sich. Was tun? Achtlos läßt er seinen Bischofsring in den Beutel fallen.

Oder (ich glaube, es war ebenfalls in Mailand) er schlägt während einer schweren sozialen Krise ein paar befreundeten Industriellen bestimmte Maßnahmen vor, die er für richtig hält. „Das ist unmöglich. Zwei und zwei ist vier, das kann man nicht ändern", sagen sie. „Aber drei und eins macht auch vier", erwidert der Erzbischof. Das ruft mir ein Wort Goethes in den Sinn: „Man kann stets auf eine edlere Weise handeln."

Ich weiß nicht, ob dieser Zug zum Höheren seiner ersten Erziehung zu verdanken ist, seiner zarten Kindheit, dem Einfluß seiner Mutter, der Frömmigkeit seiner Jünglingsjahre, seiner Lektüre: alles zusammen wird dazu beigetragen haben. Sie bereitete ihn auf jene Meisterschaft vor, wo es nicht darum geht, Neues zu sagen oder zu glänzen noch etwas Außergewöhnliches zu sein; sondern das, was immer sich bietet, zu erheben.

Die Fähigkeit, zu vertiefen oder zu erheben (denn beides ist dasselbe), äußert sich besonders in der Sprache. Das Wort ist bei Paul VI. wie bei den Propheten ein Dauerzustand: die Materie seiner Kunst. Zweifellos ist das Wissen um die Macht des Wortes, um die Schwierigkeit des Wortes der Grund dafür, daß er sich so sehr für den Dialog interessiert.

Worte werden leicht zu einer Algebra, zu einer Münze mit abgenützten Rändern und ohne sichtbare Bildseite. Im Mund des Propheten oder des Dichters, aber wie auch in dem eines ganz einfachen Menschen, werden die Worte wieder das, was sie immer hätten sein sollen: die Bezeichnung dessen, was *ist*. Sie nähern sich ihrem ursprünglichen Sinn, werden zurückgeführt auf das, was Heidegger „die alte Bedeutung" nennt.

Die Macht über die Worte zeigt sich bei Paul VI., wenn er eine Sprache spricht, die nicht seine Muttersprache ist und durch Anstrengung und Willen gelernt wurde. Ich habe ihn nie lange deutsch oder englisch oder spanisch reden gehört. Ich glaube nicht, daß er diese Sprachen so beherrscht wie die französische, die er in seiner Jugend gerne studiert hat, etwa so, wie wir das Griechische studieren. Er spricht die französischen Worte mit einer ganz leichten Verzögerung, mit einer unmerklichen Verspätung aus; das gleiche habe ich bei gewissen Liebhabern von Wortwurzeln, namentlich bei Bergson oder Charles du Bos beobachtet. Man möchte sagen, Paul VI. hält eine Sekunde inne, um das Wort aus einem Korb von Wörtern auszuwählen, er zögert zwischen mehreren gleich passenden. Oder er hat schon gewählt und das geeignetste Wort bestimmt, und dann verkostet er es einen Augenblick schweigend.

Dann beobachte ich in seinem Blick ein rasches Zucken der Wimpern, als ob das Zögern in einem Gesicht den Geist herbeiriefe, der vorüberweht: den Funken. Das Wort ist ausgesprochen. Es ist da, man hört es, es klingt nach. Paul VI. ist musikalisch, auch wenn er nur spricht. Es liegt etwas wie Glut in seiner Aussprache, die Konsonanten explodieren, die Vokale singen. Als er eines Tages von einem bestimmten Tonfall sprach, den es zu finden gelte, sagte er: „Er müßte wie eine Posaune der Apokalypse tönen."

Er improvisiert fast nie. Und wenn, dann ist seine Rede wie ein inwendiges Lesen. Schon in der Schule schien er, wenn er gefragt wurde, die Antwort abzulesen. Das nimmt der Sprache ihre Spontaneität, sie ist nie vertraulich. Doch welche Macht verleiht es über die Sprache und, was einen selbst betrifft, welche Askese, denn in jedem Moment ist man gezwungen, zwischen zwei Worten, oder vielmehr zwischen dem Wort und dem Schweigen zu wählen.

Das Wort, das du nicht ausgesprochen hast, ist dein Sklave. Das Wort, das du ausgesprochen hast, ist dein Herr. Ich bewundere, wie gesagt, das vorausgehende Schweigen, dann die Explosion des Akzents auf der ersten Silbe. Ich denke auch an die Betonung der Adjektive, die in der Erinnerung nachklingt, oder wie er das Umstandswort, das so schön ist, so voller demütiger Hoffnung, aussprach, indem er die Silben absetzte: „stu-fen-wei-se". Seitdem kann ich es nicht mehr von der Erinnerung an diese Betonung trennen.

Er scheint die Aneinanderreihung von Umstandswörtern zu lieben, zum Beispiel, im Hinblick auf die Methoden der ökumenischen Einigungsbestrebung: langsam, stufenweise, aufrichtig, großherzig.

So ist sein Stil.

Paul VI. wollte, daß seine erste Enzyklika im Ton einer Konversation gehalten sei. Er hat die literarische Gattung, die die griechischen Väter Homilie nannten, und die ein vornehmes, nüchternes Gespräch eines Christen mit den Menschen war, erneuert und vertieft. Damit gibt der Papst allen Predigern ein Vorbild. Man kann sagen, daß das Fernsehen die Redekunst tötet. Man müßte die konzentrierte Einfachheit von neuem erlernen. Aber wie schwer ist es, einfach, aber nicht gewöhnlich, vertraulich und doch nicht oberflächlich zu sprechen!

Als ich Schüler im „Louis-le-Grand" war, besuchte ich meinen

Philosophieprofessor M. Colonna, der mir sagte, wie er seine Vorlesungen vorbereite. „Zuerst mache ich alles klar, dann gieße ich ein wenig Dunkelheit darüber, so wie der heilige Franz die Speisen mit Asche bestreute. Gehen Sie und machen Sie es ebenso." Ich habe mich für das Gegenteil entschieden; ich beginne bei dem überall unvermeidlichen Nebel und versuche dann, mit Hilfe der Sprache einige Gedanken herauszuheben.

Ich hatte Gelegenheit, Paul VI. zu sagen, wie stolz ich gewesen sei, ihn in New York vor den Vereinten Nationen in unserer Sprache reden zu hören. „In einer Zeit", sagte ich, „wo die französische Sprache nicht mehr die der Diplomaten und Verträge ist, haben ihr Eure Heiligkeit eine große Ehre erwiesen."

„Aber das ist ja ganz natürlich", unterbrach er mich freundlich, „wie soll man das, was man für wahr hält, mit Klarheit, mit Tiefe, ohne überflüssiges Ornament formulieren, wenn nicht auf französisch? Sie sehen in dieser Bibliothek jene rot eingebundenen Bücher. Das ist Bossuet, den Pius XII. gerne las. Auch ich lese Bossuet gern und stelle fest, daß er nicht veraltet ist: der Gedanke entfaltet sich und wird in allen seinen Bewegungen sichtbar, als ob er noch lebte. Euren Pascal schätze ich ebenfalls: welche Kraft, welche Prägnanz!"

Darauf sprach Paul VI. über die französische Sprache und über ihre Eignung zur Vermittlung von Gedanken. Er bediente sich ihrer für seine letzten Botschaften am 8. Dezember 1965 beim Abschluß des Konzils, die er die „Sieben Posaunen der Apokalypse" nannte.

Der Heilige Vater suchte danach, was die französische Sprache charakterisiere, und wies darauf hin, daß sie einen zwinge, die genaue Nuance zu finden, das hervorzuheben, was an einem Gedanken das Wesentliche ist, weil das von allen Menschen verstanden werden kann. Ich erkannte den Geist der Ansprache vor der UNO wieder, die ein Muster dieses universalen Stils bleibt. Sie ist mehr „sokratisch" als „paulinisch", obwohl sie mit dem Hinweis auf Paulus vor dem Areopag schließt. Es scheint mir, daß Paul VI. sagte: „Das Französische erlaubt die Beherrschung des Wesentlichen." Jedenfalls dachte er so, und das war der Grund, warum er sich des Französischen bediente, um vor einem intelligenten Publikum reine, einfache, tiefe, übernatürliche Gedanken auf die natürlichste Weise auszusprechen.

Ich möchte jetzt seine Stimme, seinen Stil, seinen Rhythmus, seinen Tonfall noch eingehender beschreiben. Zuerst in der verhaltenen, überlegten Art, wenn er predigt, wenn er Stellen aus der Heiligen Schrift erläutert. Hier ein alter Text aus einem Brief an Monsignore Veuillot. Die Stelle wußte ich seinerzeit fast auswendig. Ich sah darin einen Spiegel seiner priesterlichen Berufung.

„Er ist das Licht. Er ist das Salz. Das heißt, er ist das aktive, wirkende Element. Er ringt mit unendlicher Ehrfurcht um die Seelen, sie zu befreien, sie zu entbinden, sie in der Einheit Christi miteinander zu vereinigen. Wenn er das nicht tut, was denn sonst? Darum muß er überaus beweglich sein, ein Künstler, ein Facharbeiter, ein unentbehrlicher Arzt, eingeweiht in die subtilen und tiefen Erscheinungsformen des Geistes: ein Mann von gutem Geschmack, ein taktvoller, sensibler, feinfühlender, kraftvoller Mann. Welche Arbeit muß der Priester nicht auf sich selbst wenden, um zur Arbeit an den anderen geeignet zu werden! Und all das in der Einfachheit der Wahrheit, in der Demut der Liebe, ohne täuschende Kunstgriffe, ohne niedrige Furcht! Darauf achtend, niemals selbstsüchtig zu sein oder es auch nur zu scheinen, niemals zu empfangen, ohne zu geben, niemals zu befehlen, ohne zu dienen.

Eine schwere, sehr schwere Kunst, aus der sich für das Lehramt unzählige unvergleichliche Ratschläge ergeben.

Wie beim Studium verschiedener Aspekte des Christentums, so hat man auch bei dieser Analyse des Priestertums den Eindruck von etwas Unzulänglichem. Das Ideal ist zu hoch, der Mann war zu kühn, er wird sein Ziel verfehlen. Ja, das ist möglich, und das ist schrecklich! Nichts ist dem Vollkommenen näher als das Lächerliche, nichts ist ihm im Widerspruch verwandter als das Furchtbare. Und um von oben herunterzustürzen, braucht es leider nur wenig. Aber das Bild wäre nicht vollständig, wenn nicht auch die Kräfte erwähnt würden, die imstande sind, das Wunder des Priestertums zu vollbringen:

die eine, demütige und tapfere, die man Berufung nennt; das
bedeutet innere Unruhe, Liebe ohne Rast, Zuversicht in der
Schwachheit, befreiendes Gebot."*

Und wenn Sie jetzt eine Probe haben wollen von der Art
und Weise, wie er spricht, wie er redet, wenn er „sokratisiert"
und sich keinen Zwang antut, hier ist sie:
Es ist die Erinnerung an eine Lektüre, an eine liebenswürdige
Art, zu sagen, daß die Erforschung der Wahrheit zwei Aspekte
hat: sie ist langwierig und dann plötzlich beseligend, als ob sie
ohne Verdienst geschenkt worden wäre, ohne Suche, durch
Gnade.
Auch wir haben das beim Lernen erlebt.
„Solowiew war einmal Gast eines Klosters und hatte sein
Gespräch mit einem frommen Mönch bis spät in die Nacht ausgedehnt. Er wollte in seine Zelle zurückkehren, trat auf den

---

* È luce, è sale. Cioè elemento attivo, operante; entra nelle anime,
con infinita riverenza, per liberarle, per affrancarle, per compaginarle
all'unità di Cristo. Se non fa questo, che è? E perciò egli dev'essere immensamente abile Un artista, un operaio specializzato, un medico indispensabile,
un iniziato alle sottili e profonde fenomenologie dello spirito: uomo di
tatto, di sensibilita, di finezza, di forza. Quanto lavoro su se stesso deve
il sacerdote esercitare per abilitarsi a lavorare su gli altri! E tutto questo
nella semplicità del vero, nell'umiltà dell'amore, senza artificiosi infingimenti, senza vili timidesse! Timoroso se mai d'essere, o d'apparire interessato, di ricevere senza dare, di commandare senza servire. Arte difficile,
difficilissima, che suggerisce al sommo magistero innumerevoli, impareggiabili insegnamenti.
Come spesso avviene all'esame approfondito dei vari aspetti de cristianesimo, anche a questa analisi del sacerdozio si avrà l'impressione dell'inarrivabile: l'ideale è troppo alto; l'uomo ha osato troppo; fallira il segno. Si,
è possibile ed è terribile: nulla è più vicino al perfetto quanto il ridicolo,
nulla tanto vi corrisponde, contraddicendolo, quanto il mostruoso; e, pur
troppo, a cadere dall'alto basta poco. Ma il quadro non sarebbe completo
se le forze capaci di produrre un tale prodigio, qual'è il sacerdozio, non
fossero esse pure indicate: una, umile e coraggiosa, che si chiama vocazione,
cioè tormento interiore, amore che non dà pace, sicurezza nella debolezza,
comando liberatore.

Gang, wo die Türen zu den Zellen alle gleich und alle geschlossen waren. Es gelang ihm in der Dunkelheit nicht, die Tür seiner Zelle zu finden. Anderseits war es in der Dunkelheit unmöglich, in die Zelle des Mönches, die er verlassen hatte, zurückzugehen. Aber er wollte während des strengen monastischen Stillschweigens in der Nacht auch niemanden stören.

Somit beschloß der Philosoph, die Nacht damit zu verbringen, den Korridor des Klosters, der plötzlich geheimnisvoll ungastlich geworden war, in Gedanken vertieft langsam auf und nieder zu schreiten.

Die Nacht war lang und beschwerlich, aber schließlich ging sie vorüber, und der erste Schimmer der Morgenröte erlaubte es dem Philosophen, die Türe seiner Zelle ohne weiteres zu finden, an welcher er soundso oft vorübergegangen war, ohne sie zu erkennen.

Und Solowiew meinte dazu: ‚Denen, die die Wahrheit suchen, ergeht es oft so. Sie gehen im Laufe ihrer Nachtwachen ganz nahe an ihr vorbei, ohne sie zu finden, bis dann ein Strahl der Sonne . . .'

Wenn ich eine einzige kritische Bemerkung anbringen dürfte, würde ich sagen: Die Philosophen, die ich kannte, glaubten von Jugend auf, die Tür sei offen. Kaum jemals bringen sie es fertig, zu warten, bis es hell wird!"

Doch vielleicht verspüren wir seinen innersten Pulsschlag noch besser in diesem *unveröffentlichten* Brief, den er einst in einem entscheidenden Augenblick seines Lebens schrieb, nämlich am Vorabend seiner Priesterweihe. Er schreibt einem Freund, Don Francesco Galloni:

„Brescia, 6. März 1920

Lieber Don Francesco,
ich empfinde eine lebhafte Freude darüber, daß Du das Glück und die feierliche Erwartung meiner ersten endgültigen Weihe mit mir teilst. Denn geteilte Freude ist doppelte Freude. Und die Erwartung weicht einem Gefühl des Vertrauens, das der Freundschaft in Jesus Christus eigen ist. Ich bin durchdrungen von meiner Unfähigkeit, die Geheimnisse zu verstehen und zu betrachten, die der Heilige Geist meinem armen Verstande eingeprägt hat, so daß ich fürchte, ich könnte das Wissen um ihre übernatürliche Größe verlieren, wenn mich die Blicke und die

Stimmen der Guten nicht wachsam an die Gnade erinnerten, die ich in mir trage. Ich empfinde die Erhabenheit des Magnifikat, das mich Maria dem Evangelium nachzusprechen gelehrt hat seit den ersten Tagen, da mir die Pläne Gottes aufschienen und ich begriff, wie sehr ich Ihn darob loben mußte, daß Er in seiner törichten Güte aus einem Schwachen einen Auserwählten machen wollte. Daß mir doch der Herr eine ebenso große Einsicht in Seine Kraft verliehe, wie Er sie mir in meiner Nichtigkeit gegeben hat, und mich so vor den lügenhaften Listen bewahrte, die in uns aufkeimen, damit einzig Seine Kraft wirke. Ich halte sie für so groß, daß unsere bloße Mitwirkung genügt, um das, womit wir in Berührung kommen, von der Erde zum Himmel fortzunehmen, fast gegen unseren Willen und ungeachtet unseres Ungenügens. Aber welcher Aufmerksamkeit bedarf es, um in Kontakt zu kommen mit uns selbst und mit den Seelen unserer Brüder! Oder besser: zu welch weitem Unternehmen sind wir berufen! Welche Hoffnung hält sie weiterhin aufrecht! Ich weiß noch nicht, ob es mir vergönnt sein wird, das Talent zu vermehren. Aber wenn Du eines Tages bemerkst, daß ich die physische Ohnmacht mit der Trägheit des untätigen Kritikers verwechsle und unter seiner eleganten Maske als Parasit im Hause des Herrn lebe — aus brüderlicher Liebe entflamme mich dann mit dem Feuer, welches Dein Apostolat durchglüht! Aus Mitleid mit einem Blinden, der zum Führer von Blinden wird, rufe mir ins Gedächtnis, was ich allzu leicht, beinahe aus physischer Veranlagung, vergesse: nämlich die Pflicht, Energie und Hoffnung zu verdoppeln zur Ehre Gottes. Ich weiß, daß ich mich nicht umsonst an Dich wende. Ich bitte Dich also, mir am nächsten Sonntag zu helfen, wo ich, zum Bruder des hl. Stephanus und hl. Laurentius geweiht, das Brot in meine Hände empfange, um es den Hungrigen zu reichen, und das Evangelium, um es in einer Gesellschaft zu verkünden, die alles außerhalb des Evangeliums erfunden und entdeckt hat.

Ich empfehle Dir auch meinen Vater, der müde ist und sehr traurig.

Wann werde ich Dich sehen? Vergiß nicht, daß man hier auf Nachrichten von Dir wartet. Die unsrigen sind gut.

In osculo sancto

G. Battista Montini"*

Immer hat der Papst die Liturgie in den Mittelpunkt seines Betens und Denkens gestellt. Die Liturgie geht jedoch bei ihm über das offizielle Gebet, über den Kult hinaus. In seiner ganzen Existenz, in den Einzelheiten seines Benehmens, in seinen Alltäglichkeiten finde ich das Wesen der Liturgie wieder. Bei denen, die wie Vergil nicht leben können, ohne sich einer sakralen Ordnung zu unterwerfen, sind Arbeit, Mahlzeit, Erholung Akte einer profanen Liturgie.

Was ist nun Liturgie? Wenn man mich fragte, würde ich sagen: Die Liturgie in weiterem Sinn ist eine Eleganz, eine Gemessenheit und Würde in dem, was man tut. Auch die bis zum Sakralen erhobenen Gewohnheiten sind Liturgie. Und die Ordnung in den Einzelheiten des Lebens. Und eine gewisse Feierlichkeit, sogar auf dem Weg vom Zimmer in das Büro. Und die Ruhe der wohlgeordneten Dinge, die sich in den Abteien des hl. Benedikt manifestiert, wo das Wort PAX über den Gebrauchsgegenständen leuchtet wie über verlorenen Minuten, ist gleichfalls Liturgie wie auch die Abneigung gegen Veränderungen samt dem gleichzeitigen Wunsch, in diesem flüchtigen Dasein etwas Dauerhaftes zu errichten. Und wenn man schreibt, eine saubere Feder, ein glattes Papier und Ränder

---

* Carissimo Don Francesco,   Brescia, 6 marzo 1920
Provo vivissima gioia sapendo che hai voluto condividere meco la letizia e la solenne trepidazione della mia prima definitiva ordinazione, perchè condivisa, la letizia cresce e la trepidazione lascia il posto a quel sentimento di fiducia ch'è proprio dell'amicizia in Cristo. E poi così continua la sensazione della angusta capacità mia nel comprendere, e nel contemplare i misteri impressimi nello spirito proverissimo dallo Spirito Santo, che temo di smarrire l'idea della loro trascendente grandezza, quando d'intorno l' occhio e la voce dei buoni non mi avverta della grazia che porto con me. Provo le vibrazioni del Magnificat, che Maria m'ha insegnato, col Vangelo, a ripetere dal primo giorno che ho esperimentato i disegni di Dio e che ho capito di lodarlo attraverso la folle bontà che voleva d'un infermo un eletto. Il Signore che m'ha dato così chiara visione della mia nullità, mi dia anche quelle dalla sua forza che mi conservi dalla astute menzogne che germogliano in noi, e sia la sua forza che agisca. Penso ch'essa è tale che per poco che noi cooperiamo essa trascina ciò che tocchiamo, dal mondo al Cielo, quasi nostro malgrado e a dispetto della nostra insufficienza; ma

auf dem Papier und ein paar unnütze Schnörkel in der
Schrift.

Paul VI. hat lebhafte Gesten, doch wenn er schreibt, tut er
es mit Sorgfalt wie ein Schüler. Jeder Schriftzug ist um seiner
selbst willen gesetzt. Sinn für Liturgie haben, heißt: in einer
entspannten, gleichsam monastischen Zeit leben, wo jede Minute,
eine nach der anderen, für sich zählt, als ob sie eine kleine
Ewigkeit in sich berge.

Heute, wo die Altäre der Basiliken von allen Seiten gut zu
sehen sind, kann jeder Römer und jeder Pilger den Papst während
der heiligen Messe beobachten und sehen, wie er die Gebete
bedächtig, aber doch freudig und andachtsvoll ausspricht. Er
hebt die Hostie langsam empor, sie ist weiß wie er. Ordnung,
Sicherheit, Friede, Glanz, Heiterkeit, Ruhe: ohne diese existentielle
Liturgie, die sowohl profan wie sakral ist, wäre das Leben
eines Papstes, das so vielen Erschütterungen und Bedrängnissen
ausgesetzt ist, unmenschlich. Hier wie auf vielen anderen Gebieten
besteht das Mittel, um das Menschliche vor dem Unmenschlichen
zu bewahren, darin, einen Rhythmus einzuhalten,
der eine entfernte Ähnlichkeit mit dem Frieden Gottes hat.

---

quale fatica per entrare in contatto con noi stessi e colle anime dei fratelli!
o meglio, quale operoso lavoro si richiede! ma sempre, quale speranza lo
sorregge! Io non so come ancora mi sarà dato trafficare il talento, ma se
tu vedessi un giorno che io confondo e maschero l'impotenza fisica colla
pigrizia elegante del critico inerte e parassita nella Casa del Signore, per
carità di fratello, fammi ricco della fiamma che anima il tuo apostolato,
per pietà d'un cieco che diverrebbe guida di ciechi, ricordami ciò ch'io più
d'ogni altro so dimenticare, quasi per predisposizione fisica, il dovere di
moltiplicare energie e speranze per la gloria di Dio. So che non sono
indarno queste parole. E sia questa la preghiera che m'aiuterai a compiere
domenica prossima, che mi segnerà fratello di Stefano e di Lorenzo, e
darà nelle mie mani il Pane da portare agli affamati, e il Vangelo da predicare
a una società che tutto ha inventato e scoperto fuorchè il Vangelo.

Ti reccomando anche il Papà che è stanco e parecchio triste.

Quando vederti? Bada che si desiderano tue notizie precise. Buone le
nostre.

In osculo sancto   G. Battista Montini

Der gegenwärtige Papst ist weder durch seine Berufung noch durch seine physische Struktur, weder durch sein Gefühlsleben noch durch seinen früheren Lebensstil zum Regieren prädestiniert, wie es Pius XI. oder Leo XIII. zweifellos waren, oder jene, die den Namen Gregor trugen. Er gehört zu einer anderen Menschengattung, wovon man in der kommenden Zeit sicherlich mehrere Beispiele sehen wird. Man könnte vom Krankenbett aus regieren, bis zur Agonie über das Fernsehen zur Welt sprechen, und noch das leiseste Murmeln würde, vervielfältigt, Millionen Herzen erreichen und erfüllen. Man wird keine Stärke mehr brauchen, um stark zu sein. Früher haben gewisse Qualitäten — zerbrechliche Konstitution, Denkvermögen, Taktempfinden, Skrupulosität und Zartgefühl —, die unerläßlich sind für den, der sich um andere annehmen muß, einen Mann von derartigen Posten ausgeschlossen. Seit Alexander und Cäsar haben Sanguiniker oder Choleriker die Erde beherrscht, und bis heute gibt es wenige Heilige von zerbrechlicher Konstitution. Denn entgegen dem Anschein ist für die, welche im Guten ausharren, die Gesundheit unerläßlich. Ich bin überzeugt, daß die Zukunft, die den Neunzigjährigen das Regieren ermöglicht, für die sensiblen Charaktere günstig ist. Und das wird zum Besten aller gereichen, weil die Sensiblen durch die Liebe veredelt werden.

Im Zeitalter der Journalisten und des Fernsehens, der totalen Information vermag sich niemand zu verbergen. Und das Konzil stellte einen Prüfstein für die Diskretion eines Papstes dar: er wird von fünftausend wachsamen Blicken beobachtet. Man könnte das, was Newman von den großen Ideen der Kirche sagt, auf die Pläne von Papst Paul VI. anwenden; ich habe diese Stelle immer geliebt und gebe sie hier wieder, sie lautet: „Ihre Anfänge (die Anfänge der Kirche) sind kein Maß für ihre Möglichkeiten oder für ihre Bedeutung. Am Beginn weiß niemand, was sie ist oder was sie vermag. Sie verharrt einige Zeit in Ruhe, sie erprobt ihre Glieder, sie tastet ihre Runde ab, sie macht Versuche, die mißlingen, sie scheint unentschlossen auf dem Weg, den sie kommen sieht. Sie schwankt, bis sie sich am Ende nach einer bestimmten Richtung aufschwingt." Newman, eine vorsichtige Natur, hat hier das Bild seines Geistes gezeichnet. Aber kann man sich nicht vorstellen, daß sich das, was während langer Zeit für die ganze Kirche geschieht (diese getreulich überwundene Angst vor der Entscheidung), im Bewußtsein bestimmter Päpste, die das Drama der Kirche verkürzt noch einmal leben, im kleinen wiederholt?

Wenn man jedoch die Handlungsweise des Heiligen Vaters nicht nur einen Augenblick, sondern während einer längeren Zeitspanne beobachtet, bemerkt man etwas anderes als das Zögern: Die Nadel des Seismographen kann zittern, er selbst kann mit Furcht und Zittern handeln, er kann seine Glieder zittern spüren wie Turenne — das hat keinen Einfluß auf die Richtung des Marsches, auf die Schlachtordnung, auf die vorgezeichnete Linie seines Handelns. Wenn wir die großen Werke menschlicher Kunst gründlich und in ihrem historischen Zusammenhang im Inneren der Geister studieren, dann wissen wir, was sie verbergen: die Angst, sich zu täuschen, die Furcht, zu mißfallen, den Zweifel angesichts verschiedener gangbarer Wege, den Überdruß an dem, was bloß angedeutet ist, die Befürchtung, nicht fertig zu werden, das Bedauern über die anderen Möglichkeiten. Der hl. Paulus hat diesen Kontrast zwischen der nach außen zur Schau getragenen Sicherheit und der dauernden inneren Unsicherheit ausgesprochen: „Foris pugnae, intus timores" (nach außen mutig, innen furchtsam).

Gerade darin finde ich bei Paul VI. einen echt menschlichen Zug: das, was wir alle sind, ist er auch. Sein Amt und ebenso sein Charakter lassen ihn vielleicht mehr als uns zum Erschrecken neigen. Wer könnte ihm einen Vorwurf daraus machen? Und wer könnte ihn beklagen?

Hier ist der Ort, einen Zug seines Charakters zu erwähnen, der von denen, die ihn kennen, oft bemerkt wurde: das gänzliche Fehlen von Ressentiments; ja gerade umgekehrt: der Wunsch, dem, der sein Mißfallen erregt hat, einen Gefallen zu tun. Eines Tages fragte ich einen seiner ältesten Freunde und Gefährten: „Weshalb begegnet er dem, der ihm hinderlich, ja bisweilen feindlich war, mit so viel Takt und Zuvorkommenheit?" — Ich erinnere mich, daß mich dieser tiefe Kenner der menschlichen Natur sogleich am Arm nahm und mir erwiderte: „Um seine Aufgabe erfüllen zu können, braucht Don Battista seine ganze Macht. Er will die Heiterkeit, die Ruhe, die Kraft nicht entbehren, die uns die Ausübung von Seelengröße be-

schert." Und ich dachte an das Wort der „Nachfolge Christi":
„Amor Jesu nobilis." Höher als Höflichkeit steht die Güte;
mehr als Güte ist das, was schon Aristoteles Großherzigkeit
nannte.

In bezug auf den Charakter stellt sich nun eine letzte Frage:
In welcher Weise vollzieht sich, trotz aller Widersprüche und
Gegensätze, seine Einheit?

Da ist ein Bedrängter — der ruhig bleibt; ein Geist mit weitem Horizont — der die Vollkommenheit im einzelnen anstrebt; ein lebhafter, dynamischer Mann — der langsam entscheidet; ein Mutiger — der überaus geduldig ist; ein Reformator, der will, daß alles vollkommen sei — der es jedoch mit der Reform gar nicht so eilig hat, der „alles duldet"; ein großartiger Freund — und dennoch auch zurückhaltend, auch einsam; ein Fragender, der so viele Ratschläge und Hinweise anhört — und dennoch in sich allein ruht; transparent, direkt und schlicht — und gleichwohl enigmatisch, ohne Zweifel auch sich selbst ein Rätsel? Das „Obwohl" ist ein „Weil", die sich beide nicht kennen. Er braucht sich nicht zu sagen: „Obwohl ich furchtsam bin, bin ich recht mutig, wenn es darauf ankommt; obwohl ich mich so beunruhige, bin ich doch recht gefaßt." Sondern: „Gerade weil ich eine ängstliche Natur habe, bin ich so energisch; gerade weil mich Furcht beschleicht, überwinde ich sie besser als einer, der sie nicht kennt."

Paul VI. findet in der Überanstrengung seine Ruhe, wie der Vogel, der sich durch die Geschwindigkeit in der Luft hält. Für derartige Naturen besteht die Arbeitshygiene darin, die Beschäftigung und die Aufgaben zu verdoppeln. Nichts beansprucht dann mehr Aufmerksamkeit als notwendig; keine Sorge hypnotisiert ihn.

Alles, was ich über den Charakter Pauls VI. gesagt habe, deutet auf diese ruhige Bangnis, auf diese Mischung aus Anstrengung und Frieden hin. Das ist so in jedem von uns und in unserer Zeit vielleicht besonders, das ist der Klang des menschlichen Lebens. Aber wie sehr ist das alles im Papst vergrößert durch die Größe seines Amtes! Ein Papst müßte in jedem Augenblick der Geschichte dieselbe „existentielle Schwierigkeit" wie seine

Zeitgenossen im Blut, in den Nerven, in seinen Gedanken tragen.

Paul VI. verfügt im allgemeinen nicht über die Hilfe des Vertrauens, nicht einmal des Vertrauens zur Volksmenge, die das Antlitz Johannes' XXIII. so anziehend machte. Aber auch bei Johannes XXIII. war die natürliche Fröhlichkeit, die Übereinstimmung mit sich selbst eine Maske, hinter der sich die Wunde verbarg, die mit diesem schweren, einsamen Amt untrennbar verbunden ist.

Trotz seiner bewußt geübten Zurückhaltung, die ihn veranlaßt, niemals von dem zu reden, was ihn persönlich berührt, hört man zuweilen „einen Schrei in der Nacht". So am 15. Februar 1965: „Auch der Papst braucht Hilfe. Wer nur seine äußere Erscheinung und seine Tätigkeit sieht, könnte meinen, er lebe in einer Atmosphäre höheren Friedens, wo alles schön, mühelos und wunderbar ist... Aber trotz der geistigen Hilfe, die Gott ihm verleiht, hat der Papst seinen Schmerz, der vor allem aus seiner menschlichen Unzulänglichkeit herrührt. Diese steht in jedem Augenblick in Gegensatz, ja geradezu in Widerspruch zum gewaltigen und maßlosen Gewicht seiner Aufgaben, seiner Probleme, seiner Verantwortlichkeiten..."

Und dann gibt es den Schmerz, der seinem Aufgabenkreis entstammt... Einer der quälendsten wird von der Treulosigkeit einiger Guter verursacht, die die Schönheit und die Würde der Aufgaben vergessen, die sie in Christus und in der Kirche vereinigen. Dieses Phänomen tritt durch die Entwicklung des modernen Lebens stärker hervor und wirkt schmerzlicher, und zwar sowohl auf dem Gebiet der Lehre als auch des moralischen Verhaltens und in bezug auf die Richtung der praktischen Durchführung. Wieviel Schwäche, Opportunismus, Konformismus und Feigheit! Wie sollten wir keinen Schmerz empfinden über den Verlust der Söhne, die in der Schule Christi geformt wurden, die von ihm geliebt werden und die so notwendig sind für die Gemeinschaft der Kirche und für die menschliche Gesellschaft?

Und was soll man sagen über den Schmerz, den wir täglich verspüren, wenn wir sehen müssen, wie die Gedanken der Kirche mißverstanden werden und wie ihre Liebe zurückgewiesen wird? Die Unwirksamkeit der apostolischen Arbeit und die Bosheit, mit der man ihre Absichten manchmal verdreht und ihr Angebot abweist, sind tägliche tiefe Nadelstiche für die Herzen der kirchlichen Oberhirten und auch für uns.

In ihm, in Paul VI., stellt sich der moderne Mensch dar. Das ist ungewöhnlich. Als Führer und Hirten der Menschheit haben die Päpste nämlich nicht die Aufgabe, sich den Menschen ihrer Zeit anzugleichen, schon gar nicht diesen in Verwirrung geratenen Menschen unserer Epoche. Man nennt den Papst den „Heiligen Vater", um anzudeuten, daß er nicht aus demselben Stoff, nicht nach derselben Art ist wie die große Masse der wankelmütigen Erdenbewohner.

Die Päpste der letzten Zeit konnten den modernen Menschen lieben und unterstützen, aber ihre Mentalität stimmte im tiefsten mit der modernen Denkart nicht überein. Pius XI. war kernig, gradlinig wie ein Gebirgsbewohner; Pius XII. besaß die römische Festigkeit, mystische Glut und humanistische Bildung — aber fühlte er wie ein moderner Mensch? Ich weiß es nicht. Johannes XXIII. war zwar modern in seinen Plänen, doch nicht in seinen Nerven und in seiner Substanz. Sein geistliches „Tagebuch" macht es deutlich: Dieser robuste Priester, ohne Zögern, der nicht auf sich selbst zurückkommt, ohne inneren Widerspruch, der sich nach dem alten Stil des Denkens und der Frömmigkeit entwickelte, war das Gegenteil des modernen Menschen. (Gewiß kann ein einfacher Mensch vom modernen Menschen wie ein Heilmittel angenommen werden, wie ein Vorwurf, wie ein Bedauern: er ist nicht von seinem Schlag.) Bei Paul VI. verhält es sich anders, wir stehen einem modernen Temperament gegenüber. Er gleicht manchen unserer Denker, namentlich aber unserer Künstler. Der Papst denkt nicht nur so wie wir (was für einen Intellektuellen nicht schwierig ist), er empfindet, er ängstigt sich, er leidet auch wie wir.

Von diesem Gesichtspunkt aus ist seine Ähnlichkeit mit dem hl. Paulus offensichtlich. Der hl. Paulus hatte jene Züge, die ich „modern" nenne: er rühmte sich seiner Schwachheiten, er bezeichnete sich als zerrissen, als versucht, als schwach, als unsicher. Paul VI. gleicht in seinen Bestrebungen, in seinen quälenden Sorgen, in seiner ganzen Natur dem Menschen unserer Tage.

Damit erneuert und rehabilitiert er gewisse Dinge, Auffassungsweisen und Gefühlslagen, die als suspekt galten. Er gibt den vorauseilenden Geistern, die vor allem seit zwei Jahrhunderten in der Kirche gelitten hatten, Frieden und Zuversicht. Gelitten hatten sie nicht, weil ihre Ideen mit der wahren Auffassung der Kirche im Widerspruch gestanden hätten, sondern weil ihre Gefühlslage, ihre Forschungsweise, ihre „existentielle Schwierigkeit" durch die hohen Stellen der Kirche nicht anerkannt wurden und daher „unbemerkt" blieben — was unter Umständen schwerer zu ertragen ist, als unverstanden zu sein.

Man muß zugeben, daß die Heiligen, die uns als Vorbilder hingestellt sind, von wenigen Ausnahmen abgesehen, keine Ähnlichkeit mit modernen Menschen haben. Sie sind derber, einfacher, und ihre Stärke läßt keinerlei Schwäche vermuten. Es sind, um in der Sprache der Charakterologen zu reden, Sanguiniker, Choleriker, keine nervösen Leute. Mitunter sind sie sentimental, oder es sind Menschen, die ihre Sinnlichkeit besiegt haben. Es sind keine empfindsamen Seelen. Sie lebten in einer gröberen, derberen und auch einfacheren Welt, als die unsrige es ist. Ein lebhaftes Blut genügte. Sogar die Frauen waren „stark". Wie gut wäre es für uns, zu wissen, daß Kompliziertheit, Nervosität, Angst und Müdigkeit, in den lebenspendenden Geist eingetaucht, daß das, was wir als Schwäche, Unruhe, Doppelsinnigkeit bezeichnen — oder auch als Überanstrengung, Aufregung, Hast — keine Hindernisse für das göttliche Leben in uns sind, sondern ganz im Gegenteil eine unverhoffte Hilfe. Und daß unsere Nerven, unsere Analysen und Subtilitäten uns der Güte des Vaters, der Sensibilität des Sohnes und dem Erschauern des Geistes näherbringen, als es die Ruhe oder die Stärke unserer Väter im Glauben vermocht hatten.

Nach dem Tode des letzten lebenden Zeugen, wenn die Schrift allein den Zugang zur Tradition ermöglicht, wird der Geschichtsschreiber den Heiligen Geist in den Arbeiten des Konzils deutlicher erkennen und die Geschichte seiner Tiefe schreiben. Dann wird er sich freilich über die Folge Papst Johannes-Papst Paul wundern: es gibt Doppelsterne. Das Konzil ist das gemeinsame Werk von Johannes und Paul gewesen. Und hatte es Johannes vielleicht in den Augenblicken eines undeutlichen Vorauswissens so geplant?

Ich überdenke die zwei aufeinanderfolgenden und miteinander verbundenen Aufträge. Ich sehe, wie Papst Johannes eine Caravelle startet und hochzieht. Im unendlichen Raum sind jedoch alle Richtungen möglich. Die Caravelle steigt und steigt — wie soll sie wieder auf den Boden zurückkommen? Da verschwindet der erste Pilot, und der hinter ihm saß, nimmt seinen Platz ein. Er hätte nicht die Kraft gehabt, zu starten, aber er hat die Kraft, zu landen, eine Piste zu bestimmen, die Flügel auszubalancieren, die aerodynamischen Bremsen in Funktion zu setzen und schließlich ohne Erschütterungen aufzusetzen — die Passagiere bilden einen einzigen Leib. Zweifellos waren diese beiden verschiedenen Charaktere notwendig.

„Wenn ich an Papst Johannes denke", sagte einmal Paul VI., „dann erinnere ich mich eines Textes, den mir Pater Bevilacqua zitierte. Er hatte ihn einem Buch von Schwarz-Bart entnommen, das 1959 erschienen war: ‚Der Letzte der Gerechten'. Ein hebräisches Kind fragt einen Greis, was der Gerechte tun müsse, und der Greis erwidert ohne Zögern:

‚Bittest du die Sonne, irgend etwas zu tun?

Sie geht auf, sie geht unter und labt ihre Seele.'

Papst Johannes ist aufgegangen, er ist untergegangen und hat die Seelen gelabt. Damit hat er einen Aufschwung der Liebe hervorgerufen. Und dieser Aufschwung der Liebe war nicht mehr ungeschehen zu machen. Ich brauchte nur in seine Bahn einzuschwenken und seinen Spuren zu folgen."

Wie verschieden und doch wieder ähnlich sind die Methoden der beiden Päpste. Während Johannes XXIII. für gewöhnlich vom Zentrum an die Peripherie ging, Wellen erregte, die sich ausbreiteten und fortsetzten, zieht Paul VI. den umgekehrten Weg vor, der vom Umkreis zu dessen Mittelpunkt führt. Er geht von Christus aus, um zur Kirche zu gelangen, die er mit dem hl. Augustinus „den ganzen Christus" nennt.

Während Johannes die Hindernisse beseitigte, indem er sie überging, liebt Paul es, sich mit den widerspenstigen Elementen zu identifizieren, geht er geradewegs auf die Schwierigkeit los. Aus seinen langen Studien hat er sich eine Auffassung vom Menschen bewahrt, der ein Wesen ist, das nachforscht, um besser zu erkennen, das unter dem Nichtwissen leidet. Das Geheimnis kann nie vollständig bewältigt, sondern nur beklommen durch Schatten hindurch erahnt werden. Dieses Helldunkel lädt zu neuem Nachforschen ein, das nie endet. Deshalb hat das Konzil mit Paul VI. einen durchaus neuen Sinn erhalten. Es ist zum Instrument und Abbild des religiösen Bewußtseins geworden, das arbeitet und danach sucht, was es schon gefunden hat, um es noch besser zu entdecken und ihm ein passenderes Kleid zu geben, das den Bedürfnissen der Epoche angemessener ist. Um sich, nach einem Wort Johannes' XXIII., „à jour zu bringen", kehrt die Kirche Pauls VI. in sich selbst ein und vertieft sich.

Die Eigenart des Heiligen Geistes ist es, zu vereinigen, aber durch den Gegensatz hindurch.

DIALOG ÜBER EINIGE VORLIEBEN

In der freien Zeit seiner Tage und Nächte hat er sich stets stille Augenblicke zum Lesen vorbehalten. Die Rede setzt uns ja nur mit unseren Zeitgenossen in Verbindung, und es ist nicht so sicher, daß es immer die klügsten sind, die nämlich, welche die Menschheit auf ihrer höchsten Stufe repräsentieren. Um die kostbare Frucht, die man Kultur nennt, zu erlangen und zu bewahren, müssen sich Wort und Schrift miteinander verbünden. Man könnte sagen, daß die besten sogenannten profanen Bücher eine (Heilige) Schrift im weiteren Sinne sind, eine zweite, verstreute Offenbarung. Zumal wenn diese Bücher von genialen Menschen verfaßt wurden, die nicht aus eigenem Antrieb, sondern unter einer Inspiration, aus einer Berufung heraus schrieben.

Indem ich seine Bibliothek betrachtete, bemerkte ich die Verschiedenartigkeit der Lektüre Monsignore Montinis. Im Vatikan wurde diese persönliche Bibliothek vergrößert und bereichert. Sie nimmt ein Stockwerk unter seinen Privaträumen ein. Über eine kleine Treppe kann man leicht hingelangen. Es ist die Stadt der Bücher, ein zweiter Spiegel der Welt, eine stumme, vielfältige Audienz, welche die anderen Audienzen ergänzt. Eine Art abgeschlossener Garten, wo der Heilige Vater die Gedanken, viele Gedanken einatmen kann. Denn ein Buch gleicht einer Blume. Und wie schon der Name einer Blume im Abendland ein Gedicht ist, bestehend aus ein paar Silben, ebenso verströmt schon allein der Titel eines geistigen Werkes (der Titel, den der Autor so lange mit Hoffen und Bangen gesucht hat) ein Arom, die *Essenz* eines Gedankens, einer Schönheit, eines Gebetes. Und für Leute in einem bestimmten Alter — oder für solche, die keine Zeit haben — genügt es, die Auslage einer Buchhandlung, die Regale einer Bibliothek mit den Blicken zu durchwandern, um sich durch das bloße Lesen der Titel in einem Augenblick an der ganzen Substanz der Bücher zu nähren. Wenn ich auf einen Unbekannten warte in dem Zimmer, wo seine Bücher stehen, enthüllt ein Blick auf die Titel, was er mir jetzt zweifellos verbergen wird, was er über sich selbst vielleicht nicht weiß. Ich habe unter den Büchern des Papstes einige moderne englische, deutsche, spanische und französische Autoren bemerkt. Ich fand Romane, Abhandlungen, Theaterstücke. Ein Mann, der in die Geheimnisse dieser Welt eindringen will, darf sich nicht mit mündlichen Mitteilungen begnügen, er muß sie durch „öffentliche Bekenntnisse" ergänzen. Denn dazu sind unsere modernen literarischen Produkte geworden, metaphysischer und innerlicher als die der alten Autoren. Entschleiern wir doch ohne Scheu unsere Ängste und Wunden, alle Übel, die unseren Sünden, die wir nicht mehr anklagen, vorausgehen oder nachfolgen. Nicht ohne Grund befinden sich in den Regalen des Heiligen Vaters Baudelaire, Dostojewskij, Bernanos und lebende Autoren, die ich nicht erwähnen will, Pförtner des nächtlichen Reiches.

Man verzeihe mir einige Bemerkungen über gewisse Vorlieben. Vielleicht wird der Leser sagen, daß auch ich eine Vorliebe für den hl. Augustinus oder für Newman habe? Aber ein Porträt wie dieses, das ich zu zeichnen versuche, wäre ein unbewegliches und oberflächliches Werk, ginge es nicht aus einer Befragung, aus einer Begegnung hervor. Und man kann nur das vernehmen, was in einem erklingt.

Über seine französische Lektüre
(Ein Gespräch über dies und das)

„Eurer Literatur verdanke ich viel. 1926 war ich einige Monate in Paris. Ich wohnte bei den Benediktinern in der Rue Monsieur. Ich las die Messe in jener Kapelle, wo sich am Sonntag mehrere von euren Schriftstellern und Konvertiten einfanden. Man sagt mir, sie sei inzwischen verschwunden. Es war ein Ort der Sammlung und der inneren Erneuerung im Zentrum von Paris, der benediktinische Friede im Tumult dieser Welt.

Ich erinnere mich, dort Abbé Maurice Zundel getroffen zu haben: Mystiker, Dichter, Philosoph, Theologe, Liturgiker — haben Sie sein Buch über ‚Das Gedicht der heiligen Liturgie' gelesen, das ich seinerzeit ins Italienische übersetzte? Da gab es Erleuchtungen, ich möchte sagen, Wetterleuchten.* Welche Originale hatten damals in diesem Kloster in Paris ihren Mittelpunkt! Meine Hauptbeschäftigung war die Vervollkommnung meiner Kenntnisse eurer Kultur, eurer Sprache, auch ihrer Grammatik und Aussprache. Sie wissen, wie schwer bestimmte Silben und Zwielaute eurer Sprache für uns Italiener auszusprechen sind, zum Beispiel das so einfache Wort *cœur*. Ich ging also auf den Boulevard Raspail zur ‚Alliance française'. Ich erinnere mich gut, wie sauber, blau und frisch die Straßen von Paris im Sommer sind. Ich spüre noch den Geruch des Pariser Asphalts.

Was für ein friedliches, zurückgezogenes Viertel, ein gleichsam kirchliches Eiland in Paris! Es gibt dort so viele Gotteshäuser, diese drei Dome, die einen Römer an den Himmel Roms erinnern (aber im grauen Azur von Paris): Val de Grâce, die Karmeliterkirche und der hochstrebende Invalidendom, der ganz in der Nähe meiner Rue Monsieur steht. Ich erinnere mich, die Kapelle der Schwestern des heiligen Vinzenz von Paul in der Rue du Bac besucht zu haben, wo die Erscheinungen der Katharina Labouret 1830 stattgefunden haben. Auch die Kirche von Saint-Sulpice erinnert an römische Kirchen; sie ist die Kathe-

---

* Ich habe Abbé Zundel gefragt, ob er sich an jenen Hausgenossen in der Rue Monsieur erinnere. „Freilich", erwiderte er mir, „ich weiß noch, wie Giovanni Battista Montini die Funktionärsmentalität gewisser Priester beklagte. Ich hatte ihm geantwortet: ‚Ein Priester, der doppelt so alt ist wie wir, hat Schwierigkeiten erlebt, die wir noch nicht kennen: seine Treue kann heroischer sein, als wir es hinter dem äußeren Anschein der Mittelmäßigkeit zu vermuten imstande sind.'" — Im Jahr darauf sprach Monsignore Montini mit mir über die Apokalypse, über die Gerichte Gottes: Es sei angebracht, auf diese ernsten Dinge hinzuweisen, um die eingeschlafenen Gewissen der Menschen aufzurütteln. In der Zwischenzeit hatte er, glaube ich, einmal Gelegenheit, Exerzitien zu geben. Das dürfte in ihm diese Überzeugung geweckt haben.

drale dieses so ruhigen Stadtviertels. Wenn ich mich recht erinnere, ist vor ihr ein Brunnen, an welchem die ‚Lehrer der Kirche Frankreichs' dargestellt sind. Lassen Sie mich sehen, ob ich mich noch erinnere: Bossuet, Fénélon, dann — Massillon und Fléchier, die vier Gallikaner, die nicht mit dem Purpur ausgezeichnet wurden. Ich weiß, ihr nennt sie die vier Kardinalpunkte.

Ich habe meine Zeit nicht vergeudet, denn sie war kurz bemessen: nur drei Monate Frankreich! Ich verzettelte mich also nicht mit Besuchen, ich widmete meine Zeit eurer Sprache, die ‚Alliance française' hatte vorzügliche Lehrer, einen ganzen unvergleichlichen ‚staff'. Ich hatte eure Sprache gelernt, indem ich eines eurer Bücher aufmerksam las: die ‚Jeanne d'Arc' von Gabriel Hanotaux. Doch ich habe Herrn Hanotaux in Paris nicht getroffen. Ich war ein fleißiger Schüler von René Doumic, der großes Ansehen und die Gabe des Lehrens besaß. Mein ganzes Leben werde ich die Vorlesungen nicht vergessen, die er uns über Baudelaire, Flaubert und Maupassant hielt. Da fällt mir ein, daß er uns eine Novelle von Maupassant vorlas, ‚Das kleine Faß', an welche ich mich noch gut erinnere, obgleich sie nicht sehr erbaulich ist.

Ihr habt in Frankreich ausgezeichnete Erzähler, die imstande sind, ein ganzes Lebensdrama auf wenigen Seiten darzustellen. Ich liebte den ‚Pantoffel des Papstes', das ‚Elixier des Paters Gaucher' in den ‚Lettres de mon moulin' von Alphonse Daudet... Paul Verlaine kannte ich schon, bevor ich nach Frankreich kam. Herr Doumic leitete mich an, Verlaine tiefer zu erfassen. Auch die Interpretationen der Werke Victor Hugos gefielen mir, namentlich seiner ‚Contemplations'. Spricht man in Frankreich noch von jenen Romanciers, mit denen uns Herr Doumic bekanntmachte? Von Loti, Bourget? Nicht mehr sehr viel? Sie hatten immerhin Talent, aber der Geschmack ändert sich bei euch wie bei uns.

Einen Autor schätzte ich besonders; ich habe nicht den Eindruck, daß er in Frankreich sehr bekannt ist: Malègue. Sein Roman heißt ‚Augustinus oder Der Meister ist da'. Welch großartiges Werk, worin der moderne Mensch seine eigene Geschichte erkennt, wie der antike sie in den ‚Bekenntnissen' des heiligen Augustinus fand! Wie gut zeigt Malègue die Problematik der

Glaubensschwierigkeiten auf, so wie er in dem unvollendeten Roman ‚Die schwarzen Steine' auf die Problematik der Heiligkeit hinweist. Monsignore Colombo, ein Theologe, erzählte mir, daß er eines Abends das Buch Malègues aufschlug und die ganze Nacht mit dessen Lektüre hinbrachte; der Morgen überraschte ihn, er konnte sich kaum davon losreißen. Ich hatte auch Huysmans sehr gern, ‚Die Kathedrale' und ‚Die heilige Lydwina'. Ich erinnere mich auch, das Buch ‚Ein verheirateter Priester' von Barbey d'Aurévilly gelesen zu haben. Seit jener Zeit hielt ich mich über eure Literatur auf dem laufenden.

Erzählen Sie mir von André Maurois — schreibt er noch? Welche Gabe, sich verständlich zu machen, welche Durchsichtigkeit! Und schreibt Jules Romain noch? Ob François Mauriac schreibt, brauche ich Sie nicht zu fragen; welch ein Stil, was für ein Ernst! Was M. Carcopino angeht: er wird von unseren Archäologen in Italien überaus geschätzt. Seine Bücher faszinieren mich stets. Ich sage faszinieren, denn er verbindet Begeisterung mit Gelehrsamkeit. Er nimmt einen gefangen.

Zweifellos wird man eines Tages sagen, im zwanzigsten Jahrhundert sei bei euch eine zweite Pléiade am Himmel aufgestiegen. Was mir dabei auffällt, ist die Tatsache, daß einige eurer großen Schriftsteller — mehr noch als im sechzehnten oder neunzehnten Jahrhundert — echte Katholiken waren, manchmal Konvertiten.

Wie denkt man bei euch von Simone Weil? Sie ist eine Ausnahme. Sie beherrschte eure Sprache auf eine bewundernswerte Weise. Man kann ihre mystischen Intuitionen nicht vergessen! Ich werde mich stets daran erinnern, was sie über das Kreuz geschrieben hat."

Ich glaube, der Heilige Vater meinte damit jene Stelle, die Gustave Thibon in seinem Buch „La Pesanteur et la Grace" (Last und Gnade) abgedruckt hat, deren Anfang lautet: „Christus heilt die Kranken, erweckt die Toten und so weiter. Das ist der demütige, menschliche, fast niedrige Teil seiner Sendung. Zum übernatürlichen Teil gehören das Blutschwitzen, der unerfüllte Wunsch nach menschlichen Tröstungen, die Bitte um Schonung, das Gefühl der Gottverlassenheit. — Die Verlassenheit am Kreuz, welch ein Abgrund der Liebe von beiden Seiten! ‚Mein Gott, mein Gott, warum hast Du mich verlassen?' Hier liegt der wahre Beweis dafür, daß das Christentum etwas Göttliches ist."

Und der Schluß: „Blut auf dem Schnee. Die Unschuld und das Böse. Daß das Böse selbst rein sei. Es kann nur dadurch rein werden, daß ein Unschuldiger leidet. Ein Unschuldiger, der leidet, gießt das Licht des Heils über das Böse aus. Er ist das sichtbare Bild des unschuldigen Gottes. Darum müssen ein Gott, der die Menschen liebt, und ein Mensch, der Gott liebt, leiden."

Der Heilige Vater sprach von den Frauen, die in der Literatur einen Namen haben. Er nannte jene, die er bevorzugt: Sigrid Undset, Selma Lagerlöf, Gertrud von Le Fort. „Ich denke an Selma Lagerlöfs Buch ‚Jerusalem'. Sie hatte den Sinn für das Sakrale.

Welches ist", fuhr er fort, „Ihrer Ansicht nach der größte französische Dichter? Die einen sagen Racine, andere meinen, man müsse ins sechzehnte Jahrhundert, bis zu Ronsard, Villon, Maurice Scève zurückgehen. Wieder andere weisen auf Victor Hugo, noch andere nennen Baudelaire; andere behaupten, die Dichtung beginne überhaupt mit Mallarmé (*endlich* kommt Mallarmé) oder mit Rimbaud. Man sagte mir, wenn ihr einen Dichter haben wolltet, der Dante gleichkäme, dann müßtet ihr Corneille und Racine miteinander vereinigen. Ist das wahr? Würde das genügen?"

„Ich weiß nicht, ob wir einen Dichter haben, der Dante gleichkommt. Denn Dante bedeutet das Miteinander der natürlichen und der übernatürlichen Welt in einer einzigen Dichtung. Eine derart umfassende Synthese ist dem französischen Genius fremd. Es gibt viele Dichter in Frankreich. Gibt es einen Dichter, in dessen Werk sich die Dichtung vollendet? Ich glaube nicht. Ich frage mich, ob Frankreich nicht vorzugsweise das Land der abstrakten Musik ist, ich meine der Prosa."

Über Dante und die „Göttliche Komödie"

Ich denke mir, Dante ist für ihn das, was Goethe für einen Deutschen, was Shakespeare für einen Engländer, Cervantes für einen Spanier und was Pascal für uns ist: einer, der den Geist eines ganzen Volkes zusammenfaßt und symbolisiert. Mehr noch: der sein geheimnisvolles Wesen zu höchster Universalität erhebt, ohne ihm dabei den Duft des Landes, den eigentümlichen, lebendigen Zauber der Sprache zu nehmen.

Der italienischen Erde, dem Lande Vergils, sind so viele geniale Dichter, Bildhauer und Maler „entsprossen". Doch kein Künstler kann sich mit Dante vergleichen. Darüber hinaus ist Dante zweifellos der einzige Dichter, der im vollen Sinn des Wortes als „katholisch" bezeichnet werden darf. „Ich sehe nicht", sagte ich zu Paul VI., „wie sich dieses unwahrscheinliche Zusammenwirken von Zufällen, das Dante und seine Dichtung hervorgebracht hat, in Europa je wiederholen könnte."

„Es ist wahr", entgegnete er mit Ernst, „der Lorbeer, der diese Stirn bekränzte, ist nie welk geworden. Gewissermaßen blüht dieser Lorbeer noch immer auf vielfältige Weise. Die ‚Göttliche Komödie' umfaßt alles, was der Verstand zu begreifen und die Liebe des Menschen zu lieben vermag. Den Himmel und die Erde, die Ewigkeit und die Zeit, die in Gott verborgenen Geheimnisse und die Ereignisse der Weltgeschichte, die Theologie und die Wissenschaften (wie sie zu der Zeit waren, als Dante schrieb); kurz, alles, was vor Dante gedacht worden ist, ist von ihm zur höchsten Stufe der Einfachheit und Tiefe und des inneren Zusammenhanges erhoben worden. So die Ideen Platons, die Synthese des Aristoteles, die staunenswerte Vision des heiligen Augustinus von der Geschichte als einer Entwicklung in der Zeit, die Synthese des heiligen Thomas, dieses von Klarheit und Maß erfüllten engelgleichen Geistes. Nicht zu vergessen der Eifer des heiligen Bonaventura, die Glut des heiligen Dominicus, die reine Quelle des heiligen Franz von Assisi und die asketische, königliche Zartheit des heiligen Bernhard. Ich denke auch an die Verwegenheit eines Joachim von Fiore, dessen bizarre Prophezeihungen Dante geholfen haben, das Geheimnis der Zukunft zu durchdringen.

Alles, was einmal wertvoll war, in sich vereinigen und diese Lichter im eigenen Licht und in der eigenen Innerlichkeit wieder aufleuchten lassen. Weder beunruhigt noch geblendet noch niedergeschlagen sein. Welche Kindlichkeit, welches Genie und welche Unschuld (die zu Beginn geschenkt, dann aber selbst erworben wurde) sind dazu erforderlich!"

„Und man könnte vielleicht ergänzen", unterbrach ich ihn, „daß die ‚Göttliche Komödie' nicht nur eine zusammenhängende Dichtung, ein — in ihrem atemlosen Duktus — quasi theatralisches Werk ist, sondern ebenso — in seinen ‚Aventiuren' — eine Art mittelalterlicher und moderner Roman. Und man müßte noch hinzufügen: Man spürt in ihr, wie man es unablässig in sich selbst verspürt, daß die Traurigkeit mit der Freude verbunden ist und daß es bei Dante stets ein gewisses Lächeln gibt. Ich erinnere mich an einen Vers aus dem ‚Paradiso':
,O süße Lieb', die dich in Lächeln kleidet!' "

Der Papst
„Und das setzt zwei Eigenschaften voraus, die selten zusammen auftreten: Weiträumigkeit und Genauigkeit. Haben Sie übrigens bei der Lektüre der ‚Göttlichen Komödie' nicht auch diese gegenseitige Durchdringung von Intelligenz und Liebe bemerkt? Sie wird bis aufs äußerste getrieben, aber scheinbar mühelos (die Anstrengung bleibt bei Dante wie bei den Heiligen verborgen), in einem Frieden und in einer Freude, die jeden Schmerz überwindet:
,Licht, du, des Geistes, angefüllt mit Liebe,
Mit Lieb' zum wahren Gut, und voll der Freude,
Der hohen, die noch jeden Schmerz besiegt.'

Mir scheint", fuhr Paul VI. fort, „die ‚Komödie' ist überhaupt die ‚Dichtung des Friedens', und zwar in seinen drei Formen: wenn er für immer verloren ist, wenn er eine Zeitlang aufgehoben ist (wenn er im ‚Purgatorium' an die Hoffnung gebunden ist) und endlich, wenn der Friede in der Vollendung ruht.

Und das alles in einer Sprache, die nach dem Rat des Horaz nicht nur ‚schön und süß' ist, sondern in welcher der Enthusiasmus und, ich möchte sagen, das Sich-gehen-Lassen der Inspiration von Zahl, Rhythmus und Wohlklang geleitet werden. Und in der Diskretion der Einfachheit; eine Kunst, die Gott allein besitzt.

Bedenken Sie ferner, daß Dante dies erreicht, indem er alle literarischen Gattungen spielerisch beherrscht, denn er *spielt* wie die schöpferische *Weisheit*. Die epische, die lyrische, die didaktische, die satirische und die dramatische Gattung. Er sagt es selbst, wenn er von seiner eigenen Natur spricht:

> ‚Wie ward mir wohl, mir, den so wandelbar
> Schon die Natur auf alle Arten machte!'*

Aber ich habe noch nicht alles gesagt. Ich habe noch nicht von der Absicht Dantes gesprochen, eine große Reise zu machen, mit uns ein großes Abenteuer zu bestehen, das einzige, das ein wirkliches Drama ist. Es handelt sich nicht, wie bei Homer oder bei Vergil, um eine durch das Schicksal im voraus festgelegte Existenz. Wenn man hier voranschreitet, dann auf den Himmel zu, zur Seligkeit und zur göttlichen Gerechtigkeit und ihren Anforderungen. Und Sie haben es gewiß beobachtet: je weiter man voranschreitet und je länger es dauert, desto heller wird es. Das ist die Erfahrung des Lebens im allgemeinen. Das fühlt man in unserem Alter. Wenn man höher steigt, wird der Horizont immer weiter. Wenn man älter wird, wird die Zeit beständig intensiver, dichter, kompakter. Alles wirkt zusammen, alles scheint emporzustürzen, einem geheimnisvollen Punkt entgegen. Das ist, ich wiederhole es, das menschliche Leben, das christliche und katholische Leben, das ist der wirkliche Weg, die wahre Reise, die echte Bewegung von unten nach oben. Hier ist der Ausgangspunkt, dort — bei Gott — ist das Ziel.

Und für diesen Aufstieg wird uns, wie für das Leben, ein Führer nach dem anderen, eine anspornende Begeisterung nach der anderen beschert. Manche verschwinden, wenn sie nicht mehr nützlich sind, um anderen Platz zu machen. Denn stets geht es darum, noch einen Schritt höher zu steigen, die eigenen Fehler wiedergutzumachen und zu lernen, auf eine noblere Weise zu handeln, zu leben und zu leiden. Auf Vergil folgt Beatrice, auf Beatrice folgt Bernhard, auf Bernhard folgt die letzte Führerin, die Heilige Jungfrau selbst und ihre Schönheit, die sich in der Freude widerspiegelt, die aus den Augen aller anderen Heiligen strahlt.

Endlich gelangen wir zum letzten, unzugänglichen Ziel. Erinnern Sie sich? Dante erblickt drei Kreise von drei Farben,

---

* „Paradiso", Fünfter Gesang, Vers 97-99.

und in dem zweiten Kreis scheint ihm unser Bild eingezeichnet.
Wie soll das menschliche Antlitz im Kreis der Dreifaltigkeit verstanden werden? Das ist das allerhöchste Geheimnis. Kyrie eleison. CHRISTE ELEISON, *Kyrie eleison*.
Beobachten Sie genau. Überlegen Sie. Dieses strahlende Antlitz ist nicht die Menschheit im allgemeinen, nicht der ewige Christus, ist nicht eine ins Absolute projizierte Menschheit, auch nicht eine Gottheit, die dem Menschen bloß ähnlich wäre. Nein, der Dichter Dante lehnt die Mythen ab. Wie recht hat Guardini, wenn er sagt, daß der historische Jesus von Nazareth, der unter Pontius Pilatus gestorben ist, seinen Fortbestand findet ‚in der schweren Mühsal der christlichen Laien, die sich um die Welt kümmern, wie das in der »Göttlichen Komödie« zum Ausdruck kommt'.
Wir befinden uns hier", fuhr Paul VI. fort, „am höchsten Punkt, dort, wo Poesie und Mystik eins werden; und man begreift den Gedanken Bremonds, daß die Literatur das stumme Gebet jener ist, die die Schönheit im Licht suchen."
Man kann sich leicht vorstellen, daß ich den Heiligen Vater während seiner Ausführungen über Dante nicht unterbrechen konnte. Ich fühlte, daß sie mit seinem ganzen Leben verbunden waren und aus seiner gesamten Erfahrung hervorgingen.
Das brachte meine Gedanken auf ein Gespräch, das ich einmal mit Charles du Bos hatte. Ich dachte: O wie schade, daß Charlie nicht hörte, was ich soeben vernommen habe. Ich erinnerte mich an die Verse Keats, die mir du Bos gezeigt hatte. Dort hieß es, daß die Leidenschaft der Dichtung und ihre Herrlichkeiten uns so lange bedrängen, bis sie sich für unsere Seelen in Licht verwandeln und die Dichtung mit den Seelen so innig eins geworden ist, daß wir nicht mehr allzulange leiden können. Denn, wie immer der Himmel über uns sein mag, schön oder bewölkt,
„They always must be with us or we die."*
Und Charlie wies auf den Ausruf Goethes im „Faust" hin:

---

* Sie (nämlich die Leidenschaft und die Herrlichkeit der Dichtung) müssen immer mit uns sein, oder wir sterben.

„Ich habe keinen Namen
Dafür! Gefühl ist alles;
Name Schall und Rauch,
Umnebelnd Himmelsglut."

Der Heilige Vater
„Ich weiß nicht, ob Sie gelesen haben, was Romano Guardini im Hinblick auf Dante berichtet. Er sagt: obwohl er gut Italienisch konnte und Theologe war, habe er Dante nicht verstanden. Die ‚Göttliche Komödie' blieb für ihn ein versiegeltes Buch, bis sie ihm eines Tages von einem Freund erklärt wurde. Von da an begleitete sie ihn. Und wissen Sie, was Guardini bei seiner Dante-Lektüre am meisten aufgefallen ist? Daß für Dante das Endliche im Unendlichen nicht vernichtet wird. Im ‚Paradiso' gibt es die ganze Geschichte und die ganze Erde, in einen Zustand wiedererlangter Reinheit und Herrlichkeit erhoben. Das ist der Grund des Geheimnisses der christlichen Hoffnung.

Dante ist *der* christliche Dichter, weil er den Menschen, alles, was wir geliebt haben, die Geschichte, das einzelne Ereignis, eine Begegnung, kurz die gesamte Existenz in den ewigen Frieden emporhebt. Für Dante steigt die ‚Rose' von Gott herab, und gleichzeitig entfaltet sie sich von der Erde aus."

Der Papst fuhr fort:
„Ich möchte darauf hinweisen, daß das Werk dieses Laien auch für den Laien des zwanzigsten Jahrhunderts vorbildlich ist.

Dante trägt die Last der Welt.

Dante suchte nach einer wohlgeordneten Welt, wo jedes Wesen seinen Ort, seinen Platz und seine Aufgabe hat. Wo jeder auf seinem Vorgänger oder Nachbarn aufbaut und seinerseits dem vorarbeitet, der ihm in der Geschichte nachfolgen wird. Wo die Macht in der Gerechtigkeit ruht. Wo sich der Gehorsam — es ist die Gegenwart des Ganzen in uns — nicht von der wahren Freiheit unterscheidet.

Dante ist mir während der ganzen Dauer des Konzils gegenwärtig geblieben. Der Abschluß des Konzils fiel mit der Siebenhundertjahrfeier seines Todes in Florenz zusammen.

Als die vierte Session zu Ende ging, ließ ich den Bischöfen, Beobachtern und Gästen als Erinnerung an das Konzil und als ein Brevier der Poesie ein eigens für sie gedrucktes, leichtes,

handliches Exemplar der ‚Göttlichen Komödie' überreichen. Es war mit einigen Miniaturen illustriert, die aus einem im Vatikan aufbewahrten Kodex des fünfzehnten Jahrhunderts stammten. Ich habe für diese Ausgabe eine lateinische Widmung verfaßt, in der ich auszusprechen versuchte, was Dante zu unserem ökumenischen Ideal beitragen könnte:
>Divini poematis vatis summi vereque oecumenici
>Quod veritatem nos tam extollentem
>Mirus mire concinit."*

Über Shakespeare

Der Papst

„Ich erinnere mich an einen Besuch, den ich vor dreißig Jahren dem Shakespeare-Haus in Stratford on Avon abgestattet habe. Die Vorlesungen, die ich in jungen Jahren gehört hatte, und meine persönliche Lektüre haben meine Bewunderung für Shakespeare vermehrt. Er ist ein so großer Dichter und ein so außerordentlicher Schriftsteller, der — wie bei uns Dante — die Kultur, die Tradition und den künstlerischen Genius eines ganzen Volkes repräsentiert.

Was mir bei Shakespeare vielleicht am meisten auffällt, ist, wie soll ich sagen, die Verbindung einer tiefen Menschenkenntnis mit dichterischer Erfindungsgabe und Schöpferkraft. Noch tiefer und noch verborgener bei Shakespeare ist folgendes:

Seine Menschlichkeit und unnachahmliche Dichtergabe veranlassen ihn, ohne jede Moralisierungstendenz die heiligen Gesetze der moralischen Welt ‚wiederzuentdecken', die dem menschlichen Leben seine erhabene Dimension verleihen. So führt uns das Theater Shakespeares zu einem religiösen Verständnis der Welt. Ja sein mächtiges Genie und seine reiche, von Wohlklängen und

---

* Das göttliche Gedicht eines großen und wahrhaft ökumenischen Dichters. Denn der wunderbare Mann hat die Wahrheit, die uns so sehr erhebt, wunderbar besungen.

schöpferischer Gewalt erfüllte Sprache helfen den Menschen, ehrfürchtig die Wahrheiten zu vernehmen, die Shakespeare unermüdlich wiederholt und die die Substanz seiner Dramen ausmachen: die Wahrheit des Todes, die Wahrheit des Gerichtes, die Wahrheit des Himmels und der Hölle.

Allein schon seine Tragödien sind eine Botschaft an uns. Sie gemahnen den modernen Menschen an die Existenz Gottes; sie erinnern ihn unablässig daran, daß es ein Leben nach dem Tode gibt, daß der Urheber des Bösen bestraft wird und daß die Guten ihre Belohnung erhalten.

In diesem Zusammenhang möchte ich ein Wort über die Bedeutung des Theaters hinzufügen. — Shakespeare kann schon aus seiner bloßen Lektüre erkannt werden. Ich erinnere mich, wie ergriffen ich war, als ich Shakespeare für mich allein las. Ich versuchte, mir von allem eine persönliche, konkrete und lebendige Vorstellung zu machen, sie ersetzt ja alles und ist die Voraussetzung für jede szenische Darstellung. Aber darüber hinaus ermöglicht die Bühne den Kontakt zwischen Schauspieler und Publikum. Man kann sagen, daß der Schauspieler das Stück ein zweites Mal erschafft. Der Schauspieler wirkt auf Ohr und Auge, auf den Verstand und das Herz. Die Nuancen und Klangfarben der menschlichen Stimme mit ihrer unbegrenzten Variationsbreite und Feinheit, die Gebärden, die Bewegung, die Haltung der ganzen Person und vor allem die Blicke samt den unmerklichsten Veränderungen des Mienenspiels lassen die Emotionen von einem Geist auf den anderen überspringen.

Hierin unterscheidet sich das Theater wesentlich vom Film. Gewiß hat der Film große, sehr große Möglichkeiten, aber doch andere. Im Theater ist der Schauspieler selbst da. Und während sich seine Seele dem ganzen Zuschauerraum oder besser, jedem einzelnen Zuschauer mitteilt, kann er seinerseits in ihren Seelen die Gefühle lesen, die er selbst verursachte. Das wirkt wiederum auf ihn zurück, und so wird die gegenseitige Kommunikation immer intimer und umfassender.

Verzeihen Sie mir, wenn ich im Zusammenhang mit Shakespeare auf den Film und auf das Theater zu sprechen komme. Ich glaube nicht, daß ich mich von der wahren christlichen Tradition entferne. Der heilige Franz von Assisi hatte sie mit seinen Krippenfiguren wiederaufgenommen, er stellte die heiligen Geheimnisse so lebendig dar und ließ sie mit solchem Ernst vorspielen, daß man den Eindruck hatte, sie selbst zu sehen. Den gleichen Wunsch hegte auch der Apostel Thomas: ‚Wenn ich nicht sehe und wenn ich nicht berühre, dann glaube ich nicht.'

Mir scheint, das Theater Paul Claudels hat diesen einfachen und königlichen Weg wiederaufgenommen. Er schuf ‚Mysterienspiele', die den Geist dieser Zeit mit einer solchen epischen und lyrischen Kraft aussprechen, daß sie an die großen griechischen Tragiker erinnern. Das ist der Triumph des Theaters. Mit Polyeucte, Esther und Athalie hat eure französische Kunst im siebzehnten Jahrhundert ihren Gipfel erreicht. Aber schon seit dem Ende des sechzehnten Jahrhunderts haben die Dramen von Lope de Vega und Calderón de la Barca ganz Spanien begeistert. Man wäre geneigt, zu sagen, daß in unserer Zeit das christliche Theater verschwindet. Ganz und gar nicht! Es erlebt eine neue Blüte."

Über den hl. Augustinus

„Schon sehr früh", sagte der Papst, „ließ mich Pater Bevilacqua an seiner großen Bewunderung für Augustinus teilnehmen. Ich erinnere mich, was er über den Stil des Augustinus sagte: ‚Das ist die Einheit von Form und Inhalt. Bei Augustinus gibt es eine derartige Fülle, daß die Formulierung als solche bei ihm schon eine Lehre ist. Es ist der lateinische Genius in seiner Vollkommenheit. Was bei Cicero Rhetorik wäre, wird hier zum Ausdruck selbst.' Und Pater Bevilacqua machte mich darauf aufmerksam, daß schon das Spiel der Worte bei Augustinus schön ist. So wenn er sagt, daß die Seele gegenwärtiger ist, wo sie liebt, als da, wo sie beseelt: ‚ubi amat plus quam ubi animat'. Nun, wer könnte das überhaupt wiedergeben? Wie farblos wird das in jeder anderen Sprache, auch wenn man etwas von der Alliteration bewahrt! Im Latein des Augustinus ist Klang und Prägung, nicht nur im Nachhall der Laute, sondern *im Geist und in der Wahrheit*. Man könnte noch weitere Beispiele anführen, etwa: ‚ama, et fac quod vis! — Liebe Gott, und alles, was du willst, ist gut!' Übersetzt klingt das so leicht gewöhnlich, zweideutig, so aber klingt es nobel und rein. Und das berühmte unübersetzbare Gebet in den ‚Bekenntnissen': ‚da quod jubes et jube quod vis': *Gib, was du befiehlst, und dann befiehl, was du willst.* Oder: ‚Deus qui interior es intimo meo et superior summo meo': *Gott, Du bist mir innerlicher als mein Innerstes und höher als mein Höchstes!* — Pater Bevilacqua sagte mir: ‚Das ist unübersetzbar, das ist unübersetzbar! Das ist es! Genau das ist es!'

Er bemerkte ferner, daß Augustinus der ‚Dichter in sich' sei, sofern es wahr ist, daß die Dichtung wie die Eucharistie ganz in sich selbst ist und in jedem ihrer Teile ganz. Und bei Augustinus ist die Dichtung die Wahrheit der Lehre. Sie gibt der Lehre ihren Wohlgeschmack, ihre Tiefe. Nehmen Sie den ‚Kommentar zum Evangelium des heiligen Johannes': wie schwer ist es, der Erhabenheit dieses Evangeliums etwas hinzuzufügen. Nun, Augustinus versteht es, ihm einen neuen Glanz, eine neue Ausstrahlung zu verleihen.

Für den, der formuliert, interpretiert, predigt, besteht das Ideal darin, daß die Wahrheit auch eine Nahrung des Lebens sei. Und das gelingt dem heiligen Augustinus fast immer. Ich verweise oft auf seinen ‚Kommentar zum Evangelium des heiligen Johannes', der wie die ‚Elevationen über das Evangelium' eures Bossuet eines meiner Lieblingswerke ist. Denn unsere besten Werke sind vielleicht jene, die von selbst aus uns fließen, ohne daß wir zuviel darüber nachdenken. (Wenn Sie noch einmal schreiben wollen, dann rate ich Ihnen, es so zu tun, wie Bossuet die ‚Elevationen über die Mysterien' für seine Klosterfrauen geschrieben hat: Lassen Sie, wie man so sagt, ‚Ihre Feder laufen'.) Bei Augustinus ist die Einheit von Form und Inhalt, von sprachlicher Schönheit und Tiefe der Gedanken sowie der innige Kontakt mit den Gläubigen mehr gefunden als gesucht. Der Leser hat den Eindruck, daß das erst gestern geschrieben, gedacht wurde. Daß es noch frisch ist, daß es wie Tau während der Nacht auf die Erde gekommen ist.

Kennen Sie den neuen Erzbischof von Turin, Monsignore Pellegrino? Er war Professor an der katholischen Universität von Turin, Lehrer für alte christliche Literatur; dann folgte er dem Ruf des Papstes und übernahm das Bischofsamt. In der ersten Zeit seines Episkopats hielt er noch immer seine Vorlesungen an der Universität und nahm auch die Prüfungen ab. Das unterstreicht sehr deutlich den Zusammenhang von Theorie und Praxis, von Universität und Kirche, selbst von Patristik und moderner Zeit.

Monsignore Pellegrino sagt, Augustinus sei sein Lehrmeister und Ratgeber gewesen für seine pastoralen Initiativen im Zug des Konzils. — Welche Lehren sind das, werden Sie mich fragen? Nun: Der Sinn für Synthese, welche die verschiedenen Aspekte der Wirklichkeit in einer höheren Einheit verbindet; dann die Berücksichtigung des konkreten Menschen, seiner Probleme und Konflikte; dann der Sinn für Geschichte, der in der heutigen Kultur so wichtig ist, und der Sinn für die Kirche als ein Mysterium, ohne ihre existentielle Wirklichkeit zu übersehen und ohne ihre hierarchische Struktur zu vernachlässigen, die Augustinus so lebhaft veranschaulicht, etwa in seinen Auseinandersetzungen mit den Donatisten.* Und endlich der Sinn für Innerlichkeit: ‚Wende dich nicht nach außen, kehre in dich selber ein.'

In meiner Jugend habe ich mich viel mit Vito Fornari beschäftigt, einem bei euch unbekannten Autor. Er gehört zur Schule des heiligen Augustinus: das heißt, indem er die Probleme von einer höheren Warte aus betrachtete, konnte er sie umfassender beurteilen. Fornari lebte von 1821 bis 1900. Er stand unter dem Einfluß des ‚Gottesstaates', als er sein Hauptwerk schrieb: „Della Vita di Jesù Christo'. Es ist eine philosophische Lebensbeschreibung Jesu, das heißt, von einem Philosophen geschrieben, der Jesus in die Heilsgeschichte hineinstellt. Der erste Band zeigt die Erschaffung der Materie und des Geistes, dann den Menschheitsplan Gottes: Israel, alle Vorstufen. Der zweite Band erhellt das Leben Jesu von diesen Vorstufen sowie von den künftigen Erfüllungen im Universum her.

---

* Der Donatismus war besonders im 4. Jahrhundert nach Christus in Nordafrika verbreitet. Sein Hauptvertreter war Bischof Donatus von Karthago (gest. 355). Es war weniger eine Irrlehre als eine Irrpraxis, die darauf beruhte, daß man die Gültigkeit der Sakramente von der Heiligkeit des Spenders abhängig machte. Seit 393 war Augustinus ihr bedeutendster Gegner. (Anm. d. Übers.)

Er erfüllt das Evangelium mit dem Licht der künftigen Herrlichkeit, mit dem Licht der Auferstehung, des himmlischen Jerusalem. So wird alles verständlich, weil alles an seinem richtigen Platz ist: nämlich in der Gesamtgeschichte, die von Gott ausgeht und zu Gott zurückkehrt, und nicht in dem, was die Modernen die Situation nennen, die doch nichts anderes ist als unsere Lage im Raum zu einem bestimmten Zeitpunkt. Für Fornari besteht das Leben Jesu nicht nur in seinem überlieferten kurzen historischen Dasein.

Natürlich sehe ich auch die Mängel Fornaris. Zwar ist sein Stil einfach und anziehend, aber das Buch ist veraltet. Soviel ich weiß, ist Fornaris Versuch nicht wiederholt worden.

Welche Geheimnisse machte Fornari durch diese Forschungsmethode, die alles zusammenzusehen und die geschichtlichen Zusammenhänge aufzuzeigen versucht, sichtbar? Etwa das dauernde Phänomen der Ausdehnung und Zusammenziehung, der Ausweitung und Zusammenfassung, wodurch sich ein Volk in einem einzigen Menschen repräsentiert oder ein Einzelschicksal das eines ganzen Volkes vorwegnimmt. Biographien, zum Beispiel diejenige Abrahams oder die des heiligen Paulus, sind ein Abbild der Geschichte.

Fornari war ein Mathematiker des Unendlichen. Er zeigte die Gesetze des Unendlichen im Endlichen auf, den Rhythmus der Gegensätze, wie Schöpfung und Erlösung, Vernunft und Glaube, oder auch das Binom Jerusalem-Rom, das Binom Petrus-Paulus. Er bleibt nicht beim sichtbaren Jesus stehen, er zeigt den Jesus, der weiterhin in der Kirche handelt, seit deren Ursprüngen. So erklärt Fornari das erste Konzil von Jerusalem als eine erste Gegenwart Jesu in seiner Familie, der Kirche ... Fornari bringt die unsichtbaren Harmonien ans Licht, er zeigt, wie alles ein organisches Ganzes bildet, etwa wie sich das Oberhaupt Petrus und der Prediger Paulus gegenseitig stützen und erhellen, oder wie Paulus und Johannes in ihren Schriften einander ergänzen.

Er zeigt die Wanderungen der Völker, die Bedeutung der Kontinente, die Bande Asiens, Afrikas und Europas: er sieht, wie diese Bande sich spiegeln und sich erklären durch die Reisen des heiligen Paulus. Er nennt das ‚Il concerto de moti nella Storia' (Der Einklang der Bewegungen in der Geschichte).

Kurz, er erhebt sich immer zum höchsten Gesichtspunkt, zur höchsten Perspektive.

Ich erinnere mich an die wunderbaren Zeilen über die Reisen des heiligen Paulus, die er mich tiefer verstehen lehrte. Zwischen Klammern bemerkt er, der höchste Augenblick im Leben des Paulus vor seinem Martyrium sei seine Rede vor den griechischen Philosophen gewesen: Da faßte er in einer Mathematik von höchster Eleganz ein Maximum an Lehrinhalt in ein Minimum von Worten und erläuterte den Glauben durch die Vernunft der griechischen Philosophie, in deren Sprache er redete.

Fornari suchte stets nach dem, was er den ‚Atem' Christi in der Geschichte nennt. Er war seiner Zeit voraus, er wußte um den Wert der Mythen, die er als Urbilder bezeichnet. Er sagt von Homer, er sei das Bild der Ankunft des Okzidents im Orient, von Vergil: er sei das Bild von dessen Rückkehr, und daß Äneas, mehr Priester als Laie, der Sohn Sems sei. Er sprach von ‚L'Ufficio delle Favelle', was man mit ‚Die Bedeutung der Mythen' übersetzen könnte. Eines Tages wird man diese Perspektiven, durch unsere größeren Erkenntnisse erhellt, wiederaufnehmen müssen. Man wird, wie Augustinus im ‚Gottesstaat', aufzeigen, daß die Geschichte im umfassendsten Sinn Christus als in der Zeit handelnd zeigt. Dann werden alle Geschichtsschreibungen und alle Literaturen und alle Visionen der Dichter zu einer einzigen ungeheuren Dichtung verschmelzen. Dann wird man nach einem Wort Augustins den Gesang der unaussprechlichen Sphärenmusik vernehmen.

Ich erinnere mich nicht an alle großartigen Ideen dieses Buches, das von einem mystischen Logiker geschrieben ist. Ich werde es Ihnen schicken. Lesen Sie es. Sie werden sehen, welch tiefe Einsichten es Ihnen gibt. Und wenn Sie im Alter einmal etwas Muße haben, begeben Sie sich in die Schule Fornaris und schenken Sie uns eine *Philosophie Jesu*."

Über Kardinal Newman

Ich weiß, daß er Newman liebt. Mehrmals hat mir der Papst nachdrücklich erklärt, Newman habe etwas Heroisches vollbracht: eine Bekehrung in der Mitte des Lebens, wie diejenige Newmans, bedeute mehr als den Verlust des Lebens. Er verließ die Seinen, er distanzierte sich von seinem Vaterland, seiner Kirche, seiner Familie. Und weshalb? Um einer Idee, einer Wahrheit, um einer Fülle willen.

„Das ist", sagte ich, „ein Beispiel von religiöser Freiheit."

„Das ist eine höchste Stufe des Menschseins, die ans Martyrium gemahnt. Man gibt sich hin, man opfert sich, nicht um irgendeines Interesses willen, sondern um der Stimme des Gewissens zu folgen."

„Newman stellte das Gewissen über alles andere, als er zu Gladstone bemerkte: ‚Wenn ich aufgefordert würde, einen Toast auf den Papst auszubringen, wie man auf unseren Banketten einen Trinkspruch auf die Königin ausbringt, dann würde ich mein Glas zuerst auf das Gewissen erheben und erst dann auf den Papst.' "

„Freilich bedeutet das Gewissen für uns die oberste Autorität, die es uns ermöglicht, die Autorität Gottes anzuerkennen. Das war stets die Auffassung der Kirche. ‚Die Wahrheit vermag sich allein durch die Kraft der Wahrheit durchzusetzen, mit ebensoviel Sanftheit wie Macht. In der Gewissensbesinnung empfängt der Mensch die Weisungen des göttlichen Gesetzes.' "

Zu Pfingsten 1964 fand ein Newman-Kongreß statt. Paul VI. hatte ein Telegramm geschickt: „Durch die Klarheit seiner Gedanken wie durch den glühenden Eifer, der ihn beseelte, den christlichen Glauben den Menschen seiner Zeit näherzubringen, erweist sich Newman als ein genialer Vorläufer, dessen Lehren ein kostbares Licht auf die Kirche von heute werfen."

Einmal sagte der Papst zu mir: „Sie haben in Ihrer Jugend Newman studiert, sagen Sie mir, was Sie davon als wertvoll und aktuell bezeichnen würden."

Ich glaube, etwa das Folgende erwidert zu haben:

„Das Bewußtsein und die Wissenschaft sind außerhalb der Kirche entdeckt worden. Während sich die Menschheit eine neue Welt erschuf, haben sich im Bereich des Unglaubens Nietzsche und Marx des Bewußtseins und der Evolution bemächtigt, um in einem atheistischen Klima zwei Philosophien zu begründen, die einander gegenüberstehen: Den ‚Existentialismus atheistischer Prägung' und die ‚Dialektik atheistischer Prägung'. Die Kirche verfügte im neunzehnten Jahrhundert über keine Führerpersönlichkeiten.

Newman war im vergangenen Jahrhundert vielleicht der einzige, der begriffen hatte, daß man das Bewußtsein erforschen und namentlich die Dauer der historischen Zeit in dem Sinn interpretieren kann, daß das Bewußtsein uns nicht zum Nichts führt, sondern zum Sein, daß die Wissenschaft der Evolution uns nicht zur Auflösung des Christentums führt, sondern dahin, es in seinen Tiefen zu verstehen, und zu einer besseren Rechtfertigung seiner Struktur, die man Katholizismus nennt. Sie erstreckt sich von Abraham bis zu Christus und von Christus über die ununterbrochene Kette der Päpste bis zu Paul VI."

Ich entschuldigte mich, so lange zu sprechen, und fuhr dann fort:

„Am 7. Oktober 1845 überquerte ein junger Mann den Platz von Saint-Sulpice, den Sie mit seinen Brunnen und den vier großen Kardinalpunkten soeben beschrieben haben. Er verließ das Seminar von Saint-Sulpice (inzwischen ist es eine Dependence des Finanzministeriums geworden). Er war ein intelligenter und liebenswürdiger Bretone. Er hatte festgestellt, daß die modernen Ideen der Evolution mit den Aussagen der Bibel nicht übereinstimmten. Da er an die Evolution glaubte, hatte er die Soutane, die Bibel und bald auch den Glauben aufgegeben. In einer Wohnung in der Nähe Oxfords fand zwei Tage später I. H. Newman den ganzen Glauben, weil er festgestellt hatte, daß der römische Katholizismus die Entfaltung und die Blüte des Evangeliums war.

Ich habe mir über dieses ‚Sichkreuzen der Schicksale' Gedanken gemacht. Renan, der Lehrer so vieler Lehrer, hat die Kirche wegen der ‚Evolution' verlassen — und Newman ist in die Kirche eingetreten wegen der ‚Entwicklung'. Die tiefere Erkenntnis der Zeit, welche Newman ‚die Entwicklung' nannte, verlieh ihm eine Einsicht in das Wesen des Katholizismus, nach welcher dieser nichts anderes ist als die Identität in der Zeit. Die Kirche kann sich aber nur bewahren, indem sie ihre Reichtümer entfaltet, überlebte Formeln aufgibt und eine neue Universalität gewinnt. ‚Die Kirche ändert sich', sagte Newman, ‚um dieselbe zu bleiben.'

Newman war in mancherlei Hinsicht auf dem Konzil gegenwärtig: Durch seine Auffassung vom Laien, vom Zusammenhang zwischen Tradition und Schrift, vom organischen Episkopat, von der mystischen Kirche. Man kann sogar behaupten, daß die Idee des Konzils vieles vom Gedankengut Newmans enthält. Die Kirche muß sich immerfort reformieren, um ihre Identität in der Zeit zu bewahren, um sich immerfort einer neuen Welt anzupassen, die sie sich assimiliert. Morgen wird die Kirche noch mehr vom Gedankengut Newmans enthalten, denn sie muß sich der tiefen Identität der nachkonziliaren Kirche mit der vorkonziliaren und mit der Kirche aller Zeiten bewußt werden."

Der Heilige Vater schien diesen Überlegungen beizupflichten. Er fügte hinzu:

„Die Persönlichkeit Newmans zieht uns an und bezaubert uns, man kann sie nicht vergessen. Newman ist sozusagen — ein autobiographischer Autor. Wenn er von sich spricht, redet er von uns. Er spricht den ganzen Menschen an, Geist und Herz: alles lebt, alles wacht auf einmal auf.

Betrachten Sie das Konzil, lesen Sie die Konzilsakten und vergessen Sie dabei die Umstände, unter welchen die verschiedenen Texte verfaßt, diskutiert und abgestimmt wurden. Betrachten Sie sie in ihrer Architektur und in ihrer Aufeinanderfolge, in ihrer Harmonie. Das ist eine Kathedrale, eine Symphonie. Man muß auch sagen, es ist ein neuer Stil, der der Sensibilität, den Bedürfnissen und Gaben einer neuen Epoche entspricht, der unsrigen, in der wir sind und die uns prägt. Lesen Sie besonders das dreizehnte Schema, es ist wie ein Springbrunnen, zu welchem jene trinken kommen, die die Menschen dieser Zeit ansprechen, ihre Sprache reden und ihre Probleme verstehen wollen. Es sind sowohl neue als auch alte Akzente: eine Art Einheit von Licht und Wärme.

Die früheren Konzilien waren das Werk von Theologen, die es sich vor allem angelegen sein ließen, Lehrentscheidungen herbeizuführen. Diese Lehren verdichteten sich zu Definitionen, die Definitionen gipfelten in Verurteilungen. Das war ihre Methode, und nichts läßt darauf schließen, daß diese Methode überholt ist, sofern es um die Definition einer religiösen Wahrheit geht. Aber *dieses* Konzil hatte eine andere Absicht, eine pastorale zunächst, eine herzliche und kommunikative, die den Dialog der Kirche mit der Welt will, die mehr die Aufmerksamkeit und das Echo sucht als Vernunftsgründe und die sogar mehr das ‚Hirtenamt' als das ‚Lehramt' im Auge hat. Doch um auf Augustinus und Newman zurückzukommen, könnte man sagen, daß das Konzil, obwohl mit höchster Autorität sprechend, vor allem doch zum *Herzen* redet. Zum Herzen, das euer Pascal als Quelle des Geistes ansah, weil er konkret und menschlich dachte und die Wahrheit mit der Liebe umhüllte. Im großen und ganzen gehorcht das Konzil jenem Rat über ‚die Ordnung der Liebe'. Sie besteht, wenn ich mich recht erinnere, darin, daß man jeden Punkt des Weges, den man durchläuft, auf das letzte Ziel bezieht und dieses dadurch sichtbar macht. Und dieses letzte Ziel ist Christus."

Ich erinnere mich, Paul VI. folgendes erzählt zu haben: Gegen das Ende des Pontifikats Pius' XII. sprach ich mit dem Papst über Newman und über meinen Wunsch, er sollte von der katholischen Kirche besser erkannt und mehr gewürdigt werden. Ich meinte, eine Heiligsprechung wäre eines Tages möglich. Da erwiderte Pius XII. mit erloschener, aber sehr fester und doch sehr sanfter Stimme, mit einer prophetischen Stimme: „Seien Sie überzeugt, mein Herr, Newman wird einmal Kirchenlehrer sein."

Paul VI. begnügte sich mit der Feststellung, Leo XIII. habe mit der Erhebung Newmans zum Kardinal bezeugen wollen, daß sich die Kirche in seinem Geist und in seinen Schriften wiedererkenne. Er fügte hinzu: „Am Anfang meines Pontifikats konnte ich den Passionistenpater Dominikus von der Gottesmutter heiligsprechen, der seinerzeit Newman in die Kirche aufgenommen hatte. Die Geschichte dieses neuen Heiligen ist recht eigenartig. Er gehörte einem Orden an, der im achtzehnten Jahrhundert durch den heiligen Paul vom Kreuz gegründet wurde. Er war Philosoph, Theologe, Mystiker, Mariologe. Seine unausgesprochene, aber unwiderstehliche Berufung war es, an der Erneuerung des Katholizismus in England zu arbeiten. Darauf war er jedoch gar nicht vorbereitet. Er konnte nicht einmal Englisch. 1841 wird er nach England geschickt, wo er nur Verachtung findet. Da wird Newman auf ihn aufmerksam und bittet ihn zu sich, zumal jener nicht die Absicht hatte, Konvertiten zu ‚machen'. Und im Oktober 1845 nimmt Pater Dominikus in die Kirche auf.

Dann stirbt er 1849 überraschend auf einer Reise ım Wartesaal eines kleinen Bahnhofs. Er hatte seine Aufgabe erfüllt. Er hatte seine Sehnsucht gestillt."

Der Papst schloß: „Newman ist ein großer Mann. Um bis ans Ziel dessen zu gelangen, was er für die Wahrheit, das heißt für die absolute, umfassende Wahrheit hielt, hat Newman in der Mitte seines Lebens das verlassen, was mehr ist als das Leben: er hat die Kirche Englands verlassen, nicht sosehr um sich von ihr zu trennen, als um sie zu vollenden. Er hat gesagt, er höre nicht auf zu glauben, was er bisher geglaubt habe, aber er glaube es jetzt noch viel mehr; sein Glaube habe seine Erfüllung gefunden."

Ich

„Aber er sagte auch, wenn er geblieben wäre, hätte er sich nicht sicher gefühlt."

Der Papst

„Newman folgte mit seinem Licht dem Licht. Er bat das Licht, ihn Schritt für Schritt zu leiten:

‚Lead us kindly light ...
I don't ask to see the distant scene,
One step is enough for me.' "

(Leite uns, freundliches Licht ...
Ich verlange nicht, weiter in die Ferne zu sehen,
Ein Schritt ist genug für mich.).

Ich

„Hat die Vorgangsweise Newmans, in der Perspektive des Konzils gesehen, nicht etwas von ihrem exemplarischen Charakter verloren? Ist nicht die Auffassung der Konversion zur Kirche einer Auffassung der Konvergenz aller Kirchen zum ewigen Christus gewichen? Warum sollte man unter diesen Umständen konvertieren?"

Der Papst

„Es gibt nur *eine* Kirche, *eine* Achse der Konvergenz, *eine* einzige Kirche, in welcher sich alle Kirchen vereinigen sóllten.

Es ist unsere Pflicht, ohne Unterlaß an diese Grundwahrheit zu erinnern. Eine Herde, ein Hirt. Der Ökumenismus setzt sie voraus. Die Liebe aber drängt uns, jede Freiheit, jedes Gewissen, jeden Aufschub, jeden Reifungsprozeß zu respektieren. Das Gewissen drängte Newman zum absoluten Zeugnis, nahe dem Martyrium. Mitunter wird ein Martyrium von uns gefordert. Eigentlich ist diese Form des Zeugnisses — das Martyrium — virtuell immer von uns gefordert. Wir alle müssen, wer immer wir sind (sogar wenn wir ohne Glauben leben), bereit sein, unser Blut hinzugeben, um den Sinn des Lebens nicht zu verlieren.

Ein heidnischer Dichter sagte:

>,Summum crede nefas vitam praeferre pudori
>Et propter vitam vitae perdere causas.'*

Wir müssen immer bereit sein, höher zu steigen. In diesem Sinne gilt das Beispiel Newmans für jeden von uns. Eine Konversion ist eine prophetische Tat. Abraham kündigte ein ganzes Volk an. Luther hat das Drama der Trennung in der Einsamkeit durchlebt. Newman hat die Geschichte der künftigen Vereinigung gelebt, jener Erneuerung in Christus, deren Zeitpunkt uns noch verborgen ist, nach der wir uns aber alle sehnen."

---

* Halte es für das schlimmste aller Dinge, das Leben der Ehre vorzuziehen und, um am Leben zu bleiben, den Sinn des Lebens aufzugeben.

DAS ANTLITZ EINES FREUNDES UND VATERS

Gegen Ende der zweiten Konzilssession sagte Papst Paul VI. eines Abends zu mir: „Ich möchte Sie mit einem ebenso außergewöhnlichen Mann bekanntmachen, wie es für Sie Herr Pouget seligen Angedenkens gewesen ist: es gibt unbekannte Genies und verborgene Größen." Und der Papst beschrieb mir diesen in seiner Art einmaligen Mann.

Er erzählte mir von seiner umfassenden Bildung, von seiner Armut, von seiner geistigen Unabhängigkeit und von seinem Eifer. Paul VI. lächelte, während er so sprach. Ich nahm an, daß sein außergewöhnlicher Freund ein fröhlicher und überraschender Mensch sein mußte. „Er ist Oratorianer", hatte der Heilige Vater gesagt. „Sie kennen die Oratorianer." Der Papst nannte Bérulle, Newman, Pater Faber und Pater Samson. Er bemerkte, daß das Oratorium oftmals Ausnahmen von der allgemeinen Regel hervorgebracht hat, Menschen, die ihrer Zeit voraus waren.

Die Tür öffnete sich, und ich sah zum erstenmal Pater Bevilacqua. Er war recht leutselig; Pfarrer der kleinen Volkspfarre des hl. Antonius in Brescia. Er war ein vierschrötiger Gebirgler, der bei aller Schlichtheit eine natürliche bäuerliche, kriegerische, mystische Würde ausstrahlte. Pater Bevilacqua achtete nicht viel auf seine Person, er nahm sich selber so, wie er war, und entwickelte sich so, wie er war, ein wenig in der Art Johannes' XXIII., über den er so gut geschrieben hatte. Ich betrachtete den bekannten weißen, ungestärkten Kragen, an welchem man die Oratorianerpriester erkennt, die noch immer nach der Mode des 17. Jahrhunderts gekleidet sind.

Sein Gespräch war eine Eruption von Ideen, Erinnerungen, Zitaten (die stets ganz genau waren) und prophetischen Voraussichten, immer sehr fröhlich und heiter. Er liebte Entdekkungen, Erfindungen, Fahrten zu neuen Ufern. Vor allem bemerkte ich während dieser ersten Begegnung, daß zwischen dem Papst und ihm eine schwer zu beschreibende und in ihrer Art seltene Beziehung bestand, nämlich die einer gegenseitigen Vaterschaft. Jeder verehrte den anderen und schätzte dessen hervorragende Qualitäten. Sie spielten, wenn man so sagen darf, „Vater, versteck dich", wie man Verstecken spielt. Sie zu sehen und so ungezwungen miteinander reden zu hören, war eines der reinsten Schauspiele von Freundschaft, die in dieser Welt denkbar sind. „Maestro incomparabile e amico singolare" (ein unvergleichlicher Meister und einzigartiger Freund), sagte mir der Papst, als der Pater gegangen war. Und er erinnerte an die geheimnisvolle Devise eines anderen Sohns des hl. Philipp Neri: „Cor ad cor loquitur", das Herz spricht zum Herzen.

An einem Herbsttag während der folgenden Konzilssession schlug mir Pater Bevilacqua vor, die Reliquien des hl. Philipp in der Chiesa Nuova zu besuchen. Er zeigte mir zuerst die lebendigste von allen, die „Totenmaske", wie man bei uns unrichtigerweise sagt. Sie ist eine der schönsten entschlafenen Figuren, die es gibt. Ich weiß, Michelangelo hat einige in Schlaf versunkene Gesichter geformt, in jenem Moment der Verdunkelung und der Schönheit, der jedes vom Tod angerührte menschliche Antlitz in einen Gegenstand der Kontemplation verwandelt. Keine Skulptur Michelangelos aber ist so fein wie diese Maske. Ist das noch ein Mann in den besten Jahren? Ist es ein Greis? Ist es ein Laie, ein Familienvater, oder ist es ein Asket? Man vermöchte es nicht zu sagen. Ist es ein Mystiker, der die Augenlider schließt, um besser zu sehen, auszukosten, was er soeben erblickte?

Giovenali Ancina, der Philipp am Ende seines Lebens gekannt hatte, beschreibt ihn „weiß wie Hermelin", mit einer Haut wie ein junges Mädchen. Wenn er seine Hand vor die Sonne hielt, schien sie durchsichtig zu sein wie Alabaster. Wie Sainte-Beuve in bezug auf den hl. Franz von Sales betonte, ging von seinem entspannten Gesicht eine gewisse Klarheit aus. Bekanntlich war Philipp heikel in der Benützung der Dinge. Er wollte die Messe nicht mit einem ausgeborgten Kelch feiern und trank stets aus einem Glas, das ihm allein gehörte. Das kann man aus diesem in unabwendbarem Schlaf fixierten Gesicht herausspüren. Ich bemerkte zu Pater Bevilacqua: „Das ist eine Maske, die nichts verbirgt, sondern im Gegenteil wie der Blick eines Lebenden das Innerste offenbart. Unter den Totenmasken gibt es drei, die ich für außerordentlich halte: die Pascals, die Napoleons und die von Herrn Pouget, meinem blinden Lehrer. Doch diese da ist in ihrer Menschlichkeit noch sprechender."

Wir sitzen jetzt in der Kapelle des ersten Stockwerks, wo andere Stücke der Erinnerung an Philipp aufbewahrt werden. Der Pater hat mich bei der Hand genommen, ich spüre seine runzelige Haut, seinen unregelmäßigen Puls; sein Herz schlug heftig. Es war die Müdigkeit des Abends. Er sagte:

„Philipp ist eine Persönlichkeit, die unter den Heiligen nicht ihresgleichen hat. Er besitzt die Freude, den Stolz und die Unabhängigkeit der Florentiner und jene Selbstironie, die die Blüte des Humors ist. Zugleich ist er römisch bis in die Fingerspitzen. Er ist menschlich ganz wie dieses gute Volk von Rom. Er hat Sinn für die ‚buona vita', das ist etwas ganz anderes als die ‚dolce vita', die bei uns ein internationaler Import ist. Philipp ist der Meister der Freude, der wahren Süßigkeit des Lebens.

Ich glaube, niemals waren Natur und Übernatur auf eine so bezaubernde Weise eins. Wissen Sie, wir bemühen uns, uns zu konzentrieren; er mußte sich bemühen, sich zu zerstreuen. Denn die Ekstase riß ihn mit sich fort. Er trieb Dummheiten oder Lausbübereien, er las vor der heiligen Messe Romane, um der mystischen Kraft widerstehen zu können, die ihn bisweilen über den Boden erhob. Er war in allem sehr einfallsreich und sehr vernünftig. Wissen Sie, eine seiner Gesten war, mit drei zusammengehaltenen Fingern die Mitte der Stirn zu berühren, indem er sagte, die Vollkommenheit wohne in diesem ganz kleinen Punkt des Gehirns.

Er konnte auf den Umgang mit Menschen nicht verzichten. Er machte keine großen Pläne, er hatte keine andere Leidenschaft, als mit den Menschen Kontakt aufzunehmen. In den Wirtshäusern, auf Plätzen und Märkten, bei den römischen Festen. Er wollte an ihren Ängsten, aber auch an ihren Liedern teilhaben. Bei diesen Zusammenkünften, wo alles gemeinsam ist, denkt und singt man nicht mehr absichtlich und einsam. Das ‚Oratorium' ist so verschieden von den ‚Exerzitien' des heiligen Ignatius von Loyola. Es war ihm nicht um die Dialektik, nicht einmal um eine Predigt zu tun. Philipp plauderte, er sang, er ‚war' einfach. Er konnte nicht predigen: es war Gebet und Dialog in der reinsten Form. Es war Feuer. Es war das Unvorhergesehene, das Pfingstfest der Liebe, Musik."

Hier unterbrach ich, wie ich mich erinnere, den Pater und sagte: „Ich gebe Ihnen eine Definition der Beredsamkeit, die ich einmal irgendwo gelesen habe und die mir im Leben viel geholfen hat: Beredt sein heißt, jemandem etwas sagen."

„Oh", meinte er, „wie gut paßt das auf Philipp!"

Ich erwiderte: „Das hätte auch auf Montaigne gepaßt, der einen Essay über die Kunst der Rede geschrieben hat."

„Sie wissen, daß Philipp ein außergewöhnlich mystisches Leben hatte. Ganz und gar nicht krankhaft. Soweit man weiß, war es eine intensive Glut mitten in der Brust, eine Art inneres Feuer, eine Freude, die er nicht zu bändigen vermochte und die sein Herz, seine Rippen, seinen ganzen Körper ergriff. Er machte alle Anstrengungen, um es zu verbergen. Die Messe zum Beispiel las er öffentlich, ziemlich rasch, ‚in fretta' (in Eile). Doch wenn er sich Zeit lassen konnte (in dem Oratorium, wo wir uns jetzt befinden), ging es so langsam, daß der kleine Ministrant den Schlüssel in die Tasche steckte und seelenruhig frühstücken ging."

Dann stellte er einige Betrachtungen über die italienischen Heiligen an. Philipp kam an den ersten Platz. Er sagte zu mir, daß Franz von Assisi mystischer Gnaden gewürdigt worden sei, die ihn in eine Grenzsituation des Menschlichen gebracht hätten; er konnte sie nicht verbergen und wollte es vielleicht gar nicht. Und daß Don Bosco kein sehr kritisches Urteil gehabt habe und nicht besonders geschäftstüchtig gewesen sei, während Philipp überhaupt nichts von derlei verstand. Er lobte den hl. Philipp, der ein Mystiker war, den Bergson „komplett" genannt hätte, weil er nach außen wie die anderen war, unabhängig und abgeklärt, ohne Selbstbespiegelung und ohne besondere Andachtsformen. Trotzdem, fügte er hinzu, besaß Philipp eine große Autorität über den hl. Karl Borromäus (den er mitunter kritisierte) und sogar über Papst Clemens VIII., mit dem er befreundet war. Einmal hatte der Papst gerade gegessen. Philipp tritt herein, nimmt, ohne eine Kniebeuge zu machen, sein Barett und sagt: „Guten Tag, Heiliger Vater, ich bedecke mich." Der Papst erwidert ihm (zweifellos etwas ironisch): „Herr Philipp, hier sind Sie der Herr." Da legte Philipp die Hände auf das Gesicht des Papstes und liebkoste den Bart mit Ehrfurcht. Der Papst lächelte immerfort.

Ich erinnere mich, diese Anekdote Paul VI. erzählt zu haben, der darüber sehr belustigt war. Er sagte zu mir: „Pater Bevilacqua ahmt seinen heiligen Patron nicht in allen Punkten nach. Indem er Philipp Neri beschrieb, hat er freilich ein wenig sich selbst porträtiert, die Späße ausgenommen. Es sind jetzt mehr als dreißig Jahre, daß ich ihn kenne. Stets sah ich ihn voll Eifer, fröhlich, unternehmungslustig und unwahrscheinlich wissensdurstig. Er verschlang mehrere Bücher im Tag. Ich weiß, daß er zu jeder Stunde, bei Tag und bei Nacht, zu allem und für alle bereit war. Wie der heilige Philipp war er stets in festlicher Stimmung, und das bedeutete die halbe Lösung der Probleme, die ich ihm vorlegte. Kein Theater. Wie Pascal: ‚Freude, Freude, Tränen der Freude.' Offene Tür. Überraschend und doch stets derselbe. Vertrauter Umgang mit großen und kleinen Leuten. Was man an Kardinal Mercier schätzte (dessen Schüler er in Löwen war), findet sich auch bei ihm. Direzione Christo! — Auf Christus gerichtet.

Er war auch ein überaus mutiger Mann. Wenige Menschen haben über den Krieg nachgedacht und unter dem Krieg gelitten wie er.

Christus war für ihn der einzige Gegenstand der Kultur. Er fand ihn überall, selbst in den Finsternissen jener, die ihn leugnen. Erinnern Sie sich daran, was er kürzlich vor Ihnen über den atheistischen Existentialismus gesagt hat: er erblickte in ihm eine Erfahrung, die durch das Absurde die Wirklichkeit Gottes beweist. Und wie feierte er die Liturgie! Durch Schönheit und Poesie führte sie ihn ins innerste Zentrum des Mysteriums."

Gewiß kannte Paul VI. die folgende Geschichte. Eines Tages sagt Philipp zu einem Besucher: „Glauben Sie, daß mich der Papst zum Kardinal machen will? Was meinen Sie?" Dann hob er die Augen zum Himmel: „Paradiso, paradiso!"

So ähnlich kann man sich ihre Unterhaltung vorstellen, als Paul VI. den Wunsch äußerte, seinen alten Lehrer zum Kardinal zu machen. Der Pater schützte die Armut vor, die die Seele seines Lebens war. Paul VI. antwortete: „Das zählt nicht, ich besitze Purpurgewänder und einen roten Hut, die ich nicht mehr brauche, ich gebe sie Ihnen." Darauf verschanzte sich Pater Bevilacqua hinter der Verpflichtung, in Rom zu residieren, er konnte doch seine arme Pfarrei am Stadtrand nicht verlassen. Paul VI. entgegnete ihm: „Dann bleiben Sie Pfarrer von Sankt Anton, ein Kardinal kann nicht Pfarrer, aber ein Pfarrer kann Kardinal sein." Der Pater wies auf sein hohes Alter hin, auf seine Eigenheiten, auf seinen Abscheu vor nichtliturgischen Feierlichkeiten. All das wurde durch den Gehorsam gelöst. Ich bin überzeugt, auch seine etwaigen Interventionen in der letzten Konzilssession kamen zur Sprache, vor allem beim Schema 13, dessen Erscheinen er so sehr wünschte. War dies womöglich der Grund, der über alles andere den Ausschlag gab? Er fühlte eine große, angestaute Müdigkeit in seinem Körper und in seinem Herzen, er ahnte wohl, daß es nicht mehr lange dauern würde.

Im März 1965 besuchte ich ihn auf Wunsch des Heiligen Vaters in Brescia. In seiner Gegenwart hielt ich einen Vortrag über „Kosmos und Religion nach Teilhard de Chardin und Henri Bergson". Ich hatte beide gut gekannt, sie waren für mich Wesen von Fleisch und Blut. Ich konnte sie wie Lebende, nicht bloß wie Tote miteinander vergleichen. Der Kardinal folgte meiner „doppelten" Rede mit gespannter Aufmerksamkeit. Ich las in seiner Miene, die Zustimmung ohne Überraschung ausdrückte, und aus seinem müden Blick, daß ich ihm nichts Neues sagte. Ich hatte den diagonalen Gegensatz dieser beiden Schicksale aufzuzeigen versucht. Der Jesuit Teilhard geht von der Mystik aus und entdeckt mehr und mehr das Universum — Bergson geht vom Universum aus und erhebt sich mehr und mehr zum Christus der Mystiker. Dann der Tod beider, voll tiefer Bedeutung. Bergson an der Schwelle der katholischen Kirche — Teilhard zu Ostern, am Fest der Auferstehung des Fleisches, der Verklärung aller Materie.

Er sagte mir beim Hinausgehen: „Diese zwei Tendenzen, diese zwei Wege ergänzen einander." Dann sprach er lange über Bergson. Er hielt ihn in seinem Streben nach Wahrheit, die ihn vom Positivismus zur Religion Christi geführt hatte, für das große Genie dieser Zeit. Am selben Tag sagte er über Savonarola: „Ich schätze Savonarola, aber er ist noch der Typ des Mittelalters. Mit Philipp treten wir in eine neue Ära ein. In welche? In die des wahren christlichen Humanismus." Lächelnd setzte er hinzu: „Der Geist des ‚Oratoriums' ist sehr anders als der Geist des Cartesius. Ihr seid allzu kartesianisch, das ist euer Fehler in Frankreich. Und darum liebe ich Bergson...

Öffnen", sagte er dann und breitete die Arme aus. „*Öffnen.* Man soll *öffnen.*" Das waren die letzten Worte, die ich aus seinem Mund vernahm.

Der Papst sagte mir: „Sie wissen zweifellos, wie Philipp gestorben ist? Fröhlich und nicht ohne Späße, am 26. Mai. Am 25. hatte man ihn tot geglaubt. Aber am 26. sah ihn Kardinal Cisano lebhaft die kleine Holztreppe hinaufklettern, die zu seiner Kapelle führte. — Pater Bevilacqua ist längere Zeit krank gewesen. Am Karsamstag brach er vor Erschöpfung zusammen. Er hatte noch die Zeit, alle zu empfangen und jedem ein Wort des Abschieds zu sagen. Ich telephonierte mit ihm. Ich hörte seine gebrochene Stimme, als er mir seinen letzten Segen gab. Ich lese Ihnen den letzten Brief an seine Pfarrkinder vor, datiert vom 26. April 1965, am 6. Mai starb er:

‚Geliebteste,

wie viele Male habe ich die letzte Reise eurer Lieben gesegnet, indem ich euch in tausend Formen immer wieder denselben Gedanken verkündete: Weinet nur, es ist menschlich; aber schauet zugleich auf Christus, denn er ist die Auferstehung und das Leben!

Daran gemahne ich euch, indem ich euch mit all meiner Liebe grüße. Ich danke euch, daß ihr mich ertragen habt, und ich bitte euch um Vergebung, falls unsere Beziehungen sich etwa durch meine Härte verringerten; doch ich habe euch geliebt, und deshalb segne ich jede Seele, alte wie junge, in den mannigfaltigen Situationen des Lebens.

Möge Gott euch segnen, möge die Heilige Jungfrau euch nahe sein, möge der Geist Christi euch zu lebendigen Gliedern dieser kleinen »Kirche« machen!

Ein Lebewohl, ein Segensspruch und der Wunsch, daß wir einander wiederbegegnen und wiedererkennen möchten im Hause des Vaters.

26. April 1965'"*

Der Heilige Vater sagte weiter: „Der Kardinal beobachtete die gegenwärtige Lage sehr genau. In bezug auf den zeitgenössischen Atheismus bemerkte er: ‚Die Position des Atheismus ist eine andere als die des Glaubens. Der Atheismus ist radikaler, er triumphiert nicht mehr; er ist tragisch und problematisch geworden. Der Schrecken vor der absoluten Abwesenheit Gottes läßt uns seine Gegenwart in der Leere ahnen. Heute gilt für alle: Je mehr man die Erkenntnis erweitert, um so mehr steigert man die Angst. Je mehr die technischen Mittel anwachsen, desto mehr steigen die Möglichkeiten des Todes und des Leidens. Mehr als jemals ist uns das Bild des Knechts Jahwes gegenwärtig, das Isaias im 54. Kapitel zeichnet. »Der Mann der Schmerzen« ist der Mensch unserer Zeit. Das Christentum ist aktueller denn je: es muß also sein wahres Gesicht mehr und mehr entschleiern. Es muß wieder *wesentlich, logisch* und *heroisch* werden: essenziale, logico, eroico.' Noch höre ich den Klang seiner schönen, mächtigen und jugendlichen Stimme, als er diese drei italienischen Worte aussprach."

Ich sagte zum Heiligen Vater: „Ich erinnere mich an eines

---

* Carissimi,

Quante volte ho benedetto il viaggio dei vostri cari dicendovi in mille forme stesso pensiero: piangete perché è umano, ma guardate a Cristo, che è risurrezion e vita!

Ve lo ricordo ora salutandovi con tanto affetto. Vi ringrazio preché mi avete sopportato, vi chiedo perdono se le mie durezze vi hanno reso i nostri contatti piu rari, ma vi ho amato e per questo benedico ogni anima: vecchi e giovani, appartenenti a tutte le situazioni della vita.

Che Dio vi bénedica, che la Madonna via sia vicina, che lo spirito di Cristo vi renda membra vive di questa piccola „ecclesia"!

Un addio, una benedizione, un augurio di incontrarci e di riconoscerci nelle casa del Padre.

26 Aprile 1965

seiner letzten Worte: ‚Wie, Sie kennen Venedig nicht! Ich möchte nicht behaupten, daß es die schönste Stadt der Welt ist, denn es gibt ja noch Verona. Ich bin in Verona geboren. Aber ich will Ihnen das Geheimnis Venedigs verraten. Es ist in einem einzigen Wort beschlossen: Venedig ist eine ins Abendland eingefügte Parzelle des Orients. Es ist eine unschuldige Stadt, eine Stadt vor dem Sündenfall, und eine ebenso schuldige Stadt nach der Verdammung. Es ist eine Stadt der Farbe, der in der Luft aufgelösten Farbe und der im Wasser gespiegelten, beweglich gewordenen Farbe. Man sagt manchmal, man müsse zwischen dem Heil und der Schönheit wählen. Das haben eure »Kartesianer«, eure Jansenisten gesagt. Gehen Sie nach Venedig, dann wissen Sie, was das Licht ist.' "

DIALOG ÜBER DEN HL. PAULUS

Ich

„Welches Schicksal! Welches Genie! Wie wenige zähle ich in dieser Welt, die ihm vergleichbar wären! Wenn Petrus durch Paulus nicht unterstützt und sozusagen verdoppelt worden wäre, wäre dann die Gnade Jesu bis ins Abendland gedrungen? Wäre Europa christianisiert worden? Es gibt entscheidende Momente, wo die Geschichte einen kurzen Augenblick lang schwankt. Manchmal sagte ich mir, der entscheidende Moment war jener Traum des heiligen Paulus, jener Appell, der ihn auf Europa hinwies durch die Stimme des Mazedoniers, der zu ihm sprach: ‚Boetheson Emas! Komm uns zu Hilfe!' Und Paulus überschritt den Bosporus."

Der Papst

„Ich erinnere mich, daß Sie mir während der ersten Session des Konzils eine Studie über die Definition des Genies zugeschickt haben, Pascal betreffend, nicht wahr? Sie unterschieden das Genie vom Talent. Ich war mit dem, was Sie über das Genie sagten, einverstanden. Ich glaube, ich habe es Ihnen geschrieben."

Ich

„Ich bewahre Ihren Brief sorgfältig auf. Mir scheint, das Genie hat eine Beziehung zur Einheit, zum letzten Geheimnis. Es geht darum, möglichst viele Dinge in sich selbst gedanklich zu vereinigen, aber ohne Vermischung oder Widerspruch, und jedes als solches bestehen zu lassen. In diesem Sinn, möchte ich sagen, ist das Genie katholisch oder — wie man es heute lieber ausdrücken würde — ökumenisch. Diese zwei Worte betonen die Einheit in der Mannigfaltigkeit, die Vielheit in der Einheit."

Der Papst

„Wenn dem so ist, wird Paulus zu Recht als Genie bezeichnet, vielleicht als eines der größten auf Grund der Tiefe, auf Grund des Gegensatzes der Dinge, die zu vereinen sind. Er wollte alles, was sich seinem Verstand und seiner Liebe darbot, in Christus vereinen. Er wollte die Religion Adams, Abrahams und Mosis mit der Gnade Christi vereinen. Er wollte die Heiden mit den Juden und den Christen vereinen. Und zwar, indem er die Dinge, Personen, Weltanschauungen, Überlieferungen und Erwartungen respektierte. So wollte er, daß die Juden sozusagen jüdischer, daß sie noch bessere Juden seien. Er wollte, daß die Heiden, lediglich vom Laster und vom Aberglauben befreit, mehr sie selbst seien."

Ich

„Wir wollen nicht entkleidet werden, wir wollen gleichsam überkleidet werden, ‚damit das Sterbliche in uns vom Leben verschlungen werde'."

Er

„‚... ut absorbeatur quod mortale est a vita.' Genau das ist's. Man könnte sagen, Paulus wollte nicht, daß die Ungläubigen (oder die Noch-nicht-Christen) entkleidet würden. Er wünschte, daß das, was an ihrer Weltanschauung ehrenhaft, gerecht, substantiell, verheißungsvoll und zukunftsträchtig war, daß dies alles befreit werde von dem, was es einengen oder zerstören könnte. Daß es durch die Wahrheit ‚überkleidet', durch das Leben ‚verschlungen' werde."

Ich

„Obwohl Paulus glaubte, er lebe in der letzten Zeit der Geschichte, scheint er die Entwicklung der Zeiten und die Epochen der Geschichte vorausgesehen zu haben."

Der Papst

„Das Evangelium verkünden bedeutet, stets so zu tun, als ob der Augenblick, in welchem man spricht, der letzte sei und gleichzeitig auch der erste. Man weiß nie, was Ende und was Anfang ist. Auch mit dem Tod ist es so."

Ich
„Die letzte Zeit ist auch immer die erste. Nichts stirbt. Alles wird wiedergeboren."

Der Papst
„Paulus verkündete die frohe Botschaft auf eine geniale Art. Er sprach zu kleinen Hörergruppen, er schrieb hastig ein paar Briefe (er diktierte sehr rasch). Lange meinte er, daß alles zu Ende ginge, und dennoch wandte er sich an die ganze Welt, an die gesamte Geschichte."

Ich
„Er redete zu allen Zeiten und zu allen Räumen."

Der Papst
„Es ist nichts im Menschen, was er nicht in Dienst genommen hätte. Was sage ich, in Dienst? Mehr noch: was er nicht erhöht, erhoben, wenn nötig erlöst, wiederhergestellt, erneuert, zu seiner höchsten Entfaltung gebracht hätte. So macht es das Licht: Es erschafft von neuem. Lesen Sie seine Briefe daraufhin noch einmal, und Sie werden sehen, wie nahe er den modernen Menschen steht. In dem Werk, das Ricciotti über den heiligen Paulus geschrieben hat, heißt es, wie ich mich erinnere, daß Paulus sogar aus Widerständen, Mißverständnissen und aus üblen sektiererischen Machenschaften seinen Nutzen zog. Er benützte sie, um die Ausbreitung des Evangeliums zu fördern. Ob in scheinheiligem Eifer oder im Ernst, was tut's! Wenn nur Christus verkündet wird. ‚Dessen freue ich mich', sagt er, ‚und werde ich mich stets freuen.' In dem Prätorianerlager, wo Paulus eine Kette am Handgelenk hatte (und wer hat nicht seine Kette?), unterhielt er sich mit seinem Wächter, der drei Tage bei ihm blieb. Bald war es ein Italiker, bald ein Soldat aus Pannonien oder aus Mazedonien. Der heilige Paulus plauderte, ich möchte sagen, er hielt einen Dialog: mit Absicht, ohne Absicht, zur rechten, zur unrechten Zeit, mit und ohne Erfolg. Das ist der dauernde Dialog, der ununterbrochene Dialog, der Dialog mit dem, der gerade neben einem ist, mit dem Taxichauffeur, mit dem zufälligen Nachbarn. Manchmal ein nichtssagender Meinungsaustausch. Manchmal ein Wort, welches das Evangelium zusammenfaßt."

Ich

„Die zwei Worte mit der schwierigen Vorsilbe ‚Dia' fassen die Methode des heiligen Paulus zusammen: Dialog und Dialektik."

Er

„Paulus verband These und Antithese miteinander. Aber Christus war das lebendige Band der Synthese."

Ich

„Antithetische Begriffe: Gesetz und Glaube, Juden und Heiden, das Alte und das Neue, Tod und Leben, Knechtschaft und Freiheit. Offenbar war das Bedürfnis, Gegensätze zu vereinen, bei Paulus so stark, daß es sogar in seinen Reisen zum Ausdruck kommt. Paulus pendelte zwischen gegensätzlichen Städten: Jerusalem und Rom. Die Zwischenstädte, wie Ephesus, Korinth, Athen, waren nur Durchgangsstationen."

Er

„Was sagt der Philosoph?"

Ich

„Daß diese Dialektik etwas ganz anderes ist als die moderne, die ausweglos und endlos ist, weil die Antithese stets von neuem beginnt. Es gibt einen Text des jungen Blondel, der mich schon immer erstaunt hat."

Er

„In den ‚Intimen Notizen' aus Blondels Jugendzeit habe ich Texte gefunden, die außerordentlich bedeutsam sind."

Ich

„Das war im vorigen Jahrhundert. Hegel war nicht aktuell. Und Blondel schrieb: ‚Der trinitarische Rhythmus Hegels gefällt mir sehr gut. Welches immer die Höhe der These oder Antithese sein mag, die christliche Idee liefert, tiefer verstanden und weiterentfaltet, eine jeweils höhere Synthese. In dem Maß, als die Menschheit wächst, steigt Christus empor.' "

Papst

„Die Gemeinden, die Paulus gründete, sind verschwunden.

Der Islam hat alle Länder, wo er das Evangelium verkündet hatte, erobert. Rom allein bleibt übrig — das nicht durch Paulus gegründet wurde. Eigentlich bleibt von dem, was er gemacht hat, kein Stein auf dem anderen. Wenn ich mich recht erinnere, bemerkt das auch Ricciotti. In religiöser Hinsicht jedoch ist Paulus aktueller und lebendiger denn je zuvor."

Ich

„Dreimal rollte sein Kopf nach seiner Hinrichtung, dreimal hat er eine Quelle des Denkens hervorgerufen: im heiligen Augustinus, in der Reformation und — heute — in der Theologie der Heilsgeschichte."

Papst

„Man darf wohl sagen, daß wir ihn heutzutage besser verstehen; als ob er die Neuerungen unserer Zeit vorausgesehen hätte. Man könnte meinen, er habe für das Zeitalter der Astronauten und Atomphysiker geschrieben, für den Zeitpunkt der Geschichte, wo sich alles erweitert, wo aber auch alles zu Ende sein könnte."

Ich
„Wo alles explodiert wie in einem neuen Ursprung."

Er
„Ja, wo alles von neuem anfangen könnte."

Ich
„Und wo man nicht weiß, ob Gott morgen außerhalb von allem oder alles in allem sein wird."

Er
„Wo man mehr denn je zu demjenigen hinstrebt, der uns besitzt und lenkt. Wo der Glaube mehr denn je die Substanz der Hoffnung ist. Wo die sichtbaren Ereignisse der Geschichte mehr denn je das unsichtbare Ewige offenbaren. Die zentralen Ideen des heiligen Paulus über den ‚mystischen Leib', über den Kosmos, über das Verständnis der Geschichte und der Zeit, über die kollegiale Regierung und die Autorität Petri, über die Ehe, über die Eucharistie, über die menschlichen Kontakte, über den reli-

giösen Eifer, über das Laienapostolat, über das geschichtliche Zeugnis — alle diese Ideen sind am letzten Konzil deutlich hervorgetreten durch die Macht der Ereignisse und im Gehorsam gegenüber den Zeichen der Zeit. Auch das könnte man als seine apostolische Strategie bezeichnen: den Vorstoß in die Atomzentren sowie an die Grenzen des Weltalls. Daran dachte ich, als ich nach Bombay und New York reiste."

Ich

„Paulus war schon damals, als er sich noch Saulus nannte, ein wirksamer Stratege. Bevor er nach Jerusalem hinaufzog, begnügte sich das Synedrium damit, die Christen öffentlich auf Plätzen und Straßen zu verhaften. Die Wohnung war ein heiliger, unverletzlicher Ort: diese orientalischen Häuser mit den hölzernen Riegeln, Zuflucht der Frauen und Kinder, Stätten des Gebets... Paulus drang als Polizist in die Wohnungen ein."

Er

„Er verjagte die Christen. Durch seine Verfolgung zwang er sie, sich zu zerstreuen, das heißt, sich auszusäen. Wie seltsam! Wenn man die Christen von einem Ort verjagt, nötigt man sie, das Evangelium anderswo zu verkünden, so daß die Samen verstreut werden. Zu sehr zusammengedrängt, drohen sie zu verfaulen. — Er hieß Saulus. Er hat diesen allzu jüdischen Namen mit dem Namen Paulus vertauscht. Aber die Namensänderung änderte nichts an seinen Methoden. Paulus machte dasselbe, was vor ihm Saulus gemacht hatte: er fährt fort, ins Zentrum zu stoßen, er geht in die Städte und in die Hauptstädte, nach Ephesus, Philippi, Korinth, schließlich nach Rom, wohin alles zusammenströmt. Er geht zu denen, die die Macht besitzen und die öffentliche Meinung beherrschen, zur Elite. Kurz, er steht immer und mit allen im Dialog. In ihm sind Denken und Handeln, die sonst so oft voneinander getrennt sind, nahe beieinander. Was man heute als seine Dialektik bezeichnen würde, ist auch seine Mystik und seine Strategie. Ich habe seinerzeit die Bücher von Pater Prat gelesen, die noch immer aktuell sind. Er betont, wie sehr beim heiligen Paulus Planung und Aktion eins sind. Und wunderbar einfach, weil Jesus Christus alles in sich zusammenfaßt."

Ich
„Seine Methode besteht im unablässigen Rückgriff auf das Zentrum."

Er
„Ja, Christus ist das Zentrum, Christus allein. Erinnern Sie sich: Christus ist das Abbild der unsichtbaren Welt, des unsichtbaren Gottes. ‚Alles ist durch Ihn und für Ihn geschaffen worden.' Denken Sie an Dante:
> ‚In seiner Tiefe sah ich, daß sich einschloß,
> Geeint zu einem Ganzen durch die Liebe,
> Was sich im Universum offenbart.'

Selbst der Kosmos hat teil an der Erlösung des Menschen."

Ich
„Albert Schweitzer hat diese Methode mit der der Spinne verglichen. Er sagt, die Kunst der Spinne bestehe darin, die Fäden um ein Zentrum herum zu spannen. Je gespannter die Fäden sind, desto schöner ist die Figur. Wenn sie erschlaffen, kommt alles durcheinander."

Er
„Das Zentrum ist Jesus, und zwar der gekreuzigte Jesus. Nachdem der heilige Paulus alles geopfert hat, will er sich noch vollkommener hingeben. Er denkt, daß man immer weitergehen müsse. Das ist wie eine quälende Sorge in ihm. Sie erinnern sich, was er den Leuten in Philippi schrieb: ‚Nein, ich habe das Ziel nicht erreicht, das ich mir gesteckt habe. Nein, ich bin nicht vollkommen, doch ich setze meinen Lauf fort und versuche, Christus Jesus zu erjagen, so wie er selbst mich erjagt hat.' "

Ich
„Wie einer meiner Freunde, ein Pascal-Kenner und Mystikforscher, frage ich mich, ob Pascal, der sehr rasch schrieb (und Flüchtigkeitsfehler machte), gar nicht so schreiben wollte, wie wir es bei ihm lesen: ‚Du würdest mich nicht suchen, wenn du mich nicht bereits gefunden hättest' — gewiß ein tiefes Wort, aber augustinisch —, sondern die noch tiefere und wahrhaft paulinische Formel: ‚Du würdest mich nicht suchen, wenn *ich* dich nicht bereits gefunden hätte.' "

Der Heilige Vater

„Jedenfalls ist das der Gedanke des heiligen Paulus. Der Apostel möchte den erlangen, berühren (indem er seinen Leib, seine Muskeln anspannt wie ein Läufer, der am Ziel seines Laufes angelangt ist), der ihm schon längst, schon immer voraus war; den, der ihn zuerst berührt hat... ‚Nein, meine Brüder', fährt er fort, ‚ich glaube nicht, daß ich angekommen bin. Ich habe nur eines im Sinn, und das will ich euch sagen: Vergessen, was hinter mir ist, und mich mit allen Kräften ausstrecken nach dem, was vor mir ist. Ich laufe direkt aufs Ziel zu, der Siegespalme entgegen, wo dort oben Gott mich ruft, Christus Jesus.' Einst war er verfolgt. Jetzt ist's er, der verfolgt. Und wenn wir am Ende unseres Lebens angelangt sein werden, unseren Lauf vollendet und ‚den Glauben bewahrt haben', und wenn wir einen Blick zurückwerfen, werden wir wohl die gleiche Erfahrung machen: Wir werden den Eindruck haben, daß wir auserwählt worden sind, daß er uns vorangegangen ist."

Ich

„Eine Schwierigkeit. Sie wurde in den Wandelgängen des Konzils des öfteren aufgeworfen, namentlich von den protestantischen Kollegen. Sie fragten sich, ob der heilige Paulus dem Konzilsschema über das Verhältnis der Kirche zur Welt, das dann zur Constitutio ‚Gaudium et spes' wurde, zugestimmt hätte. Er hätte gesagt, die hier vorgeschlagene Lösung ist eine rein menschliche Lösung. Er hätte gesagt, die Kirche Jesu Christi kann sich nicht nach internationalen Organisationen richten, die einzig und allein die irdische Weisheit widerspiegeln. Diese Organisationen kennen weder die Sünde des Menschen noch das Heil Christi. Worum geht es denn im Grund den Weisen der Welt? Um das Wachstum der Kultur, um die Entwicklung von Wissenschaft und Technik, um die Verteilung der Güter dieser Welt, um die Erhöhung des Lebensstandards, damit aus dieser Welt ein irdisches Paradies werde. Nach so grausamen Enttäuschungen glaubt heute niemand mehr an den Optimismus der Vernunft, obwohl man, den Worten nach, noch daran zu glauben scheint. Bis jetzt hatte die Kirche das Privileg, die unangenehme Wahrheit zu sagen, und den Mut, zu mißfallen. Doch nun schweigt sie sich über das Böse aus. Der heilige Paulus hat die Tragik des Menschseins niemals verharmlost oder verdeckt. Und es ist allein die Tragik der Sünde, woraus sich die Torheit des Kreuzes erklärt. Ich erinnere mich, was Professor Skydsgaard am Konzil sagte: ‚Dieser Konzilstext (er sprach von dem Kapitel aus dem Schema 13, das vom Frieden handelt) müßte einzig auf die Gnade Gottes vertrauen, im Wissen um eine stets drohende Katastrophe.' Eine Katastrophe von weltgeschichtlichem Ausmaß, die wie ein Gottesgericht aufzufassen wäre. Genau das predigen die wahren Propheten, fügte er hinzu — während die falschen sagen, daß alles gut geht."

Der Heilige Vater
„Das Konzil wollte weder alles sagen noch, wie es ein großer Kirchenlehrer könnte, die organische Synthese der Wahrheit vorlegen. Vergessen Sie nicht, was ein Konzil ist: es ist die Kirche, die sich über einen einzigen Punkt befragt, der einem geschichtlichen Bedürfnis entspricht. Es wäre völlig falsch, die Dekrete eines Konzils für die vollständige Darlegung des Glaubensgutes zu halten."

Ich
„Das Konzil ist wie ein einziger Brief und nicht die gesamte Briefrolle."

Der Papst
„Das Wort Gottes bleibt eindeutig und ewig das Licht, das nie erlischt, zur Stärkung unserer Seelen. Wenn wir die klare und feierliche Stimme des Konzils hören, dann erkennen wir die Aufgabe, die Christus dem lebendigen Lehramt der Kirche übertragen hat, nämlich das Glaubensgut zu hüten, zu verteidigen und auszulegen. Wir dürfen die Lehren des Konzils von der ererbten Lehre der Kirche nicht trennen. Wir sollten vielmehr erkennen, wie sich jene in diese einfügen, wie jene mit dieser übereinstimmen, sie bekräftigen, entfalten, erklären und anwenden. Dann erscheinen die doktrinären oder legislativen ‚Neuerungen' des Konzils in ihren richtigen Proportionen."

Ich
„Man könnte sagen, daß eine Versammlung nie dieselbe

Kraft zur Synthese hat wie ein einziger Mensch, der nachdenkt."

Der Papst
„Eine Versammlung, die während einer begrenzten Zeit berät und entscheidet (was sind schon vier Jahre), besitzt nicht die Fülle eines ‚persönlichen Denkens', das nicht nur *einen* Gesichtspunkt, sondern das Gesamte im Auge hat. Ich antworte Ihnen daher folgendermaßen: Die Aufgabe dieses Konzils war ohnehin sehr schwer; es zeigte pastorale Wege und Methoden auf, und das, wie man sehen konnte, im Geist des Optimismus und der Zuversicht. Diese Zuversicht war gewiß die gleiche wie die des heiligen Paulus. Erinnern Sie sich daran, wie er während seines Aufenthaltes in Athen zu den Griechen sprach. — Doch das schließt das klare Wissen um die Verbreitung des Bösen, um das Werk der bösen Mächte, um die Tragik des Menschseins, um das Jüngste Gericht keineswegs aus. Ich sagte, daß beim heiligen Paulus eine Wahrheit niemals eine andere ausschließt. Sie gehören zusammen."

Ich
„Er ist wie geviertelt."

Der Heilige Vater
„Die Vierteilung der Wahrheit, die Vierteilung des Kreuzes. Der heilige Paulus sagt es übrigens: ‚Ich bin zu gleicher Zeit nach zwei Seiten hingezogen.' Das Kreuz zerteilt immer."

Ich
„Hat das Konzil nicht einen Schleier über das Kreuz gebreitet?"

Er
„Die beiden miteinander verbundenen Wahrheiten, die die Lehre des heiligen Paulus zusammenfassen — Kreuz und Auferstehung —, darf man nicht voneinander trennen. Das Konzil hat vor allem die Freude der Auferstehung unterstrichen. Diese Freude war im Abendland etwas verdunkelt worden. Das Konzil antwortete jenen, die uns vorwerfen, daß wir den Menschen

und diese Weltzeit nicht lieben. Es hat mehrmals unterstrichen, daß Gott auch der Gott *dieser* Welt ist, die er erschaffen, geliebt, erlöst hat. Das WORT ist wahrhaft in das Fleisch der Geschichte herabgestiegen, aber der auferstandene Christus ist auch der gekreuzigte Christus. Die geheimnisvolle Stunde, von welcher Jesus bei der Hochzeit von Kana zu seiner Mutter spricht, ist die Stunde seines Todes am Kreuz.

Ich antworte auf Ihre Befürchtungen. Wenn die Kirche auf die Welt zugeht, dann nicht, um den Skandal des Kreuzes abzuschwächen. Ich würde sagen: um das Kreuz in seiner Wahrheit, in seiner wesentlichen Entäußerung, in seinem nackten Glanz darzustellen. Das Kreuz soll also in seiner Wahrheit erscheinen, nicht wie ‚das Zeichen, das den Sieg verleiht', wie es bei jenem *labarum* Konstantins der Fall war. Daher der Wille des Konzils zur Entäußerung: ja, die Kirche entäußern von allem, was nicht wesentlich ist; die Kirche entäußern von dem, wodurch sie sich im Lauf der Jahrhunderte ausdrückte, von dem, was den Zeichen und Bedürfnissen der damaligen Zeiten entsprach, aber heute nicht mehr Gültigkeit haben kann. Die Kirche entäußern vom Zufälligen, damit ihr wahres Antlitz sichtbar werde. Nun erblickt man das Kreuz wirklicher und einfacher, menschlicher und wahrer. Wenn das Konzil darauf keinen besonderen Nachdruck legte, so war das, scheint mir, wohl gar nicht seine eigentliche Aufgabe und Pflicht, auch nicht seine Absicht. Man könnte hier die berühmte Maxime abwandeln und sagen: Aufrecht steht das Kreuz, während die Konzilien im Ablauf der Zeiten versinken: Stat crux, dum volvuntur concilia.* Es liegt an uns, das Kreuz Jesu im Lichte des Konzils zu sehen. Das Konzil wollte vereinen, und die Einheit vollzieht sich einzig im Kreuz. Der heilige Paulus hat es schon gesagt."

In der Folge ging es, wie ich mich erinnere, darum, die beiden Säulen, den hl. Paulus und den hl. Johannes, einmal mehr miteinander zu vergleichen. Ihr Diptychon ist auf der Schwelle

---

* Gemeint ist der Wahlspruch des Kartäuserordens: Stat crux, dum volvitur orbis — Das Kreuz bleibt stehen, indes der Erdkreis dahinsinkt. (Anm. d. Übers.)

der Zeiten eingeschrieben. Und für das theologische Denken (für das bessere Verständnis des Christentums) bedeutet der ununterbrochene Vergleich zwischen dem hl. Paulus und dem hl. Johannes ein immerwährendes und zweifaches Licht, ein Licht im Lichte. Ich für meine Person bin, falls ich wählen müßte, stets unsicher, welchen von beiden, was Gott verhüten möge, ich in die Wüste mitnähme. Ich weiß es nicht. Mir scheint, der Heilige Vater würde den wählen, dessen Namen er trägt.

„Alles in allem", sagte ich zu ihm, „wenn ich durchaus (und überaus schmerzlich) zwischen der Schriftrolle des heiligen Paulus und der des heiligen Johannes wählen müßte, dann, glaube ich, würde ich den heiligen Johannes nehmen."

Er

„Der heilige Paulus hat Jesus nicht im Fleisch gekannt. Aber noch bevor die Evangelien geschrieben waren, ging er geradeaus aufs Wesentliche. Er hat die Theologie Christi dargestellt, noch bevor die Gegebenheiten zusammengetragen waren. Er hat das Endziel noch vor den Anfängen aufgezeigt."

Ich

„Der heilige Johannes hat besser als jeder andere den fleischlichen, historischen Jesus gekannt. Er hatte ein lebendiges Gedächtnis. Dieses immer mehr vergeistigte Gedächtnis rührt an die wesentliche Tiefe, ohne jemals aufzuhören, ein fleischliches Gedächtnis zu sein. Mich, der ich die Porträts liebe, spricht das mehr an. Es ist auch schwieriger. Johannes ist kein Stratege. Das Endziel *ist* bereits gegeben. Der Sieg *ist* bereits errungen. Für den heiligen Johannes *ist* sozusagen Gott schon alles in allem."

Der Heilige Vater antwortete nicht, und ich hatte den Eindruck, falls er wählen und mit den Gefangenen in einem Arbeitslager leben müßte wie Johannes auf Patmos, er würde die Briefe des hl. Paulus mitnehmen.

DRITTER TEIL

DER PAPST UND DIE WELT

DIALOG ÜBER DEN DIALOG

Es müßte ein Dialog über den Dialog existieren. Man müßte ihn, was Sokrates versäumt hat, auf den Dialog selbst anwenden. Dieser Gedanke kam mir oft in den Sinn, als Paul VI. eine Enzyklika über den *Dialog* entwarf. Schon in Mailand ahnte ich, wie sein „Discours de la Méthode" (so heißt ein Hauptwerk von Descartes), falls er jemals einen schreiben würde, aussehen könnte. Ich sagte mir (darin täuschte ich mich): „Das wird eine ‚Erforschung der Wahrheit' sein, angewandt auf die moderne Welt." Ich dachte mir, er könnte sich von Malebranche oder Pascal inspirieren lassen, die „Logik" von Gratry oder von Balmès zu Rate ziehen, an die Gedanken von Sertillanges, Papini und Guardini anknüpfen. Er könnte aufzeigen, in welchem Geist, mit welcher Energie und unter welchen Voraussetzungen die „Erforschung der Wahrheit" auf allen Gebieten vor sich gehen könnte oder sollte. Er würde der Überzeugung Ausdruck geben, daß man, wie Abraham, gegen alle Hoffnung dennoch hoffen müsse, wenn ein Widerspruch zwischen den Wahrheiten, zum Beispiel zwischen Glaube und Wissen auftaucht. Daß man jede Richtungsänderung, jede Schwierigkeit und jede geistige Tendenz genau überprüfen müsse, bis die eine Wahrheit mit der anderen schließlich doch übereinstimmt.

Ich glaube nicht fehlzugehen mit der Annahme, daß dieser Plan für ein Direktorium zur Erforschung der Wahrheit (Regulae ad directionem ingenii, so heißt ein anderes Hauptwerk des Descartes) im Hintergrund seines Geistes existierte. Ein Auszug aus seinen Reden würde bereits die Grundlinien dieses Planes erkennen lassen. Ich erkenne seine künftige Struktur aus seinen Ansprachen an denkende Menschen.

Doch wollen wir nicht über das Unausgesprochene hinausgreifen. Der Heilige Vater hat sich in seiner Enzyklika „Ecclesiam suam" über den Dialog klar und deutlich, energisch und wohl abgewogen geäußert. Der Dialog Pauls VI. ist viel mehr als ein Dialog! Der Stil seines Pontifikats ist bereits für die Geschichte geprägt: Was immer sein wird, Erfolg oder Mißerfolg, der Pontifikat Pauls VI. wird der Pontifikat eines Papstes sein, der versucht hat, mit allen Menschen wirklich einen Dialog zu führen.

Der Dialog Pauls VI. gleicht keineswegs dem mehr oder weniger künstlichen, den Platon bei den Gelehrten eingeführt hat. Dieser ist im Grunde genommen eine bestimmte Form der Darstellung. Noch weniger handelt es sich um jene Art der Konversation, worüber unsere „Moralisten" des 17. Jahrhunderts so gut geschrieben haben. Ich habe La Rochefoucauld und La Bruyère wieder gelesen, sie sind ausgezeichnet. Sie legen den Finger auf den jedem Dialog eigentümlichen Fehler, der darin besteht, daß er nichts anderes ist als ein Vorwand, seine eigenen Gedanken anzubringen, seinen eigenen Geist leuchten zu lassen, ohne auf den anderen zu hören. Es ist fast unmöglich, wirklich zuzuhören. Und die Franzosen, welche die Plauderei zu einer vollendeten Kunst gemacht haben, hören mehr das, was *sie selbst* antworten werden, als daß sie auf *den anderen* hören.

Der Dialog Pauls VI. ist kein Kunstgriff zur Demonstration des eigenen Wissens noch eine Selbstverleugnung, wozu die Schlauen raten und die es dem Gesprächspartner ermöglicht, sein Wissen zu zeigen. Es handelt sich vielmehr darum, im anderen und in sich selbst die Wahrheit zu suchen, und darum, unablässig mit einem fremden Geist, der die Wahrheit genauso liebt, in Kontakt zu stehen, vorsichtig, selbstlos und mit einem feinen Gespür für Nuancen. Diese Art des Dialogs führt selten zur Lösung letzter Fragen, er bewegt sich auf der Ebene des guten Geschmacks und der Kunst. So diskutiert zum Beispiel die Académie française jeden Dienstag über die Bedeutung bestimmter Worte: der Dialog der Annäherung ist der wahre. Es geht darum, gemeinsam zu denken und stets bereit zu sein, sich selbst durch die Meinung des anderen korrigieren zu lassen. Es geht darum, sich bei der Erkenntnis dessen, was ist, vom Partner helfen zu lassen. Diese aufrichtige und bescheidene Art zu denken bedarf zu ihrem Erfolg keiner kunstvollen Beredsamkeit. Sie hat schon in sich selbst eine Kraft der Überzeugung, die ihre Wirkung nicht verfehlt.

Ich habe den Dialog, die Plauderei, die Unterhaltung mit einem Andersdenkenden immer geschätzt. Das entspricht meiner Natur, die, ohne gerade skeptisch zu sein, dazu neigt, an sich selbst zu zweifeln, nachzugeben, dem anderen vorerst einmal recht zu geben. Man hat mir das bisweilen zum Vorwurf gemacht, ich werde wegen dieser Schwäche mein Gewissen erforschen. Ich erhalte in meinem Inneren immer einen tüchtigen Gegner (ich habe daraus beinahe eine Methode gemacht), der unparteilich, geistvoll und zäh das Gegenteil von dem behauptet, was ich glaube. Wo habe ich doch einmal gelesen (bei Paul Valéry?), das beste Mittel, einem Opponenten zu begegnen, bestehe darin, in seinem Sinn voranzugehen, aber mit mehr Intelligenz, ihm mehr Geist zu geben, als er selber hat.

Wie dem immer sein mag, ich liebe den Dialog bis in den literarischen Stil hinein, was der Leser bei der Lektüre dieses Buches zur Genüge feststellen kann. Der Dialog allein erlaubt es, die Geister immerfort miteinander zu konfrontieren, den einen durch den anderen anzuregen und ihre Grenzen sorgfältig abzustecken. Und sogar wenn ich für mich allein in einem Tagebuch schreibe, errichte ich um meine Gedanken einen klangvollen Raum von Intimität und versuche die Resonanz meines Gedankens, die Formulierung so zu hören, als ob sie von einem anderen stammte, ein Echo und eine Antwort zu vernehmen...

Man verzeihe mir, wenn ich mich scheinbar von dem Dialog über den Dialog entferne. Ich hatte dem Heiligen Vater einen Artikel vorgelegt, der in „La Croix" erschienen war, darin versuchte ich, den Unterschied zwischen dem Geist des Dialogs und dem Geist der Dialektik aufzuzeigen, wovon man heute so häufig spricht. Ich führte dort aus:

„Es war ein Mann namens Sokrates, der den Dialog erfand. Er begründete damit jene Form des Denkens, die man als abendländische Philosophie bezeichnet. Platon folgte den Ideen des Sokrates nicht in allem. Möglicherweise unterschob er ihm großzügig und kurzerhand gedankliche Feinheiten, die dem guten Sokrates fremd waren? Aber Platon pflegte unablässig den Dialog, und wir tun das noch immer. Ich habe mehrmals gesagt, daß Johannes XXIII. in seiner Jovialität dem Sokrates glich. Paul VI. ist in der Situation Platons: er lehrt uns den ‚Dialog'. Ich möchte darlegen, worin der Dialog besteht.

Es ist tatsächlich sehr schwer, einen Dialog zu führen. Viele Dialoge (auch bei Platon) sind fiktive Dialoge, nämlich eine Aneinanderreihung von Monologen. Jeder bleibt bei seinem Standpunkt. Ähnlich ist es oft bei Versammlungen und auf Kongressen. Der wahre Dialog erfordert eine dauernde und beinahe heroische Anstrengung, sich zunächst einmal den Gesichtspunkt des anderen anzueignen. Leibniz, dieser aufgeschlossene und bewegliche Geist (ohne Zweifel das letzte Genie von europäischem Format), sagte: die Position des anderen ist der wahre Gesichtspunkt in der Politik und in der Moral. Und er nannte dieses Herausgehen aus sich selbst, um (wenigstens für einen Augenblick) den Standpunkt des Gesprächspartners einzunehmen, ganz einfach *Liebe*.

Der Dialog setzt demnach voraus, daß man den anderen anhört. Das Wort ‚hören' in einem göttlichen Sinn verstanden, in dem Sinn, wie der zwölfjährige Jesusknabe die Gelehrten im Tempel anhörte, wie der auferstandene Jesus den Jüngern von Emmaus zuhörte, wie der Mensch die Offenbarung oder Gott das menschliche Gebet vernimmt. Das ist ein Hören in der Hoffnung, daß die Ansicht des anderen einen etwas Neues lehren, die eigenen Gedanken ergänzen, erweitern, reinigen, vergeistigen und vertiefen werde. Ein Gegenredner, ein Kritiker sind unbekannte Helfer. Denn in jedem Einwand liegt ein Körnchen Wahrheit, das uns erlaubt, besser auszudrücken, was wir denken, Mißverständnissen vorzubeugen und unserer Ansicht klare Umrisse zu geben. Der heilige Thomas begann damit, das anzuführen, was seiner These *entgegen* stand. Es war das Hindernis, auf dem er Fuß faßte, es war die scheinbare Negation, auf die er seine diskrete, ausgewogene, begründete, einfache und sichere Behauptung stützte. Und Lacordaire sagte im selben Sinn: ‚Ich suche nicht den Gegner des Irrtums zu überführen, sondern mich mit ihm in einer höheren Wahrheit zu treffen.'

Der Dialog ermöglicht es uns somit, unser Denken zu bereichern, vielleicht noch mehr, als dem andern unsere Gedanken mitzuteilen. Es ist die Ausübung der Wahrheit verbunden mit der Gastfreundschaft. Es ist offensichtlich, daß der Dialog etwas ganz anderes ist als das, was man heutzutage als Dialektik bezeichnet; oft sogar deren gerades Gegenteil. Und ich weiß nicht, ob der große Platon an diesem Mißverständnis nicht auch mitschuldig ist, und ob er dem sokratischen Geist des Dialogs immer treu geblieben ist, als er den Dialog in Dialektik verwandelte...

In der Dialektik (wie sie uns von Hegel und Marx vordemonstriert wird) gibt es weder Kontakt zwischen zwei Geistern noch den Vergleich zweier Perspektiven miteinander. Man sucht nicht nach einer Wahrheit, die das menschliche Bewußtsein transzendiert und die von einem gewissen Geheimnis umgeben ist. Die Dialektik ist ein präzises System von Begriffen, deren einer sich notwendig aus dem anderen ergibt wie in einem Syllogismus oder in einer mathematischen Überlegung. Sie kann sich deduktiv vollziehen oder im hegelschen Dreitakt These-Antithese-Synthese, der etwas dramatischer wirkt. Aber wo immer Dialektik stattfindet, *fehlt der andere!* Die schöpferische Intelligenz ist allein, sie webt wie die Spinne ihr Netz. Selbst wenn die äußere Form eines Dialoges gewahrt wäre, wäre der Dialog bloß fiktiv: der Gesprächspartner sagt genau das, was man erwartet, wie der Sklave Menons. Die Vorliebe der Modernen für die Dialektik sowie ihre Unfähigkeit zum Dialog bedeuten einen Mangel an echter Freiheit. Denn der Dialog ist die Begegnung zweier Freunde der ewigen Wahrheit und daher die Ausübung der Freiheit, wo einer dem anderen schwört, nur dem Licht zu weichen."

Das waren meine Ansichten über den „Dialog".

Paul VI. kannte diese Gedanken und auch meine Vorliebe, schwierige und brennende Fragen mutig anzugehen und, was andere bloß leise zu flüstern wagten, laut zu sagen.

Eines Tages sagte er zu mir unvermittelt:

„Sie haben eine Neigung zum Widerspruch. Ich weiß. Ich tadle es nicht. Sie haben schon so oft die Schönheiten des Dialogs besungen. Heute lade ich Sie ein, wie in den antiken Chören die Gegenstrophe zu singen. Ihre Aufgabe ist klar, ich nenne sie Ihnen: *gehorchen.* Ich ersuche Sie, gegen den ‚Dialog' zu argumentieren."

„Nun gut, Heiliger Vater, wenn Sie mir befehlen, werde ich Ihnen gehorchen. Ich werde übrigens nichts anderes tun, als jene Stelle der Enzyklika ‚Ecclesiam suam' kommentieren, wo es heißt, daß der Dialog keine Schwäche sein darf, kein zweideutiger Kompromiß. Wenn man ein Gespräch führt, besteht tatsächlich immer die Gefahr, daß man vom anderen überzeugt wird, anstatt ihn zu überzeugen. Daß man sich angesichts seiner Gründe, seines guten Glaubens und seiner Aufrichtigkeit fragt: Könnte denn nicht *er* in der Wahrheit sein? In meiner Jugend habe ich das lebhaft empfunden und empfinde es immer noch. Meine Eltern hatten mich in eine staatliche Schule geschickt, die Kameraden waren oft aus liberalen Familien. Ich glaube nicht, daß ich viele christliche Lehrer gehabt habe, und die es waren, zeigten es nicht allzu deutlich. Und doch mußte ich meine Lehrer in vielem bewundern. Manchmal kam es zu einem Dialog! Ich erinnere mich recht gut, welche Verwirrung das in meinem jungen Geist verursachte."

Der Heilige Vater

„Sie hätten an den Bericht des heiligen Lukas denken sollen, der uns Jesus inmitten der Gelehrten zeigt. Sogar ein Kind kann mit seinen Lehrern reden. Jesus hörte zu, sagt uns der heilige Lukas. Jesus fragte. Und oft besteht ein nützlicher Dialog im Zuhören und im Stellen von Fragen. Die Liebe tut das: sie hört, sie fragt. Das genügt ihr."

Ich

„Ich hörte zu. Ich befragte mich selbst. Später war ich Student der Philosophie. Ich lernte die einander widersprechenden Lehren der größten Weisen kennen. Es war ein ununterbrochener Dialog, ein Dialog der Toten. Ich bemerkte von neuem meine Unsicherheit. Ich sagte mir, wenn diese hervorragenden Denker uneins sind, dann muß die Wahrheit die menschliche Fassungskraft übersteigen. Und der Jüngling ist glücklich über diese Entdeckung. Was weiß ich schon? sagte Montaigne, der Meister des Dialogs, der den Dialog so sehr liebte und einen neuen Stil gefunden hat: den ewigen Dialog mit sich selbst."

Der Papst

„Das beweist, daß der Dialog kein Zweck, sondern ein Mittel ist. Er gibt die Wahrheit nicht, er sucht nach ihr. Er ist eine

Methode, kein System. In der Enzyklika heißt es: ‚Die Kunst des Apostels ist voller Risiken.‘ "

Ich

"Und ferner hieß es dort: ‚Unser Dialog bedeutet keine Schwäche gegenüber den Forderungen unseres Glaubens.‘ Und Leibniz bemerkte, daß bei Konferenzen der den Vorteil hatte, der mehr Leidenschaft entwickelte. Er zog übrigens das Schreiben dem Reden vor."

Er

"Trotzdem kreuzte Pascal die Klingen ohne Unterlaß. Er erschuf sich einen Gegner. Er hörte ihm zu und erwiderte ihm. Die Kraft Pascals liegt im fortwährenden Dialog."

Ich

"Pascal war der Mann des Dialogs im höchsten Sinn. Aber er war auch ein Mann voll Feuer. In einem französischen Museum sah ich ein Gemälde, das ihn im Dialog mit seinen Gegnern darstellt, und ich begriff die Bemerkung eines Zeitgenossen, daß er immer im Zorn sprach. Soll das heißen, daß das Feuer zum Dialog gehört?"

Er

"Es gibt das Feuer des Zorns. Doch es gibt auch das Feuer der Liebe, das Feuer des Unmuts, das Feuer des Eifers. Alle diese Arten von Flammen gehören zum Dialog."

Ich

"Dazu bin ich ungeeignet."

Er

"Wir stehen immerhin in einem Dialog."

Ich

"Aber in einem ungleichen!"

Er

"Trotzdem setzt der Dialog die Gleichheit voraus ... Demnach wäre nach Ihrer Meinung ein Dialog zwischen Vater und Sohn, zwischen Lehrer und Schüler und insbesondere zwischen einem Laien und einem Papst nicht möglich."

Ich

„Wie sollte diese Gleichheit zustande kommen, da es sie unter den Menschen nicht gibt?"

Er

„Sehr einfach: gewiß nicht durch die äußere Situation, durch den Grad der Informiertheit, durch die Autorität, durch das Alter, durch die Begabung oder auch durch die Genialität — wohl aber durch die gleiche Liebe zur Wahrheit.

Allein infolge der gemeinsamen Wahrheitsliebe kommt es zu diesem Dialog, von dem ich spreche und der den weltlichen Dialogen so wenig gleicht, wo man nur seinen eigenen Geist leuchten lassen will und, wenn man klug ist, den der anderen — wie, ich glaube, La Bruyère bemerkt.

Sie reden von der Gleichheit als von einer Bedingung zum Dialog und behaupten, Sie Sophist, daß diese Gleichheit unter den Menschen nicht möglich sei. Man mag in bezug auf die äußere Situation ungleich sein, durch die Absicht ist man stets gleich. Ein Akt der reinen Liebe macht zum Beispiel den Sünder und den Reinen ohne weiteres gleich. Ebenso macht die unbedingte Liebe zur Wahrheit diejenigen gleich, die sie miteinander ernsthaft suchen."

Ich

„Doch wo ist die Gleichheit, wenn beispielsweise ein Gläubiger mit einem Atheisten diskutiert? Der eine besitzt, der andere besitzt nicht. Meine Laienprofessoren sagten mir damals, ein Christ könne kein wahrer Philosoph sein, weil er nicht mehr sucht, sondern vorgibt, gefunden zu haben."

Er

„Diejenigen, die im Besitz der Wahrheit sind, sind gleichzeitig so, als besäßen sie sie nicht, weil sie genötigt sind, sie Tag für Tag reiner und tiefer zu besitzen. Diejenigen, die sie nicht besitzen und aus ganzem Herzen suchen, wie euer Pascal sagt, haben sie gewissermaßen schon gefunden. In den einen wie in den andern seufzt der Geist, wie der heilige Paulus sagen würde.

Ich glaube, ich habe das auch beim Abschluß des Konzils am 8. Dezember gesagt. Aber es war bereits spät, und die Feierlichkeiten hatten schon sehr lange gedauert."

Wenn die Menge sich versammelt, wartet, zuhört und wieder

auseinandergeht, wenn sie unter freiem Himmel und nicht unter einem Gewölbe zusammengefaßt und von Glasfenstern umgeben ist, dann, meine ich, hat sie nicht die Geschlossenheit eines in einer Kirche versammelten Volkes. Ihre Gesänge verhallen in der Atmosphäre. Ihre Blicke wenden sich von der Feier, die nie so genau verfolgt werden kann, zum Himmel empor, der still und erhaben ist, namentlich im römischen Winter. Auch ich war zerstreut wegen der unvorhergesehenen Liturgie der Wolken, des tiefblauen Himmels und der Sonne. Ich verfolgte die Spiralen und Drohungen der Gewitterbeleuchtung, die Claude le Lorrain so gut gemalt hätte.

Die Botschaften an die Welt, die der Heilige Vater vorbereitet hatte und die die Kardinäle in französischer Sprache vorlasen, fanden nicht das erwünschte Echo.

Das Gefühl und das Staunen haben ihre Grenzen. Die menschliche Natur hat sich bald an etwas gewöhnt. Sie wird dessen überdrüssig, was sie zu sehr und zu oft erregt.

Ich hatte den Text dieser Botschaften zur Hand genommen und las die Stelle, die der Papst mir bezeichnete und wo er einen Gedanken des hl. Augustinus ausführte:

„Auch für euch haben wir eine Botschaft, sie lautet: Sucht weiter, ohne müde zu werden und ohne die Hoffnung auf die Wahrheit jemals aufzugeben. Erinnert euch an das Wort eines eurer großen Freunde, des heiligen Augustinus: ‚Laßt uns suchen mit dem Wunsch, zu finden, und laßt uns finden mit dem Wunsch, weiterzusuchen.' Selig diejenigen, die die Wahrheit besitzen und sie weiter suchen, um sie zu erneuern, zu vertiefen und den andern zu geben. Selig diejenigen, die sie noch nicht gefunden haben, aber aufrichtigen Herzens ihr entgegengehen: sie suchen im Lichte von heute das Licht von morgen, bis zur Fülle des Lichtes!"

Da sagte mir der Heilige Vater:
„Ist Ihre Kritik am Ende? Oder soll ich noch länger warten?"

Ich
„Das ist keine Kritik, das sind Erklärungen am Rande."

Er
„Kritik besagt nicht Zerstörung, sondern Präzisierung."

Ich
„Ich glaube, man sollte unterscheiden zwischen einem privaten Dialog und einem Dialog vor dem Publikum. Dieser nimmt fatalerweise die Form eines Wettspiels an, weil ein drittes Moment, der Zuschauer, hinzukommt. Ein solcher Dialog gleicht den alten Turnieren. Die Ungewißheit darüber, wer Sieger sein wird, bereitet Vergnügen. Ich meine jedoch, es ist für einen Christen nicht ungefährlich, sein Anliegen derartigen Zufälligkeiten auszusetzen. Freilich ist es schön, wenn jemand das Schauspiel der Überzeugung bietet, aber es kann auch der Anschein erweckt werden, der Glaubende sei nicht ganz bei der Sache, er sei von der größeren Intelligenz und der taktischen Klugheit oder von der Autorität des Partners besiegt worden. Nun steht es dem Glaubenden nicht frei, vor den Menschen als der Unterlegene zu erscheinen. Er dürfte verurteilt, zum Schweigen gebracht, nicht jedoch widerlegt werden."

Er
„Was Sie sagen, stimmt mit dem überein, was die Enzyklika im Hinblick auf den Dialog als die Tugend der Klugheit bezeichnet. Ist das alles? O schwieriger Philosoph!"

Ich
„Ich halte die Verwirrung der Begriffe für eines der Übel unserer Zeit. Die Worte haben für die einen nicht den gleichen Sinn wie für die andern, etwa die so machtvollen Begriffe Freiheit, Glaube, Mensch, Wahrheit, Liebe. Wir sprechen nur selten die gleiche Sprache. Es gibt noch etwas viel Unangenehmeres, als zwei verschiedene Sprachen zu sprechen, nämlich dieselbe Sprache zu reden, wobei aber die gleichen Worte verschiedene Bedeutung haben."

Er
„Wenn ich richtig orientiert bin, haben die Mitglieder der Académie française die Aufgabe, den Sinn der einzelnen Wörter genau zu bestimmen. Es mag sein, daß sie ihrer Aufgabe nicht immer gewachsen sind."

Ich
„Mehr noch. Ich möchte die Gefahr des Mißverständnisses

aufzeigen, die in jeglichem Dialog vorhanden ist, allein schon dadurch, *daß* man miteinander diskutiert."

Er
„Wenn ich Sie recht verstehe, sind wir beim Kern des Problems angelangt."

Ich
„Wenn zwei Menschen (von verschiedener Überzeugung) miteinander diskutieren mit dem Wunsch, zu einer Einigung zu gelangen, dann gehen sie so vor: Zuerst grenzen sie die Zonen ab, worin sie gleicher Meinung sind, dann dehnen sie diese Zonen des Einverständnisses so weit wie möglich aus. So hat es Sokrates gemacht. So machen es auch die Diplomaten und Schiedsrichter, die Friedensstifter und Vermittler. Die ökumenische Methode besteht gleichfalls in derartigen Dialogen."

Er
„Die Enzyklika weist auf solche konzentrische Kreise hin, auf — wie Sie sagen — verschiedene Zonen der Zustimmung.
Ein erster Kreis, der weiteste, umfaßt zweifellos alle Menschen: die Menschen guten Willens, die lediglich ihrem Gewissen folgen und offen bekennen, nicht zu glauben.
Es existiert ein zweiter konzentrischer Kreis, der zwar sehr ausgedehnt, aber doch schon enger ist: das ist der Kreis aller derer, die an die Transzendenz eines einzigen Gottes glauben, aller jener Kinder der Uroffenbarung, die an Abraham ergangen war. Dann gibt es den Kreis derer, die den Ruf Christi vernommen haben und ihn als Gott anerkennen. Und im Inneren des Christentums gibt es auch noch Kreise. Die Orthodoxen stehen uns ganz nahe, unsere Brüder aus der Reformation bilden einen weiteren und differenzierteren Kreis. Zwischen den Angehörigen der verschiedenen Kreise kann, zumal wenn sie aufrichtig sind, ein Dialog stattfinden."

Ich
„Hier ist ebenfalls ein Mißverständnis möglich. Die Voraussetzung des Dialogs ist einerseits eine gemeinsame Basis von Grundsätzen, die von beiden Seiten akzeptiert werden. Ander-

seits trachtet der Dialog danach, das Feld dieser gemeinsamen Grundsätze auszudehnen.

Doch ist dieses Element der Gemeinsamkeit der Ausgangspunkt, keineswegs das Ziel. Das Minimum, wovon man ausgeht, darf nicht mit dem Maximum verwechselt werden, zu dem man gelangen will.

Wenn wir mit unseren jüdischen oder muselmanischen Brüdern diskutieren, ist es verkehrt, zu meinen, daß das Maximum der zukünftigen Religion der Glaube an einen einzigen Gott sein könne und daß also die Christen all das wie ein überflüssiges historisches Beiwerk aufgeben müßten, was bei ihnen zum einfachen Gottesglauben noch hinzukommt. Dann wäre nämlich die Basis die Spitze, und was sie als ‚Minimum' bezeichnen, würde zum ‚Maximum'. Damit schüfe man — wie soll ich sagen? — eine ‚pan-monotheistische' Gemeinschaft, die das Christentum, das Judentum und den Islam in einer konfusen Einheit absorbierte.

Ebenso könnte bei ökumenischen Begegnungen der Dialog zwischen den Kirchen eine Nivellierung des Christentums zur Folge haben, wonach dann die dogmatischen Differenzen nur noch Nebensache wären. Das Band, das Katholiken, Orthodoxe und Protestanten verbindet, bestünde lediglich in dem, worin sie übereinstimmen: im gemeinsamen Torso einer vereinfachten Religion.

Diese Versuchung ist verlockend. Diese Auffassung ist nach dem Konzil in den breiten Volksschichten nicht selten anzutreffen, sie wird sogar manchmal dem guten Papst Johannes zugeschrieben. Verschiedentlich stellt man sich vor, wir hätten praktisch auf unsere Dogmen verzichtet, wir würden uns allein im Evangelium treffen, wie seinerzeit Rousseau oder Tolstoi."

Er
„Wenn das, was Sie sagen, das Ziel des Dialogs wäre, dann wäre damit ja gerade der Gegenstand des Dialogs aufgehoben. Außer man hätte die religiöse Wahrheit von vornherein als den kleinsten gemeinsamen Nenner aller Religionen definiert."

Ich
„Das ist der Grenzwert, dem man zustrebt."

Er
„Aber das hieße doch alle Religionen in ihren tiefsten Aspirationen zu zerstören oder sie wenigstens durch etwas anderes zu ersetzen."

Ich
„Sie durch etwas ganz und gar anderes zu ersetzen. Wer aus einem solchen Dialog einen Gewinn zöge, wäre in jedem Fall der Partner, der am wenigsten verlangt. Man kann Atheisten und Gläubige in den Überzeugungen vereinigen, die ihnen gemeinsam sind, wie zum Beispiel in der Idee der Gerechtigkeit, in der Achtung vor dem Menschen und so weiter, doch wenn dieser Humanismus als die absolute und endgültige Wahrheit aufgefaßt würde, dann würde der Dialog die höchsten und reichsten Wahrheiten auflösen und auf die niedrigsten und armseligsten Wahrheiten reduzieren, auf die Wahrheiten mit dem farblosesten Inhalt."

Der Papst
„Der Dialog, der die Wahrheit ihres Wesentlichsten beraubte, wäre selbstverständlich kein Dialog der Wahrheit. Die Katholiken wissen, daß ihnen die höchste und die tiefste Wahrheit anvertraut ist, und ich füge hinzu: die schwierigste, das heißt, die Wahrheit, welche die größte Anstrengung des ganzen Menschen, seines Verstandes und seines Willens verlangt, die Wahrheit, die fordert, daß man ihr ‚mit allen Kräften, aus ganzem Herzen und mit dem ganzen Geist' anhänge."

Ich
„Das vermag die Welt nicht zu begreifen; sie bewundert es vielleicht, kann es jedoch nicht verzeihen. Trotzdem verurteilt sie uns, wenn sie uns mit dem Maßstab dieses unerfüllbaren Ideals mißt."

Der Papst
„Wir haben einen Auftrag erhalten, der uns verbietet, jemals stehenzubleiben. ‚Seid vollkommen, wie euer Vater im Himmel vollkommen ist.' Unsere Moral ist unerbittlich. Sie nötigt Geist und Herz, sich zu erheben, sich anzustrengen. Wir

müssen stets befürchten, das Ideal herabzudrücken. Der Dialog besteht nicht darin, dem, der weniger hat, nachzugeben. Allen alles zu werden, heißt nicht, *allem* zu entsagen, um *alle* zu werden. Ich verweise wiederum auf das Bild der konzentrischen Kreise. Wir sind im Zentrum und haben die verzweifelte, demütigende und süße Pflicht, uns dieser zentralen Mittelpunktsituation würdig zu erweisen. Das bedeutet vor allem, daß wir die menschlichen Verpflichtungen nie mit den göttlichen Forderungen verwechseln, wie es die jüdischen Pharisäer im Tempel des Herrn oder die ersten noch jüdischen Jünger zur Zeit des heiligen Paulus taten.

Diejenigen, welche sich in den äußeren Kreisen befinden, haben ihrerseits die Pflicht, sich zu fragen, ob ihr Glaube genügend entfaltet ist, ob er sich nicht erheben, ob er nicht *höher steigen* sollte, um sich selber treu zu bleiben. Wir sind überzeugt, daß sie noch nicht in der Fülle sind. Sie werden einwenden, man dürfe sich mit der Verkündigung der Botschaft begnügen, mit dem Kerygma, wie es heute genannt wird. Doch für eine Menschheit, die sich ihrer selbst bewußt geworden, die mündig und oft ablehnend geworden ist, genügt eine Verkündigung, die nur ein Monolog ist, nicht mehr. Man muß den anderen anhören, sich in seine Situation versetzen, wie es schon der heilige Paulus in der griechischen Welt, die ein Bild der unsrigen ist, getan hat."

Ich

„In einem Dialog zwischen zwei Menschen, die überzeugt sind, die absolute Wahrheit zu besitzen, hält jeder den anderen (im Grunde) für einen unsichtbaren Bundesgenossen. Der Glaubende hält den Atheisten für einen Glaubenden, der noch nicht darum weiß. Der Atheist hält den Glauben im Menschen und dessen Fähigkeit zum unbegrenzten Fortschreiten für das innerste Wesen des Christen, und alles übrige sei nichts als Symbol. Ich höre dann den unausgesprochenen Dialog:

Der Atheist: ‚Du glaubst im Grunde genommen, was du zu glauben meinst.'

Der Glaubende: ‚Du glaubst im Grunde genommen nicht, was du zu glauben meinst.'

Der Atheist: ‚Im Grunde genommen wärst du im gehei-

men auf meiner Seite, wenn du konsequent wärest.'
Der Glaubende: ‚Im Grunde genommen bist du auf meiner Seite, ich werde es dir zeigen. Sei konsequent bis zuletzt!' "

Der Papst
„Der heilige Paulus sagte auf dem Areopag zu den Griechen: ‚Was ihr verehrt, ohne es zu kennen, gerade das will ich euch verkünden.' Aber ich glaube nicht, daß auch das Umgekehrte gilt, wie Sie anzunehmen scheinen. Kein Stoiker sagte zu Paulus: ‚Im Grunde genommen bist du auf unserer Seite.' "

Ich
„Je weiter die Geschichte voranschreitet, um so mehr nähern sich die entgegengesetzten Lager, ebenso wie sie sich voneinander entfernen. Der Atheist des zwanzigsten Jahrhunderts steht Gott zugleich näher und ferner als Atheisten je zuvor."

Wir waren an dem Punkt angelangt, den man immer erreicht, wenn man einen der vielen Aspekte des unauslotbaren Problems ins Auge faßt, das in den zwei Worten enthalten ist: Wahrheit und Liebe.

Wenn man das Mysterium Gottes betrachtet, ist es schon schwierig, festzustellen, wo die Aktivität beginnt, durch welche Gott die „ewigen Wahrheiten" *sieht,* und wo jene beginnt, durch die er unter den Möglichkeiten wählt und sie *will.* Ebenso schwierig ist die Grenze zwischen der Liebe zum Sein und der Liebe zum Seienden zu ziehen. Oder wie sich im Gericht Gottes seine Gerechtigkeit von seiner Barmherzigkeit unterscheidet. Und wie soll man im alltäglichen Leben herausfinden, wo die Liebe zum ganzen oder nur teilweisen Nachgeben rät, oder dazu, in einer gerechten Sache unnachgiebig zu bleiben.

Auf allen Gebieten ist uns der Punkt stets verborgen, wo gegensätzliche Wesenheiten, Eigenschaften oder Pflichten zusammenhängen und übereinstimmen.

Wir dürfen uns durch pathetische Formulierungen nicht täuschen lassen. Es ist zum Beispiel leicht gesagt: Liebe für den Irrenden, keine Liebe für den Irrtum. Das wäre evident, wenn es nur abstrakte Irrtümer gäbe. Aber der Irrtum ist mit Wahrheit vermischt und bezieht gerade durch die Wahrheit, die ihm beigefügt ist, seine Macht. Umgekehrt ist die Wahrheit anfechtbar und unfruchtbar, eben durch die Spuren des Irrtums, die sie verdunkeln und wovon sie sich nicht freizumachen wußte.

Der Dialog, den Paul VI. empfiehlt, ist, wie gesagt, nicht der „abstrakte" Dialog der Philosophen, die sich nur mit sich selbst beschäftigen, sondern der konkrete, wirkliche Dialog des Menschen, der das Wahre in seiner tiefsten Reinheit und in seiner innersten Realität sucht.

Der Heilige Vater behandelte das Problem von einer höheren Warte aus, oder besser: er erhob das Problem des wahren und des scheinbaren Dialogs in die Perspektive des Konzils — Kirche-Welt — und sagte: „Man kann nüchtern reden von dem, was alle Welt weiß. Doch man muß gerade auf dem Selbstverständlichen beharren, weil es die meisten vergessen. Eine geringe Erfahrung bringt uns vom Wesentlichen ab, eine lange Erfahrung führt uns zu ihm zurück." Und er entwickelte einen Gedanken über die zwei Aspekte der christlichen Verkündigung, der ihm am Herzen liegt.

Er

„Es hat wohl immer zwei Arten, eine Reform durchzuführen, gegeben oder, wenn Sie wollen, zwei Haltungen gegenüber der Welt, der das Christentum verkündet werden soll. Die erste geht von der Welt zur Kirche, von der Peripherie zum Mittelpunkt. Die zweite geht von der Kirche zur Welt, vom Mittelpunkt zur Peripherie. Diese zwei Richtungen sind wie die zwei Phasen der Atmung. Wir müssen beide gleichzeitig vollziehen, aber in einer bestimmten Ordnung. Die erste Methode ist vom richtigen Wunsch beseelt, die aktuelle Welt zu verstehen, ihre Lebens- und Denkungsart anzuerkennen, dann aus dieser Lebenserfahrung eine menschlichere Theologie zu gewinnen und dem Christentum neue Ausdrucksformen zu verleihen."

Ich

„Gerade diese Methode hat viele moderne Forscher und viele christliche Denker fasziniert."

Er

„Das ist gut und recht. Ich selbst fühle in meinem Herzen den lebhaften Wunsch, mich der Welt zuzuwenden und ‚allen alles' zu werden, wie der heilige Paulus sagt, um alle zu erleuchten. Sie wissen indes selbst, wie schwer es ist, sich in den richtigen Grenzen zu bewegen, zumal wenn man sich an der Peripherie befindet. Wenn wir dann die Welt mit der Kirche oder unser tägliches Leben (im Beruf, in der Familie) mit dem wunderbaren Bild vergleichen, das man sich von dem macht, was außerhalb von uns geschieht: die Welt außerhalb der Kirche schmückt sich mit den verführerischsten Farben. Demgegenüber erscheint die katholische Welt klein, armselig und farblos. Man sieht, was ihr alles fehlt. Aber statt daß wir uns mit den Unsrigen zusammentun, wenden wir uns an die Nichtkatholiken, um mit ihnen das, was bei uns geschieht, einer Kritik zu unterziehen. In einer seltsamen, aber verständlichen Umkehrung der Verhältnisse stehen wir denen von draußen näher als denen von drinnen. Man fraternisiert mit den Außenstehenden, während man sich von den eigenen Brüdern absondert.

Das ist schädlich. Das ist nicht im Sinn der Kirche. Damit die Kirche der Welt geschenkt werden kann, muß sie zuvor selbst eine lebendige Kirche sein, eine geeinte brüderliche Gemeinschaft, wo die Hirten und die Gläubigen miteinander eins sind. Ich will keine Worte der Disziplin oder des Gehorsams verwenden: Ich weiß, unsere Zeit liebt sie nicht, infolge ihres ehemaligen Gebrauchs. Doch sollten entsprechende Worte gefunden werden, denn keine Gemeinschaft kann das entbehren, was mit ‚Gehorsam' oder besser mit ‚Treue°' gemeint ist. Mit einem taktvollen Gehorsam und einer aktiven, freudigen, intelligenten und aufgeschlossenen Treue, die zum Wesen des Dialogs gehört.

Die religiöse Freiheit steht im Zusammenhang mit dem Dialog. Wir können die Religion einem Erwachsenen nicht auf die gleiche Weise vorlegen wie einem Kind. Gewiß sind wir angesichts der Offenbarung alle wie die Kinder. Immerhin haben zwanzig christliche Jahrhunderte den menschlichen Geist geformt. Die Menschheit ist sich bewußt, daß sie den Zustand der Kindheit überwunden hat. Sie fühlt sich erwachsen und zur selbständigen Einsicht befähigt. Aus diesem Grund soll sie in Freiheit unterrichtet werden, und es soll ihr möglich sein, Fragen zu stellen. Sie werden einwenden, das sei etwas Neues. Ja und nein, wie alles, was sich in der Kirche erneuert. In einem bestimmten Sinn ist es neu, in einem anderen war es immer und seit jeher so. Nehmen Sie den heiligen Paulus auf dem Areopag. Er diskutiert und identifiziert sich sogar mit seinen gebildeten Zuhörern oder mit den gewöhnlichen Heiden. Er sagt: ‚Ich habe einen eurer Altäre gesehen mit der Inschrift DEO IGNOTO, dem unbekannten Gott.' Das ist der Dialog mit dem Volk. Dann zitiert er kurz darauf einen alten Philosophen: ‚Dei gentes sumus', Gottes Volk sind wir. In ihm sind wir und bewegen wir uns. Immer noch ein Dialog, er stellt sich auf den Standpunkt des anderen, er übernimmt seine Perspektive, macht sich seine Sprache zu eigen und mutet ihm nicht mehr zu, als er im Augenblick zu tragen vermag. Er gibt nicht alles auf einmal. Er demonstriert die ‚Agape' (christliche Liebe), wie er sie beschrieben hat: er ist geduldig, liebenswürdig und gar nicht überheblich. Er hofft alles, er erträgt alles. Genauso diskutierte auch Jesus, und das Evangelium ist genauso ein Dialog. Ich will damit sagen: unsere kanonischen Evangelien antworten auf die Fragen der jungen Kirchen.

Die zweite Methode verfolgt den umgekehrten Weg, der jedoch den ersten ergänzt. Ihr Ausgangspunkt sind die im Schatz der Kirche enthaltenen Güter. Es ist ein Glück, diese Güter aktiv zu lieben, sie täglich mit neuen Augen wiederzuentdecken, heute besser als gestern und morgen besser als heute. Aber das sind nicht nur deponierte Schätze, wie vielfältig geschliffene Diamanten, es sind eher, wie Jesus sagt, im Erdreich verborgene Samenkörner. Mit dieser vitalen Substanz steht der moderne Apostel in einem lebenspendenden Kontakt, und das gibt ihm ein Übermaß an Freude, Licht und Leben, so daß er der Welt mit einem Gefühl der Überlegenheit entgegengehen kann: er besitzt ja mehr, unendlich mehr als die Welt.

Er geht der Welt entgegen im Vertrauen auf Gott und im Vertrauen auf sich selbst, denn mitten in seiner Dunkelheit und trotz seiner Unwürdigkeit trägt er das Wort der Wahrheit in sich. Er weiß in jedem Augenblick, wieviel göttliche Wahrheit die Welt aufnehmen kann. Wie Gott macht er sich klein, paßt sich an, wird zum Erzieher.

Die alte Welt hatte ihre Aspirationen. In der modernen gibt es neben diesen Aspirationen gleichzeitig manche evangelische Wahrheiten, die, nach dem Wort des heiligen Paulus, Gefangene oder Fremde sind. Der Apostel wird also der Welt nicht nur Neues verkünden, sondern gleichzeitig all das, was in dieser Welt richtig und gut ist, aufsuchen und dem Christentum assimilieren. Was wahr ist, wird er auf eine höhere Stufe der Wahrheit emporführen, indem er es, wie Sie sagten, in die volle Wahrheit integriert. Er handelt und empfindet auch ganz menschlich, wenn er die Wahrheit in die Sphäre der Heiligkeit emporhebt."

Ich
„Diese beiden Bewegungen widersprechen einander ja nicht."

Er
„In der Fülle widerspricht sich nichts mehr, da wirkt alles zusammen."

Ich
„Wenn wir aber, Heiliger Vater, zwischen diesen beiden Bewegungen des missionarischen Atemholens durchaus wählen müßten, welcher von beiden würden Sie die Qualität der Liebe oder wenigstens der größeren Liebe zuerkennen?"

Er
„Die Methode, die vom Umkreis zum Zentrum voranschreitet, scheint offenbar mehr Liebe zu enthalten. Sie versetzt sich in die Situation des modernen Menschen. Sie nimmt seinen Standpunkt und, wenn nötig, auch seine Kritik und seine Enttäuschung angesichts der Christen, der Katholiken ernst. Aber wir wissen auch, daß unsere Söhne heute in der Sicherheit ihres Glaubens wankend geworden sind. Ist das bloß eine Versuchung, eine Schwäche, eine Unruhe, ein inneres Leid oder — in bestimmten Fällen — eine innere Leere, eine Blindheit, ein Irrweg? ‚Wird der Menschensohn, wenn er wiederkommt, noch Glauben auf Erden finden?' Diese besorgte Frage Jesu ist ein ernstes Wort. Ebenso ernst ist sein Auftrag an den heiligen Petrus: ‚Stärke deine Brüder!' Die Wahrheit des Glaubens erfordert eine rückhaltlose und aufrichtige Zustimmung, heute nicht weniger als gestern und immer. Die Wahrheit, seine Wahr-

heit, ist fest und sicher. Sie ist (auch wenn sie für uns rätselhaft bleibt) der klare Widerschein der objektiven Heilswirklichkeit. Die Zeit ändert oder verwandelt diese Wahrheit nicht, aber sie verherrlicht und vertieft sie. Die Geschichte mindert oder zerstört sie nicht noch ändert sie ihren Sinn oder ihren Wert, sondern sie entfaltet sie und paßt sie weise den neuen Umständen an. Die Wissenschaft untergräbt sie keineswegs, sondern sucht sie und braucht sie sogar gewissermaßen. Die Kirche bewahrt und verehrt sie, verteidigt und verkündigt sie und lebt von ihr.

Aus diesem Grund ist von den beiden von Ihnen erwähnten Bewegungen diejenige des Apostels die erste, denn er handelt so wie Jesus selbst. Erinnern Sie sich an die letzte Szene des Johannesevangeliums?"

Ich
„Wo Jesus Petrus und Johannes ihre jeweiligen Schicksale ankündigt: jenem den Tod, das Martyrium, diesem ein langes Greisenalter."

Er
„Was dabei überrascht, ist die indiskrete Frage Jesu an Petrus. Er will von Petrus wissen, ob er ihn *mehr* liebe. Dieses ‚mehr' ist ein einfaches Wort; wenn man aber darüber nachdenkt, enthält es eine Forderung, die einem Furcht einflößt."

Ich
„Wenn das Wort ‚mehr' irgendwo auftaucht, bedeutet es jedesmal Überfluß, Aufforderung zum Wachstum und einen Appell des Unendlichen im Endlichen."

Er
„Man muß sich in die Lage eines Papstes versetzen, um zu verstehen, daß das kleine Wort ‚liebst du mich mehr' (nach der Aussage des Hebräerbriefes) ein Messer ist, das bis ins Innerste der Knochen, der Nerven und des Marks dringt. Daß das kleine Wort ‚mehr' ebenso ein Grund des Trostes wie auch ein Grund zur Sorge ist. Weiß man denn, ob man ‚mehr' liebt? Die Aufforderung, ‚mehr' zu lieben, ist hart. Stirn und Schul-

ter tragen den Stempel einer Liebe, die keine Grenzen haben darf und von der Frage gequält wird, ob sie ‚mehr' liebt. Was einen in dieser Sorge tröstet, ist die Möglichkeit der universalen Liebe. ‚Universal' heißt ja auch nicht nur, mit dem Blick der Liebe alle Menschen zu umfangen, sondern auch alle Daseinsbedingungen und alle Formen des menschlichen Lebens. Heißt immer wieder sagen: Niemand ist ein Fremder, niemand ist ausgeschlossen oder auch nur fern oder abseits. Jedes geliebte Wesen ist gegenwärtig. Ist durch dieses süße Gebot das Herz des Papstes so weit geöffnet, daß er vielleicht das Recht hat, jedem zu bekennen, er liebe alle, auch wenn er nicht jeden einzelnen kennt, und er liebe ‚mehr'?"

ÖKUMENISCHE VISIONEN

> Duc in altum. Fahr auf die
> hohe See hinaus!
>
> Luk. 5, 4

Erste Vision: Begegnung in San Paolo fuori le mura

Der Schatten war ausreichend, so daß die Zeremonie den Anschein einer Abendfeier erweckte, einer Osterfeier, jenes Passahs der Schatten und Figuren, das in Christus seine Erneuerung und seine Vollendung findet. Denn das ökumenische Mysterium ist nicht vollendet. Noch feiern wir es in der Nacht der Hoffnung wie jenes jüdische Passahfest, das von Melancholie erfüllt war. Aber es war ein Passah, das auf den Tag der vollständigen Vereinigung vorausweist, auf einen Tag, der vielleicht kein irdischer Tag sein wird. Jener Tag wird vielleicht nicht in den Verlauf der Geschichte eingehen, doch es ist gut, ihn durch ein Symbol anzukündigen.

Der Schatten war ausreichend. Es war ein Dezemberabend, nahe dem Tag der Unbefleckten Empfängnis. Das ist das Fest des allerersten Anfangs, sozusagen des Lichtes, das der Morgenröte vorangeht. Das Fest vom Ursprung der Erlösung, bei der Hochzeit von Anna und Joachim. Es war auch in dieser Basilica Maior eine Art von „erstem Anfang". Er fand am Ort des Martyriums des hl. Paulus statt, des Apostels der „Wiederversöhnung" aller unserer Widersprüche in Jesus Christus.

Der Schatten war ausreichend, so daß die Helligkeit nicht wie das Tageslicht, sondern wie der Dämmerschein der Katakomben war und das ganze Licht von den liturgischen Flammen herkam und nicht von der Sonne, wie in der Petersbasilika. Die Bischöfe saßen auf armseligen Bänken ohne Rückenlehnen. Man hätte meinen können, man befände sich in irgendeiner Synagoge, in einer Zisterzienserabtei — überall, wo die Architektur, der Ritus und die Zeremonie die Armut des Wesentlichen und des Ursprünglichen widerspiegeln.

Der Schatten war ausreichend, so daß die weiße Soutane des Papstes wie ein Licht aussah, aber ein nächtliches und gleichsam mondscheinartiges.

Der Schatten war ausreichend, so daß die Stimmen, die sich unter der gewölbelosen Decke zu erheben begannen, von Stille eingehüllt waren. Die Liturgie der Erwartung, die für diesen in seiner Art einmaligen Anlaß erfunden worden war, hatte die bedeutendsten Gesänge beider kirchlichen Gemeinschaften zusammengestellt. Es war ein von *Essenzen* gebildeter Gesang in dem doppelten Wortsinn, der sich sowohl auf Blumen als auch auf das Sein bezieht. (Das französische *essence* bedeutet sowohl Duftessenz als auch Wesen, Wesenheit. Anm. d. Übers.) Es war eine Vorahnung der Auferstehung, eine Ankündigung des Tages der Herrlichkeit, wo nach der Verflüchtigung des „Unwesentlichen" allein die „Essenzen" eingeatmet werden.

Der Schatten war ausreichend und ebenso die Helligkeit, und in dem Zusammenspiel von Gesang und Stille vollzog sich die Vermählung von Schatten und Licht. Es war ein nüchternes, enigmatisches und zartes Schauspiel von derartiger Neuheit und Intimität, daß man unwillkürlich erschüttert war. Eine schweigende Ergriffenheit, die jeden Ausbruch und auch jedes sonstige Zeichen verbietet. Es war wie gesagt *eine Prophezeihung*, die, obzwar noch dunkel, dennoch voller Ehrfurcht war vor dem, was bei den einen wie bei den anderen unausgesprochen blieb.

So schloß das Konzil mit dem Eintauchen ins Ungesagte.

Ich dachte an jene erste Begegnung Johannes' XXIII. mit den Beobachtern. Er hatte seiner Hoffnung Ausdruck verliehen, ohne irgend etwas zu sagen, was ihr Gewissen hätte verletzen können; ohne den Eindruck zu erwecken, daß er die *Stunde* der Wiedervereinigung verfrüht herbeiführen wolle. Er hatte mit den Worten des anglikanischen Hymnus gesagt, daß „ein einziger Schritt genug sei für heute", daß es ihm nicht zustehe, das „Wie" der Vereinigung zu kennen, daß jeder auf seiner Straße in der Nacht weiterschreiten müsse.

Und jetzt, nach dem Konzil, waren so viele Schritte gemacht worden, waren so viele Akte der Liebe und vor allem des liebenden Verstehens geschehen, waren so viele mögliche Wege eröffnet, so viele Riegel aufgestoßen worden. Nun war bei der Feier in San Paolo fuori le mura dieses Voranschreiten im Nebel sichtbar geworden. Johannes XXIII., der gewiß mutig war, hätte zweifellos nicht die Kühnheit gehabt, sie zu planen, zu organisieren, zu vollziehen.

Meine Gedanken wanderten in die jüngste Vergangenheit, die mir aber (ich weiß nicht, warum) sehr ferne schien. So rasch war die Zeit seit 1959 vergangen, als ob wir in einer Phase der „letzten Zeiten" angekommen wären. Ich dachte an jenen unvergleichlich schönen Januartag zurück. Johannes XXIII. hatte, auf ein „Zeichen des Himmels", wie er sich ausdrückte, und getrieben von einer himmlischen Eingebung, ganz einfach angekündigt, daß er beabsichtige, ein Konzil einzuberufen. Es war drei Monate nach seiner Papstwahl, am Sonntag morgen des 25. Januar nach der Messe im Sprechzimmer des Klosters und vor 18 Kardinälen, die dem Gottesdienst beigewohnt hatten: „Ehrwürdige Brüder und liebe Söhne! Tiefbewegt, Wir müssen es zugeben, zugleich auch in aller Demut entschlossen, bis ans Ziel zu gehen, teilen Wir euch mit, daß Wir den Plan zu zwei Ratsversammlungen gefaßt haben, zu einer doppelten Ratsversammlung, nämlich zu einer Diözesansynode für Rom und zu..." War hier eine Pause? War hier ein Augenblick der Stille? Ich weiß es nicht, und ich glaube es nicht; denn Johannes XXIII. sprach rasch und ohne sich zu verbessern. Aber es wäre der Ort und der Moment für ein Innehalten gewesen. „... und zu einem ökumenischen Konzil."

Am nächsten Tag präzisierte der „Osservatore Romano" den Gedanken des Papstes. Das war eine weitere Enthüllung seiner Absicht, die er zweifellos nicht öffentlich in San Paolo fuori le mura hatte aussprechen, sondern nur symbolisch andeuten wollen durch die Wahl des Festes von Pauli Bekehrung und durch die Wahl der alten Basilika: „Nach der Meinung des Heiligen Vaters", sagte der „Osservatore", „hat das Konzil nicht allein die religiöse Erneuerung der Christen zum Zweck, es soll auch eine Einladung an die getrennten Kirchengemeinschaften sein, die Einheit zu suchen."

Man kann gar nicht sagen, welche Überraschung diese Ankündigung aus diesem Munde und an diesem Ort auslöste. Zuerst glaubte niemand so recht daran. Und man glaubte noch weniger daran nach der Römischen Synode, mit der sie zusammenzuhängen schien. Man muß ja zugeben, daß der Erfolg der

Synode mehr ein scheinbarer als ein wirklicher war. Ohne Zweifel war die Ankündigung der Römischen Synode für Johannes XXIII. ein Mittel, um das Wichtigste zu verschleiern. Denn manche hätten sich darüber aufgeregt, wenn es eben nicht etwas harmlos, weil allzu phantastisch geklungen hätte. Aber der entschlossene und feinfühlige Papst, dieser demütige Revolutionär, überwand alle Widerstände. Zwar sprach Johannes XXIII. von Demut, aber es war klar, daß entgegen dem äußeren Anschein eine Art Zähigkeit in ihm war, eine bäuerliche Willenskraft: wie ein Kilometerstein am Wegrand, wie ein Schnittpunkt einer Straßenkreuzung, wie eine Wurzel, die in den Boden dringt und dort bleibt.

Ich erinnere mich an jedes Wort dieses noch nicht lange zurückliegenden Ereignisses. Im Schweigen der paulinischen Basilika huschen die Schatten der Bischöfe und Beobachter flüchtig vorüber. Sie warten auf das, was geschehen wird, ohne recht zu wissen, *wie* es sein wird. Es war ja keinerlei publizistischer Aufwand um diese Begegnung gemacht worden, die immer etwas geheimnisvoll bleiben wird. Die Erinnerung an den hl. Paulus war gegenwärtig.

Ich glaube, ich habe die Bedeutung dieser Zweiheit „Peter und Paul" niemals besser verstanden als damals. Diese sehr alte Verbindung der beiden ehrwürdigen Namen ist wie eine Zusammenfassung der „Apostelgeschichte" und der Urgeschichte der Kirche. Ich würde gern als dritten Apostel Johannes hinzufügen, aber er wird in der Gründungsgeschichte nicht sichtbar.

„Peter und Paul" repräsentieren die zwei Aspekte der sichtbaren Einheit. Johannes ist der Prophet der inneren und ewigen Einheit. In der Parabel vom guten Hirten und im Gebet Jesu für die Einheit hat er dem Ökumenismus seine Charta gegeben.

Wir befinden uns nahe dem Ort an der Straße nach Ostia, wo Paulus am Ende seines täglichen Opferlebens hingeschlachter wurde. Nach unserem Eintritt in die Basilika umfängt uns die Leere: die Basilika hat Verlassenheit, Brand und Zerstörung erlebt. Es ist, als ob sich die Dämonen noch immer um den hl. Paulus drängten, der stets ein Mann war, welcher Widerstand und Widerspruch erregte. Der Steinboden ist aus Marmor, von dem ein unbestimmtes Leuchten ausgeht, die Säulen spiegeln sich darin wie in einem See. An dieser wenig besuchten Stätte (denn Paulus war nie ein volkstümlicher Heiliger, zu Petrus wenden sich die Schritte und die Gebete), sieht man nur das große Mosaik: Paulus, dessen Leib über dem Grab sichtbar ist, der mit seinem Herzen, mit seiner Stirn Raum und Zeit zu beherrschen scheint. Paulus wurde nicht den wilden Tieren vorgeworfen, er war römischer Bürger, und nach römischem Brauch wurde er vor die Stadt hinausgeführt, „ne ipsa urbe conspectior mors foret" (damit sein Tod nicht dadurch, daß er innerhalb der Stadt stattfindet, vielleicht ehrenhafter werde), wie Tacitus von den hochgestellten Verurteilten sagt. Dieser so bekannte Mann wurde heimlich hingerichtet, eine Amtshandlung ohne Hast und ohne Zeugen. Er wurde entkleidet, dann erhielt er, an eine Halbsäule gefesselt, seine letzte Geißelung. *Außerhalb des Gesetzes!* Außerhalb jedes Gesetzes! Abgelehnt vom jüdischen Gesetz, verworfen vom anderen, staatlichen, bürgerlichen Gesetz, das ihn zuvor vor dem (jüdischen) Gesetz rettete.

Sein alter, nervöser, magerer, blutig gestreifter Körper war vornüber gebeugt. Dann trennte das Schwert den Kopf ab. Das geschah rasch, ohne Lärm, korrekt.

All das geht mir durch den Sinn, während ich kurz die Basilika betrete, die mit dem Alpha und dem Omega des Konzils verbunden war, mit seinem geheimnisvollen Anfang und mit seinem diskreten Abschluß. Ich denke an die ökumenische Idee, der viele so viele Stunden, Seiten und Mühen gewidmet hatten, ohne allzugroße unmittelbare Hoffnung.

Obwohl die Kirche des hl. Paulus eine „Basilica Maior" der Kirche Roms ist, wurde sie zum Ort ausersehen, wo der Erzbischof von Canterbury dem Papst, der ihn zu besuchen wünschte, empfangen sollte. San Paolo fuori le mura stand nämlich bis auf Heinrich VIII., der den Bruch vollzog, unter dem Schutz der Könige Englands.

Zweite Vision: Über Professor Cullmann

Der Papst
„Wie könnte man nicht aufrichtige Dankbarkeit empfinden gegenüber Herrn Cullmann, diesem so vornehmen Gelehrten?

Ich habe ihn während des Konzils mehrmals gesehen. Bei der ersten Session war ich erbaut von der Aufmerksamkeit, mit der er unseren Beratungen folgte, und noch mehr von seiner Sammlung während der Gebete. Er war zu Recht anwesend, denn er ist uns ein vorbildlicher ökumenischer Gesprächspartner, seine Studie über Petrus hat, glaube ich, die für uns so wichtige Frage nach der Persönlichkeit und dem Amt des heiligen Petrus und nach seinem Verhältnis zu Christus und zur werdenden Kirche von neuem aufgerollt. Natürlich wäre es uns lieber, wenn seine Schlußfolgerungen mit dem, was die Kirche Roms annimmt und glaubt, übereinstimmten. Doch der Wunsch nach dieser Übereinstimmung wäre gleichbedeutend mit dem Wunsch, daß die Wiedervereinigung sich bereits heute vollzöge. Man soll Gott nicht versuchen, er ist geduldig. Wir können und müssen den ‚Vater der Lichter' flehentlich, inständig und mit der Hoffnung und der Ungeduld der Liebe darum bitten. Bis zur Stunde, die er in seiner Macht geheimnisvoll festgesetzt hat, sind Meinungsverschiedenheiten unvermeidlich. Doch darüber will ich nicht weiter reden. Übrigens, wenn ich mich recht entsinne, haben Sie in Ihrem Buch ‚Die Kirche und das Evangelium' darauf hingewiesen."

Ich

„In meinen Augen besteht der grundlegende Unterschied zwischen mir und meinem Kollegen in der Auffassung von der Zeitlichkeit der Kirche. Für ihn gilt: Wenn der Herr ‚Petrus' sagt, dann meint er Petrus, punktum. Was nach ‚Petrus' geschieht, kümmert Jesus nicht. Für uns gilt: Wenn Jesus ‚Petrus' sagt, sieht er in Petrus die gesammelte Reihe der Päpste. Und wenn er Petrus den ausdrücklichen Auftrag gibt, die Kirche aufzurichten, so meint er die ganze Kirche bis ans Ende der Zeiten und alle Nachfolger Petri."

Der Papst

„Ich glaube, daß Sie Cullmanns Auffassung richtig wiedergeben. Aber unser Dialog setzt voraus, daß wir das, was uns noch trennt, ausklammern. Ich habe mir eine Stelle aus seinem schönen Buch über Petrus herausgeschrieben, die will ich Ihnen vorlesen. Das Buch schließt mit ihr: ‚Der Felsen, das Fundament aller Kirchen, aller Zeiten, bleibt der historische Petrus, der Mann, den Jesus aus den Zwölfen ausdrücklich erwählt und ausgezeichnet hat: als Zeugen seines Lebens und seines Sterbens, als ersten Zeugen seiner Auferstehung. Christus, der Eckstein, wird unablässig auf Petrus seine Kirche bauen, solange sie Bestand hat auf Erden.' "

Ich
„Ja, das ist der abschließende Orgelpunkt. Aber wenn Cullmann Petrus auch als den tragenden Felsen bezeichnet, so lehnt er doch jede Nachfolgeregel ab, die Petrus an einen bestimmten Bischofssitz bindet. Petrus ist ein überzeitlicher und überräumlicher Fels, jenseits aller historischen Bedingheit, und das ist der Schlußstein der Kirchen."

Der Papst
„Ich behaupte nicht, daß die Auffassung Cullmanns die unsrige ist, aber es ist schön, ermutigend und ehrenvoll für die kritische Forschung, wenn ein Gelehrter, der nicht der katholischen Welt angehört, den Text der Heiligen Schrift liest und die historischen Tatsachen der ersten Anfänge so unbestechlich und ehrfürchtig beobachtet — im Gegensatz zu manchen Exegeten seiner Kirche, die daran festhalten, daß die Stellen, die im Evangelium zu sehr für Petrus sprechen, später interpoliert worden seien. Ich wiederhole, es gereicht dem menschlichen Geist zur Ehre und spricht für die gegenseitige Hochschätzung und für den ökumenischen Dialog der Zukunft, wenn ein kritischer Gelehrter wie Cullmann ohne jede Beeinflussung unsererseits — auch nicht aus dem Wunsch heraus, uns zu gefallen —, Petrus die Rolle des Felsens, des ersten Glaubenszeugen zuschreibt. Sie wenden ein, daß das Amt Petri für ihn mit Petrus sterbe. Nun? Ich weiß es nicht. Man müßte ihn genauer darüber befragen, um festzustellen, an welchem Punkt seine Untersuchungen und Forschungen im Augenblick stehen. Aber er öffnet Wege und Perspektiven. Und jene Schlußstelle, die ich Ihnen soeben zitierte, läßt bestimmte Hoffnungen und Erwartungen, Möglichkeiten und Folgerungen zu (gewiß verschieden von denjenigen des Konzils, ich weiß, aber vielleicht noch bedeutsamer!). Durch die Macht der Ereignisse könnte sich näm-

lich ein Nachfolger des ‚Felsens' gezwungen sehen, das Amt und die Würde des Ecksteins, des Schlußsteins zu übernehmen. Denn der ‚Felsen' ist nach Cullmans Worten ‚das Fundament der Kirchen, und zwar aller Kirchen aller Zeiten'. Doch wie immer dem sei, ich bewundere die Methode, die Absicht, die subtile Diskretion und Zurückhaltung in den Streitfragen. Ich bewundere die sorgfältige Umsicht dieses weisen und klugen Gelehrten, wenn er in seinen Behauptungen verschiedene Grade der Gewißheit unterscheidet. Wenn ich micht recht erinnere, sagt er manchmal: ‚Ich bin fast sicher.' Und dann wieder: ‚Das wird wohl nie ganz geklärt werden.' Manchmal auch etwas humorvoll, denn er hat Witz: ‚Das ist eine private Ansicht des Exegeten, die nur für ihn Geltung hat.' Ich liebe diese Ehrfurcht vor dem Dämmerschein, in dem sich unser Verstand sehr oft befindet.

Am Ende des Konzils hatte ich an einem Sonntagvormittag im Dezember etwas freie Zeit. Ich bat Herrn Cullmann, mir seine Ansichten über die Grabungen in Sankt Peter, über die Echtheit der Reliquien des Apostels, über seinen Tod und sein Begräbnis darzulegen. Natürlich erwarten Sie keine Entscheidung von mir: das ist eine völlig freie Angelegenheit, wo die Autorität einzig auf der wissenschaftlichen Kompetenz beruht. Möglicherweise wird man die Zone der Wahrscheinlichkeiten niemals überschreiten, so daß ein Raum der Freiheit übrigbleibt. Wenn es irgendwo einen natürlichen Raum für die Freiheit gibt, ein Gebiet, wo diese Freiheit vollständig ist und nicht begrenzt wird (wie überall sonst) außer durch die Wahrheit, in diesem Fall durch die Wahrheit der Erfahrung und der historischen und archäologischen Tatsachen, dann ist das hier der Fall. Papst Pius XII. wußte das sehr wohl, als er die kühne Initiative zu diesen Untersuchungen gab, als er ihre Ergebnisse publizierte und sie der gelehrten Kritik vorlegte. Niemand sollte die Wahrheit fürchten: Wir suchen sie allein, in den großen und in den kleinen Dingen. Niemand bestreitet, daß die römischen Bischöfe die Nachfolger Petri sind und daß sie von Anfang an für die Nachfolger Petri gehalten wurden. Hier stimmen Geschichte und Glaube überein. Vielleicht wird die Wissenschaft eines Tages endgültig beweisen, daß Petrus hier gestorben ist und wir sein Skelett und seine Überreste besitzen. Aber das ist nicht so wesentlich. Ich wiederhole, die Forschung und die Schlußfolgerungen daraus bleiben völlig frei. Diese Öffnung zum Geist der Forschung, zur Freiheit der Forschung in dieser unserer Basilika und in einem Punkt, der uns so sehr am Herzen liegt, wo wir aber trotzdem volle Gedankenfreiheit haben, das ist wie ein Unterpfand des Wohlwollens und der Hochachtung, die die Päpste der Wissenschaft entgegenbringen. Das hat Herr Cullmann wohl verstanden. Ich bin überzeugt, daß er, wie er es stets getan hat, das Für und Wider, das Ungewisse und das Wahrscheinliche abwägen wird. Wir blicken seinen wissenschaftlichen Beiträgen immer mit größtem Interesse entgegen."

Dritte Vision: Begegnung in der Sixtina

Der anglikanische Erzbischof Dr. Ramsey ist von Paul VI. nicht in Privataudienz empfangen worden wie sein Vorgänger Doktor Fisher, sondern als kirchliches Oberhaupt: in seiner zweifachen Funktion als Primas von England und religiöser Führer der anglikanischen Gemeinschaft. Da diese zweite Funktion — sie kommt ihm zu als dem Präsidenten der Konferenz von Lambeth — nur eine ehrenamtliche ist, konsultierte er alle Metropoliten der anglikanischen Gemeinschaft über die Opportunität seines Besuches. Jeder gab seine Zustimmung. Der Erzbischof von Canterbury ging daher als Repräsendant von 50 Millionen Anglikanern, die in 19 Provinzen gegliedert sind, nach Rom.

Manche erinnerten sich an die Begegnung Pauls VI. mit dem Patriarchen Athenagoras in Jerusalem im Salon eines alten Landhauses inmitten von Olivenbäumen. Aber es war nicht der gleiche Rahmen. Dort Bethanien, hier der Vatikan. Beiden gemeinsam war nur die weiße Soutane. Sie war von einer roten und goldenen Stola bedeckt.

Dr. Ramsey trug einen violetten und purpurnen Umhang und ein Barett aus dunklem Samt. Es bezeichnet den Doktor der Reformation und bringt diesen unklerikalen und würdigen Charakter in die Gemälde der Renaissance. Über den beiden das Fresko des „Jüngsten Gerichts".

Manche Leute haben gemeint, Michelangelo sei ein Lutheraner

gewesen, und mit diesem düsteren Christus, der die Sünden bestraft, habe der Geist der Reformation dem Vatikan der Renaissance eine Lehre geben wollen. Es ist wohl möglich, daß derartige Gedanken dem Schweigsamen durch die Seele gingen, in welcher so viel Zorn und gestaltende Kraft wohnten.

Lag vielleicht der Grund für die Trauer und die Maßlosigkeit, die das Werk Michelangelos durchziehen, in seinem Bewußtsein, kein Heiliger zu sein?

Ich betrachte noch einmal diese in einem schwefelgelben und bläulichen Licht übereinandergetürmten enormen Leiber — wie am letzten Tag einer Welt. Ich glaube, seit Hiroshima kann man die berühmte Szene nicht mehr auf die gleiche Weise sehen. Dieses Gericht ist von einem traurigen Glanz, einer seltsamen Mischung aus Würde, Frömmigkeit und Kontrasten erfüllt. Michelangelo wußte, daß er unter dem Sternzeichen des Steinbocks geboren war. Mehr als jeder andere Künstler empfand er die Süßigkeit und die Qual, die Schwierigkeit des Daseins. Er war barmherzig und grausam, mißtrauisch und vertrauensselig, konservativ und revolutionär, er lebte in den Palästen und war der Freund der Armen, er war voller Angst, aber auch voller Zuversicht. Das „Jüngste Gericht" ist seine ganze Seele, von einer schöpferischen, niemals zögernden Hand auf eine alte Mauer gemalt.

Ich weiß nicht, ob irgendein Mensch noch in die dritte Dimension der Tiefe und des Volumens eingedrungen ist. Mehr als die griechischen Statuen, die ihm Inspiration und Vorbild waren; die seinigen füllen den Raum völlig aus. Es ist bekannt, daß er dem Rumpf mehr Aufmerksamkeit zuwandte als dem Antlitz, denn der Rumpf ist der Ort der Spannungen, der Übergänge und des Gleichgewichts: das Siegel des Schöpfers auf seinem Werk. In die statische Kunst der Malerei hat er Bewegung gebracht, in die Architektur, die den Himmel wie eine Grotte oder Höhle dem Blick verbirgt, hat er das Tageslicht eingeführt. Er arbeitete ohne ersichtliche Ermüdung, wie ein ungestümer Engel, bedrängt und bedauernswert, etwas mürrisch, im Grunde jedoch sehr zärtlich. Das Motiv der Pietà, das ihn zeitlebens beschäftigte, enthüllt die unausgesprochene Liebe, die in der Tiefe dieser verschwiegenen Seele wohnte.

Wie oft habe ich während des Konzils diese erste Pietà

seines fünfundzwanzigjährigen Lebensjahres besucht, die dennoch die Erfahrungen eines ganzen Lebens zu enthalten scheint, und sie war doch nur ein Versprechen! Nie wurde ich müde, sie zu betrachten, jedesmal entdeckte ich ein neues Geheimnis. Es ist der Vorzug der großen Kunstwerke, daß sie nie aufhören, sich wie eine stumme Schrift zu offenbaren. Eines Tages bemerkte ich, daß die Schönheit Christi von seiner entspannten Geschmeidigkeit herrührt: Jesus ist auf den Knien seiner Mutter in einen göttlichen Schlaf versunken, woraus er in das Leben erwachen wird. Der Körper ist gebrochen, aber nicht zerbrochen, immer noch von einer leisen Anspannung erfüllt. Wie leicht wirkt dagegen die Jungfrau, trotz des Marmors und trotz der vielen Falten ihres Gewandes. Ein andermal schien es mir, als ob sie im Vergleich zur Körpermasse einen viel zu kleinen Kopf habe. Sie stützt den Leichnam nur mit einer Hand, sie sieht gar nicht so schmerzerfüllt aus. Die Pietà ist eine Ankündigung des Osterfestes: die Auferstehung ist in ihr schon gegenwärtig. Und dieser Christus ist kaum tot, die Jungfrau hält ihn wie eine lange Hostie, er scheint bereit, sich aus ihren Armen zu erheben.

Michelangelo stand mit allen im Dialog, um alles zu dem einzigen Dialog zu verklären, zum Dialog der Kunst und des Gebetes, wo man mit Gott allein ist. Ein wahrhaft ökumenisches Genie, wie jedes echte Genie, und mehr als Goethe und Shakespeare, weil er alle Dinge in den Glanz der Menschwerdung zurückführte. Die Menschwerdung war seine Inspiration, sein Vorbild, seine Hoffnung, die nicht mehr erhoffte Grenze seiner Kunst.

Wollte er in der irdischen Materie und in der menschlichen Gestalt das unzugängliche Geheimnis finden, ausdrücken und übersetzen? War das der Grund dafür, daß seine Kunst, die so großartig und selbstsicher ist, sozusagen *explodierte*? Daß sein Werk im vollkommenen Maß so maßlos ist? Daß es fast immer die göttliche Narbe des Unvollendeten an sich hat, das äußerste Versagen und jene Art von Wunde, die die Schönheit schlägt, seitdem Gott ein Mensch ohne Schönheit und ohne Wohlgestalt geworden ist?

Wie oft hörte ich Lord Halifax alle seine Erwartungen in die Worte zusammenfassen: „Es wäre vor allem wichtig, daß sich die Oberhäupter unserer beiden Kirchen auf dem Gipfel begegneten, allein in der Wolke, jenseits aller Hierarchie, jenseits aller üblichen Konventionen. Daß sie sowohl die dogmatischen Probleme als auch die praktischen Aussichten der ersehnten Vereinigung auf höchster Ebene behandelten." Die Ansicht des edlen Lords beruhte auf den Verhandlungen der obersten Verantwortlichen (als sein Sohn Vizekönig von Indien war, hatte er sich mit Gandhi besprochen). Heute erinnere ich mich, daß er mir gesagt hat: „O mit welcher Freude würde ich diese Welt verlassen, wenn der Primas von England und der Heilige Vater einander begegnen könnten!"

In einem Notizbuch, in das ich seinerzeit seine Anregungen, Ratschläge und auch seine vertraulichen Mitteilungen geschrieben hatte, fand ich Notizen über die Hintergründe der berühmten „Gespräche von Mecheln". Es ist bekannt, daß Kardinal Mercier von 1921 bis 1925 mit Billigung von Benedikt XV. und Pius XI. die Delegierten der anglikanischen Kirche zu einem offenen Gespräch empfangen hat. Die Überraschung dieser Gespräche war eine Denkschrift von Dom Beaudoin über die Möglichkeit, wie eine mit dem Heiligen Stuhl vereinigte anglikanische Kirche sich selbst treu bleiben könnte.

Lord Halifax setzte seine Brille auf und las mir mit bewegter Stimme die kühnen Ausführungen des Benediktiners vor:

„Die anglikanische Kirche ist seit ihren Anfängen aufs engste mit dem Stuhl Petri verbunden. Bekleidet mit dem symbolischen Mantel des Apostelfürsten, nimmt der Erzbischof von Canterbury teil an der apostolischen Jurisdiktion, die sich nicht nur auf die Gläubigen, sondern auch auf die Hirten erstreckt. Man darf in aller Wahrheit sagen, daß eine von Rom getrennte anglikanische Kirche vor allem eine historische Häresie ist. Kurz, beide Vorstellungen *einer von Rom absorbierten anglikanischen Kirche* und *einer von Rom getrennten anglikanischen Kirche* sind gleicherweise unzulässig. Man muß die wahre und historisch richtige Formel in der Mitte suchen: *die mit Rom geeinte anglikanische Kirche.*

Es gibt eine katholische Formel für die Einheit der Kirchen. Sie fordert nicht die Absorbtion, sondern die Respektierung der inneren organisatorischen Autonomie der großen historischen Kirchen und berücksichtigt außerdem ihre vollkommene Abhängigkeit von der universalen Kirche. Wenn eine Kirche auf

Grund ihres Ursprunges, ihrer Geschichte und ihrer nationalen Überlieferungen ein Recht auf die Einräumung der Autonomie hat, dann gewiß die anglikanische Kirche. Praktisch wäre so der Erzbischof von Canterbury in seinen traditionellen und effektiven Rechten als Patriarch der anglikanischen Kirche anerkannt. Nachdem er in der historischen Übergabe des Palliums seine Investitur vom Nachfolger Petri erhalten hätte, wäre er im Besitz seiner patriachalischen Rechte über die ganze Kirche Englands.

Der Codex des kanonischen Rechts der lateinischen Kirche hätte keine Geltung für die anglikanische Kirche, vielmehr würde diese in einer interprovinziellen Synode ihr eigenes kirchliches Recht bestimmen.

Sie hätte auch ihre eigene Liturgie, die römische Liturgie des 7. und 8. Jahrhunderts, wie sie damals ausgeübt wurde.

Natürlich würden die alten historischen Bischofsitze der anglikanischen Kirche bestehen bleiben und die neuen, seit 1851 errichteten katholischen Bischofssitze aufgehoben."

Halifax sagte: „Sie machen sich keine Vorstellung von der Stille, die auf die Lektüre dieses Textes vor dem Kardinal folgte, der mit freudigem Lächeln zustimmte.

Wir waren verblüfft. Mein anglikanischer Nachbar sagte: ‚Das hat mir den Atem verschlagen.' Ich ergriff das Wort und fragte, ob die römische Autorität im Hinblick auf eine Wiedervereinigung den Anglikanern die Freiheit, nicht sofort die Dogmen annehmen zu müssen, einräumen wolle, welche die Kirche seit der Trennung definiert habe. Es schien mir denkbar, eine Reifungsperiode ins Auge zu fassen, während welcher man zwischen dem Wesentlichen und dem Nichtwesentlichen unterscheiden könnte. Große Dinge entstehen schrittweise..." Unter dem ungeheuren „Gericht" haben sich der Papst und der englische Erzbischof mit dem Rücken zum Altar niedergesetzt. Die römische und die anglikanische Kirche haben sich den Friedenskuß der Hoffnung gegeben. Am nächsten Tag gab der Papst in der Basilika San Paolo fuori le mura seinem Gast seinen Hirtenring. „Ich erinnerte mich damals", sagte er mir, „der Gebärde Kardinal Merciers auf seinem Totenbett." — „Vergessen wir die Vergangenheit", sagte Halifax. „Dem Glauben ist nichts Unmöglich. Laßt uns in See stechen."

DIALOG ÜBER DIE SCHÖNHEIT

(Beschreibung einer päpstlichen Kapelle)

Was mir in der päpstlichen Kapelle von Anfang an auffiel, war das Spiel des Lichtes. Das Licht ist hier zu Hause, strahlend. Indes gibt es keine sichtbare Lichtquelle, ein Segel aus Glasfenstern spannt einen Himmel auf.

„Wir befinden uns hier auf dem höchsten Punkt", sagte der Heilige Vater, „über uns ist nichts mehr als der Himmel." Ich hatte tatsächlich den Eindruck, an einem von den vatikanischen Gebäuden getrennten Ort zu sein, an einer Weihestätte der Stille und des Gebetes.

Das Glasfenster ist wie ein Blick auf die Erde, die es darstellt, und auf den Himmel, den es einfängt. Mehr als die gewöhnliche Malerei, die ohne Tiefe und Transparenz ist, erlaubt die Glasmalerei die Wiedergabe des ganz vom Geist durchdrungenen Geschöpfes. Darum eignet sich die Glasmalerei so gut zur Darstellung der Auferstehung. Es ist auch kein Zufall, daß das Glasfenster mit der Auferstehung von Filocamo als erstes in die Augen springt. Es bildet die Decke der Kapelle, die von ihm ihr ganzes Licht erhält.

Seit jeher haben mir solche abgelegene Kapellen gefallen, es sind verkleinerte Kirchen, nach „menschlichen" Maßen.

Ich beneide Jean Cocteau darum, daß er die Fresken in der dem hl. Petrus geweihten Kapelle von Villefranche malen konnte. Sie ist wie eine verlorengegangene Muschel, die es von Rom nach der Provence verschlagen hat. Cocteau erläuterte mir einmal die Symbolik seiner Kapelle. Auf seiner Leiter stehend, die Maurerkelle in der Hand, sagte er: „Eine Kapelle ist ein Altar, wo alle Linien und alle Lichter zusammenströmen. Betrachten Sie meinen Altar, Sie sehen, daß ich alles so angeordnet habe, daß die schrägen Sonnenstrahlen auf der Mitte des Altares ruhen, auf dem Kreuz, auf dem Altartuch, auf Brot und

Wein und auf dem sich neigenden Priester. Ich dachte an das Wort des Lukasevangeliums (Lukas war ebenfalls Maler): „Sie erkannten ihn am Brechen des Brotes." Jean Cocteau hätte gerne eine päpstliche Kapelle ausgeschmückt wie den Schild des Achilles; er hätte es mit zu viel Phantasie gemacht. Diese Kapelle aber wurde von Paul VI. entworfen. Ich beschreibe sie, weil sie, ihm selbst vielleicht nicht bewußt, ein Porträt seines Geistes ist.

Paul VI. hat den Stil der vatikanischen Säle und Salons ändern lassen. Pius XII. hätte das nicht gewagt, obwohl er ein feinsinniger Künstler war. Johannes XXIII. hat es nicht getan, weil er sich mit seinem „goldenen Käfig" abfand und dachte, die Armut bestehe darin, die abgenützten Draperien zu ertragen, die veralteten Zeugen der Größe. Paul VI., der unter den Künstlern so viele Freunde hat, erstellte ein Programm der Erneuerung und der Schönheit. Jede Eleganz beruht auf einer Auswahl, jede Auswahl bedeutet im Grund Armut, einen Verzicht auf überflüssigen Schmuck. So ließ der Papst alles Entbehrliche entfernen: Prunk, Luxus, unnötigen Überfluß, welche die Schönheit beeinträchtigen, um die einzige Schönheit (nach der Art der Griechen oder Florentiner) allein durch die reine Linie zu erzielen. Ich erinnere mich an das Wort von Leonardo da Vinci: „Die Kunst muß den ‚spiggamento' eines jeden Wesens wiedergeben." Wie soll man „spiggamento" übersetzen? „Schlangenwindung" oder „Spiralenform" bezeichnet nicht gut diesen Drang des Aus- und Einatmens, diese Art von linearem Seufzer, den jedes Wesen aushaucht. Der Künstler muß diese Linie oder vielmehr diese Harmonie auffinden, die so schwer wahrzunehmen ist. Er muß zu diesem Zweck auf alles andere verzichten. Er vereinfacht, beschneidet und verkürzt die Materie soviel wie möglich. Daher, nach Michelangelo, „der Vorzug der Bronze gegenüber dem Marmor". Die Schönheit wächst aus dieser Anstrengung des Künstlers, sie ist verwandt mit jener Anstrengung, die wir unternehmen müssen, um uns in jedem Augenblick von dem zu befreien, was nicht zum Dialog mit dem Unsichtbaren gehört.

Ich glaube das Wort „Eleganz" vorhin nicht zu Unrecht gewählt zu haben. Der künstlerische Geschmack Pauls VI. könnte am besten mit dem Begriff „Eleganz" umschrieben werden. Die

Vorhänge sind verschwunden, die Tapeten entfernt, einige Gemälde wurden in die Museen zurückgeschickt. Nußbraune, fast durchsichtige Stoffe, Vorhänge in der Farbe von Wolken — von Gedanken, ist man versucht zu sagen. In diesem leeren Raum kommen die nach seinem Geschmack ausgewählten Statuen sehr zur Geltung. Ein Basrelief, ein Sessel steht im Raum verloren, von Leere umgeben. Nichts ist schwieriger und kostbarer als die Armut der Leere, als der reine Raum, zumal heutzutage, wo man anhäuft und ansammelt. Nichts ist seltener als die Seltenheit. Das Atom ist fast leer, und die Sterne sind so weit entfernt, unsere Museen aber sind mit schönen Dingen vollgestopft, die sich gegenseitig erdrücken. Der Papst ist einer der wenigen auf der Welt, der „die Fülle" und „die Leere" in seiner Wohnung richtig dosiert, so daß eine edle Harmonie entsteht. Die neue Einrichtung der Audienzräume im zweiten Stock ist der Ausdruck einer klaren, hellen Seele, ist eine Aufforderung zu selbstlosem Leben.

Der auferstandene Christus zwischen dem Himmel Roms und dem durchsichtigen Schatten der Kapelle ist ein Symbol der christozentrischen Spiritualität nach der Art der großen Meister des 17. Jahrhunderts in Frankreich. Ich denke an Bérulle und die Oratorianer. Paul VI. hat den Geist dieser Epoche, die alles auf Christus bezieht. Sein Denken kreist um jenen Augenblick, wo Christus alle Menschen, die für ihn lebten, in sich vereinigt und sich mit ihnen dem Vater darbringt, „auf daß Gott alles in allem sei". Ich betrachte diesen siegreichen Christus: er ist aufrecht, er steigt wie eine Fontäne empor, wie ein Gedankenblitz im Kopf eines Erfinders, wie eine neue Liebe, kühn und mühelos überlegen, mit der endgültigen Frische des Anfangs.

„Filocamo", sagte mir der Papst, „wollte die Herrlichkeit darstellen. ,Schaut auf Christus', ruft Filocamo. Die Farben sind rein, er wollte sie sonnenhaft. Sie haben eine Anziehungskraft wie die Himmelsbläue oder wie weiße Kleider."

Das Glasfenster zeigt jene Eigenart der Auferstehung, die ich einst in meinen Büchern darzulegen versuchte. Die Auferstehung bedeutet nicht Rückkehr zum sterblichen Abenteuer, sondern eine Explosion des Seins in einer neuen Existenzform, das Überschreiten der verbotenen Schwelle, die Freiheit! Dieses Dogma ist zum Unterschied von vielen anderen auf das Zeugnis von Menschen gegründet, auf eine Erfahrung, und besitzt für die Zeugen die unbestreitbare Evidenz des Lichtes und der Intimität.

Aber da sind noch viele andere Darstellungen, insbesondere sind, von Mario Rudelli, am Betstuhl in der Mitte des Raums Reliefs mit Szenen aus der menschlichen Arbeit angebracht. Die Ernte und die Landarbeit, die jahrhundertelang der Inbegriff menschlichen Tuns waren, weil man in ihnen den Segen des Bodens, der Sonne, der Früchte und der Mühsal erfährt. Und der zur Erde gebeugte Leib ist eine Gebärde des Opferns. Doch wird die Fabrikarbeit immer mehr im Vordergrund stehen: der Mensch, der Eisen bearbeitet, Schienen erzeugt und Raketen, die den Weltraum erobern werden. Dann, im Zusammenhang mit diesen von einer Vielzahl geleisteten Arbeiten, die Arbeit des Forschers, der die symbolischen Zeichen des Universums überdenkt. Er erntet und schmiedet auf unsichtbare, geistige Weise. Dann die Arbeit des Redners, des Advokaten, des Kaufmanns.

Diese Arbeitsszenen sind in grünlicher Bronzefarbe auf einen Sockel eingeschrieben, der aus dem Boden ragt, gleichsam auf einen Eichenstumpf. Sie zieren die strenge „Kathedra", wo sich der Papst vor und nach der Messe im Gebet sammelt.

Vom Licht sprach ich schon, aber noch nicht von der Farbe. Goethe sah in den Farben „Taten und Leiden des Lichts". Hier sind diese Leiden sanft. Ich war von den Schattierungen des Blaus überrascht. Blau ist die tiefste und durchsichtigste Farbe, keine ist so reich an Übergängen und Nuancen. Das sieht man, wenn man die Kathedrale von Chartres am Abend eines Sommertages besucht: Jede Parzelle des Glasfensters wird von einem sterbenden Licht durchbohrt und stirbt selbst in einer immer wieder anderen Agonie. Hier ist es stiller und gleichsam verhauchend, dort jedoch mit Widerstand, mit einem Aufschrei von Licht. In der Kapelle gibt es ein intensives, beinahe violettes Blau; dann ein stilles Blau, wie aus der Ferne, und ein verschwimmendes, milchiges Blau, fast wie das starke Weiß der Schneegipfel — oder auch so, wie es die Oberfläche des Gardasees bei Sirmione darbietet. Diese Farbtöne, die Giovanni Battista Montini seit seiner lombardischen Kindheit vertraut sind, wohnen, ohne daß er darum weiß, in seiner Pupille, in seinem Augenhintergrund. In seiner Kapelle kann er das Blau betrachten, kristallen und verwandelt, der umgebenden Luft beraubt, aber mit der Klarheit von Edelsteinen, so wie der Brustschmuck, den die Apokalypse beschreibt. In diesem Andachtsraum herrscht Christus allein. Doch das „Blau", das von gedankentiefem Rot und von schmerzhaftem Violett eingefaßt ist, erzeugt eine mariale „Atmosphäre", die ich (in dem Buch, das dem Papst gefallen hat) als „jungfräuliche Sphäre", als „Parthenosphäre" bezeichnete.

Gedämpftes Licht, bläuliches Licht, weißes Licht, das rosa Licht der Morgendämmerung, das Licht des Mittags, das zarte Licht der römischen Abende, fahles Licht, nächtliches Licht, Mondlicht vielleicht — alle diese Lichtarten sind hier im Ablauf der Stunden gegenwärtig. Ich denke an das mir so rätselhafte Wort des Lukasevangeliums, wo es heißt, daß nach dem Tod Christi „der Sabbat voller Klarheit war": et sabbatum illucebat. Damit waren zweifellos die Lampen gemeint, die in jedem jüdischen Haus für den Abend und für die Nacht angezündet wurden. Man kann sagen, daß auch die Kapelle, die ich beschreibe, wie der letzte Sabbat der Auferstehung erleuchtet war: sie ist ein Tempel, der vor allem dem Licht geweiht ist, genauer: dem intimsten Wesen des Lichts — lux intima —, einem geistigen Licht, vielfältig und einheitlich zugleich wie die Weisheit. Von ihr sagt Salomon, sie sei eine einzige, und als solche vermöge sie alles und sei imstande, alles zu erneuern. Die Heiden des alten Rom errichteten dem SOL INVICTUS, der unbesiegten Sonne, ihre Stelen. Christus ist die einzige Sonne der Geister und der Herzen.

So ist das Werk des Malers Silvio Consadori. Dazu bemerkt Madurini mit Recht, daß die stille und vibrierende, dichte und dennoch leichte Farbe den „Eindruck einer lebendigen Entfaltung unseres Seins" erwecke.

Ich vermute, daß Paul VI. in seiner Kapelle den Saal des Abendmahls und des Pfingstfestes, das „Coenaculum", darstellen wollte. Die Kapelle hat eine einfache rechteckige Form. Der Papst betritt sie, ohne über Stufen zu steigen. Er kann zu jeder Tages- und Nachtstunde hingehen. Der letzte Sinn dieser Kapelle ist allerdings verborgen. Sie ist von einem einzigen Gedanken erfüllt, dem Gedanken der Hingabe.

Wir befinden uns an einer Weihestätte. Es ist ein Ort des

Opfers in der doppelten Bedeutung des Wortes: mors et vita. Zerstörung *und* Auferstehung, und die Auferstehung reinigt und erneuert, was zerstört war. Christus ist von seinen Engeln umgeben. Sie lassen mich an jene denken, die Adorna Fieschi (hl. Katharina von Genua) beschrieben hat. Sie waren „so klar, so glücklich und vollständig, daß man bei ihrem Anblick ein Lachen nicht unterdrücken konnte". Das Licht hat die Gesichter Christi und der Engel durchdrungen, und wir werden von ihm überflutet. Vom Boden der Kapelle steigt ein Ruf zum abendlichen Opfer empor. Der mit dem Kopf nach unten gekreuzigte Petrus auf der einen Seite, auf der anderen Paulus, sein Haupt dem Schwert darbietend.

Die Glasfenster in der Mitte des Schiffes, die von Consadori stammen, stellen auf der Evangelienseite die Schöpfung, auf der Epistelseite die Geheimnisse des Marienlebens dar. Das Glasfenster der Schöpfung weist darauf hin, daß alle Elemente der Natur dem Gottesdienst geweiht sind. Ein Werk, das alles zusammenfaßt, muß wohl die Summe von allem, das Siebentagewerk, beinhalten. Es wird ergänzt und überhöht durch die zweite und vollendete Schöpfung, die Menschwerdung. Für die Theologen und Mystiker sowie für den Evangelisten Johannes ist das Werk des WORTES ein zweiter Anfang; eine Schöpfung, die zunächst in Josef und Maria verborgen ist, wie an einem Morgen ohne Sonnenschein, und dann zur Sonne der Geschichte wird. Eine Schöpfung, die schmerzhaft und blutig wird und die Welt von der Sünde zu erlösen vermag. Eine Schöpfung ohne das Risiko des Versagens — im Gegensatz zur anderen Schöpfung, die im Lauf der Geschichte immer wieder scheitert. Diese zwei Werke Gottes, wir würden sagen „Evolution und Christogenese", stehen einander symbolisch gegenüber. Das grelle Rot und das dunkle Violett sind zwei ineinander verflochtene Schreie des Schmerzes und des Triumphes.

Der Altar erhält hier keinen besonderen Lichtstrahl. Alles ist Altar, alles ist Licht, alles ist Opfer. Ein Basrelief am Altar gibt das Pfingstfest wieder. Da sind, wie mir scheint, Kardinal Tisserant und der Patriarch Athenagoras dargestellt, die in Bronze gegossene Erinnerung an eine prophetische Begegnung.

Ich bemerke einen Kreuzweg; auf einer einzigen Tafel sind *fünfzehn* Stationen abgebildet.

„Das kommt daher", sagte mir der Heilige Vater, „weil Kardinal Bevilacqua nicht damit einverstanden war, daß der Kreuzweg mit der Kreuzigung abschließe. Er verlängerte ihn nicht bis zur Auferstehung oder wenigstens bis zum leeren Grab, er wollte, daß die vierzehn Stationen des Weges eingeleitet und gleichsam eingefaßt würden durch das Opfer der Eucharistie. Darum sehen Sie unter den vierzehn Stationen die Wiedergabe des Abendmahles."

Sehr gut gefielen mir die Arbeiten Enrico Manfrinis, seine Madonnen und Evangelisten sowie seine Kreuzdarstellungen. Manfrini verstand es, die Sammlung der Seelenkräfte auszudrücken, was in der Plastik oder im Relief viel schwieriger ist. Denn Stein, Marmor und Bronze verlangen Gesichter mit einer unbestimmten Miene, Körper ohne Seelen, die sich selbst genügen, wie es bei den Götterstatuen der Fall ist. Ich weiß nicht, wie es Manfrini anstellt, daß seine Werke auf eine seltsame Weise unvollendet erscheinen. Eine Unbeholfenheit oder Nachlässigkeit (das gemahnt mich an die Dichtkunst Verlaines) gibt den Gesichtern Anmut und eine erwartungsvolle Jungfräulichkeit. Manfrini erinnert an die Primitiven. Doch er ist ein „Primitiver", der sich seiner Möglichkeiten durchaus bewußt ist. Durch ein tiefes Wissen hindurch, das er hinter sich läßt, gelingt ihm eine eigenartige Kindlichkeit des Ausdrucks. Wenn Manfrini das Gesicht des Papstes in ein Relief einzeichnet, ist er ganz in seinem Element. Er betont die zusammengerückten Augenbrauen, das kräftige Ohr sowie die ernste Aufmerksamkeit, die so selten in einem Porträt anzutreffen ist, noch viel seltener in photographischen „Momentaufnahmen". Dieser rätselhafte Papst, der anders ist als seine Bilder, kann nur in einer Skulptur richtig dargestellt werden. „Wollen Sie mir sagen, o Philosoph, wie Sie die Schönheit definieren?" bat mich der Papst unvermittelt.

Ich

„Ich definiere die Schönheit nicht, weil es ihr eigen ist, daß sie nicht definiert werden kann. Wenn ich indes gezwungen wäre, zu antworten..., wenn man mich drängte..."

Der Heilige Vater

„Es ist wohl Ihre Pflicht."

Ich

„... dann würde ich sagen, daß die Schönheit eine Ausstrahlung, eine Phosphoreszenz ist, noch mehr als das Licht. Oder, wie ein Weiser des Altertums sagte, daß sie ein Glanz ist. Der äußere Widerschein (nicht auf große Distanz, wie ein Dunst oder eher noch wie eine Aureole) des Innersten eines jeden Dinges. Darum ist die Schönheit innerlicher als das Innerste und zugleich jenseits aller Form und aller Umgrenzung, auch jenseits des Kunstwerks selbst, durch das ihr Erlebnis hervorgerufen wird. Die Schönheit ist auch jenseits der Schönheiten, die uns die Erde bietet."

Der Heilige Vater

„Wir würden Unsererseits sagen, daß die Schönheit sicherlich eine Beziehung zum Menschen hat, was Sie anzumerken versäumten. Die Schönheit ist das Innerste des Menschen, das Ich, das sich in seiner vollsten (oder auch mühsamsten), jedenfalls in seiner glücklichsten Synthese darstellt."

Ich

„Es gibt einen bezeichnenden Ausspruch des Dichters Stéphane Mallarmé. Ich weiß ihn auswendig: ‚Die Poesie drückt durch die auf ihren wesentlichen Rhythmus verdichtete menschliche Sprache den geheimen Sinn aller Daseinsformen aus. Sie verleiht unserem irdischen Aufenthalt seine Authentizität und ist also unsere einzige, geistige Aufgabe.' Mir scheint, indem der Dichter die Poesie definiert, definiert er zugleich auch das Evangelium."

Der Heilige Vater

„Der transzendente Gott ist in gewisser Weise immanent geworden, Er ist der innere Freund und der geistige Lehrer. Die Vereinigung mit Ihm schien unmöglich. Aber Er ist zu uns gekommen."

Ich

„Das Wort ist Fleisch geworden..."

Der Heilige Vater

„Ich erinnere mich, es ist schon lange her, als ich mit Maurice Zundel an einer Zeitschrift mitarbeitete. Wir drehten den Ausspruch des heiligen Johannes um und sagten mit der Kühnheit der Jugend: ‚Et caro verbum facta est. Und das Fleisch ist Wort geworden.' Wir wurden nicht von allen Theologen verstanden, und ich muß zugeben, ihre Kritik war gerechtfertigt. Aber man hätte merken können, daß wir lediglich eine Definition der Kunst, vor allem der christlichen Kunst geben wollten."

Ich
„Durch ihre Harmonie, die ein Abbild der Gnade ist — und sie bisweilen vorbereitet und herabruft —, ist die Kunst eine Einführung in die Schönheit."

Der Heilige Vater
„Ich habe immer Umgang mit Künstlern gehabt, und ich habe sie im geheimen geliebt. Und obwohl sie schrecklich scheu sind, versuche ich bei jeder Gelegenheit, mich mit ihnen zu unterhalten. Übrigens war das früher bei den Päpsten durchaus üblich."

Ich
„Ein Priester ist ein Künstler, der sich selbst verleugnet."

Der Heilige Vater
„Ich glaube im Gegenteil, daß zwischen Priester und Künstler eine Verwandtschaft besteht — was sage ich? —: die Möglichkeit eines wunderbaren Einverständnisses.

Unsere gemeinsame Aufgabe besteht darin, die Welt des Geistes, des Unsichtbaren und Unaussprechlichen, die Welt Gottes zugänglich, begreiflich und anziehend zu machen. Die Künstler verstehen es meisterhaft, die Welt des Geistes und des Unsichtbaren in verständliche Formeln zu bringen. Freilich nicht so wie die Professoren der Logik und der Mathematik. Diese vermitteln dem Verstand die Schätze dieser Welt; die Künstler machen die geistige Welt ebenfalls zugänglich, bewahren aber deren unaussprechlichen Charakter, den Lichthof des Geheimnisses. Ich betone, dazu bedarf es der Kraft und der Anstrengung; manchmal kommt freilich die Inspiration unversehen wie ein Blitz. Doch meistens muß die Inspiration (die Künstler wissen es) langsam, schrittweise, oft hart und mühsam erlernt werden."

Der Heilige Vater fügte geheimnisvoll hinzu:
„Sollte es einmal so sein, daß wir der Hilfe der Künstler entbehren müßten, dann würde der priesterlichen Funktion etwas Wesentliches abgehen, und es würde einer besonderen Anstrengung bedürfen, damit sie ihre volle Wirksamkeit wiedergewinnt. Einer asketischen und sogar prophetischen Anstrengung. Ja", schloß er, „um das Geheimnis der intuitiven Schönheit vollständig zu beschreiben, müßte man das Priestertum und die Kunst in ihrem Zusammenhang sehen."

Ich
„Man darf vielleicht die Messe als das vollkommenste Kunstwerk bezeichnen. Sie ist Musik, Dichtung und Architektur. Sie ist ein wirkliches Drama, wirklicher als alle Dramen, weil sie das, was sie bezeichnet, tatsächlich auch bewirkt. Wie in allen Kunstwerken gibt es auch in ihr das Moment des ‚Überstiegs', der Ekstase, den Augenblick, der Zeit und Ewigkeit miteinander verbindet."

Er
„Ja, die Messe ist ein Drama mit einer sakralen Weihe, die den Geist erfüllt und das Herz höher schlagen läßt. Ich glaube, das spüren alle Künstler, wenn sie einer stillen Messe oder einem Hochamt beiwohnen, selbst wenn sie keine Christen sind. Oscar Wilde hat das bestätigt."

Ich
„Doch ist diese Verbindung von Priestertum und Kunst heutzutage schwieriger denn je. Die Kunst beschreitet derart unmenschliche Wege, sie gelangt in fast infernalische Bereiche, oder besser: nicht das Wirkliche, nicht einmal das Unwirkliche interessiert sie, sondern das Mögliche, das heißt das Mögliche des Traums und sogar des Alptraums."

Der Heilige Vater
„Auch ich bin erschreckt, und mein Herz blutet, daß sich die heutige Kunst vom Menschlichen, vom Leben entfernt. Mir scheint, einige unserer Künstler vergessen, daß die Kunst der Ausdruck der Dinge sein sollte. Manchmal weiß man nicht mehr,

was sie sagen will. Das ist der Turmbau zu Babel, das bedeutet Chaos und Konfusion. Ich frage mich, wo ist da die Kunst? Die Kunst sollte Intuition, Leichtigkeit und Glück schenken. Die moderne Kunst vermittelt nicht immer Leichtigkeit und Glück.

Manchmal bin ich überrascht und bestürzt und befremdet. Als ich das einmal zu befreundeten Künstlern sagte, erwiderten sie: ‚Wer hat schuld daran? Ihr habt uns zur Nachahmung der Natur gezwungen. Wir sind aber keine Nachahmer, wir sind schöpferische Gestalter.' Ich antwortete ihnen: ‚Verzeiht uns, wenn es so ist. Ja, wir haben zu wenig mit euch geredet, wir haben euch nicht genügend beachtet, bewundert und akzeptiert. Wir haben euch nicht ausreichend erklärt, was unser eigentliches Wesen ausmacht. Die Geheimnisse Gottes lassen die Herzen vor Freude höher schlagen. Wir haben euch kaum in diesen verborgenen Raum eingeführt, ihr ward nie unsere Schüler, Gesprächspartner oder Freunde, und daher kennt ihr uns nicht. Schließen wir wieder Frieden. Gestehen wir unsere Fehler ein. Möge der Papst wieder werden, was er immer war, ein treuer und aufrichtiger Freund der Künstler.

Der moderne Mensch fürchtet sich vor der Transzendenz. Wer jedoch diese Distanz nicht kennt, kennt die echte Religion nicht. Wer die Erhabenheit, die Unaussprechlichkeit und das Geheimnis Gottes nicht kennt, ist kein wahrer Meister seiner Kunst. Denn jede Kunst offenbart die Transzendenz. Ich liebe den Gedanken von Simone Weil: Das Schöne ist der experimentelle Beweis dafür, daß die Menschwerdung möglich ist."

Ich
„Daß die Kunst im Geistigen gründet! Der erste Windhauch über den Wassern des Abgrunds!"

Er
„Ja. Die Kunst darf sich dem Hauch des Heiligen Geistes nicht verschließen.

Die Welt, in der wir leben, bedarf der Schönheit, wenn sie nicht in Hoffnungslosigkeit versinken will. Die Schönheit erweckt, ebenso wie die Wahrheit, eine Freude in den Herzen der Menschen, sie ist die kostbare Frucht, der die Zeit nichts anhaben kann und die die Generationen überdauert und sie in der Bewunderung vereinigt.

Das sagte ich auch den Künstlern am Ende des Konzils, am 8. Dezember auf dem Petersplatz. Hoffentlich haben mich alle Künstler, diese Zeugen des Unsichtbaren in der Welt, verstanden."

DIALOG ÜBER DAS MYSTERIUM
DES KONZILS

Das Konzil schließt an die früheren Konzilien der Vergangenheit an. Es ist ein für allemal vorüber. Für diejenigen, die daran teilgenommen haben, war es ein merkwürdiges Schauspiel, zu sehen, wie das, was vor fünf Jahren noch Zukunft und unsicher war und mit den größten Hoffnungen erwartet wurde, in der unwandelbaren Geschichte verschwand. Es scheint, daß die Zukunft recht rasch in die Vergangenheit einging und daß die großen unvorhergesehenen und unwahrscheinlichen Ereignisse nicht genug miterlebt wurden von denen, die sie erlebt haben, nicht genug mitempfunden im jeweiligen Augenblick, als ob die Mitspielenden zerstreut, ungeduldig und hastig gewesen wären. Ich glaube, niemals habe ich deutlicher empfunden, wie schnell die Zeit verrinnt und wie schwer es ist, das, was einem Freude macht, aufzuhalten, um es länger zu genießen, und wie bald ein Ereignis in die Geschichte versinkt und seine Farben, seine Lebendigkeit, seine schwebende Ungewißheit verliert und nichts anderes mehr ist als Stoff für einen Bericht, welcher voller Lücken ist und der lebendigen Unmittelbarkeit entbehrt. Es ist das ewige Passah, das man hastig und in Reisekleidern essen mußte.

Ich erlaubte mir, den Heiligen Vater zu fragen, ob er diesen Eindruck des Flüchtigen auch teile. Aber seine Aufmerksamkeit galt der Tiefe, dem, was in der Substanz der Geschichte vor sich geht und was einem oberflächlichen Geist verborgen blieb. Denn ein Konzil hat mehrere Schichten und Ebenen. Es gibt das Konzil der bunten sichtbaren Zeremonien; es gibt Nebenversammlungen, Abstimmungen, Augenblicke der Sorge, der Langeweile oder des Triumphes. Das alles ist sichtbar. Dann gibt es im Unsichtbaren die süße und mächtige Regung des Heiligen Geistes. Mit den Bewegungen der Menschen, mit ihrem Hin und Her, mit ihren Plänen und Begegnungen und ihrem Staunen gestaltet er sein Wort und formt seine göttliche Bewegung. Er geht langsam vor in der Geschichte, da ihm die ganze Vergangenheit und die ganze Zukunft gegenwärtig sind, und er überstürzt nichts. Noch ist das Konzil ein Rätsel, denn es ist noch zu jung, und man weiß nicht, was davon bestehen bleiben, was später korrigiert oder ergänzt werden wird und was die Zukunft der Kirche mit neuen Zeichen, mit Erneuerungen und Anfängen bringen wird. Man muß abwarten und der Zeit die nötige Zeit zum Kommen lassen.

Man wird das Mysterium des Konzils niemals völlig ergründen, solange man im Strom der Geschichte dahinsegelt. Ich erinnere mich an die Gewissensbedenken, die ich während der ersten Session hatte: Wie sollte ich als „Beobachter" einen Bericht für eine Zeitung schreiben, da ich doch den Eid der Diskretion abgelegt hatte? Ich wandte mich an einen sehr weisen Prälaten, der mir mit folgender Maxime antwortete, die mir dann sehr wertvoll wurde: „Nichts über das Amtsgeheimnis, alles über das Mysterium!" Doch wo ist die Grenze zwischen dem Amtsgeheimnis und dem Mysterium?

Der Heilige Vater

„Das Amtsgeheimnis ist eine menschliche Erfindung, eine Schutzmaßnahme. Das Mysterium ist etwas ganz anderes, es ist die Substanz dessen, was man nicht sieht, wie der heilige Paulus sagt. Das Konzil hätte sich im geheimen abspielen sollen; doch die große Anzahl der Konzilsväter, die unvermeidbaren Indiskretionen, die modernen Informationsmittel und auch die Neugierde der Menschen machten das unmöglich. Das Konzil hielt seine Versammlungen sozusagen unter freiem Himmel ab. Dieser unvermeidliche Nachteil hatte auch Gutes zur Folge (auch Unzukömmlichkeiten haben ihre Vorteile, und die Dornen haben ihre Rosen). Der Vorteil lag darin, daß die ganze Welt über unsere Beratungen auf dem laufenden war, ohne auf den Verdacht zu kommen, es werde hier etwas verheimlicht. Was nun das Mysterium des Konzils betrifft..."

Ich

„Dieses Mysterium ist ein ewiges Geheimnis, das nie ganz durchschaut werden wird..."

Er

„Das Konzil hat eine bestimmte Bedeutung im Leben der Kirche und im Plan der göttlichen Liebe zu den Menschen, zumal Er die Jahrhunderte dazu erschafft, damit das Unsichtbare gewissermaßen sichtbar werde. Davon können wir nur eine undeutliche Erkenntnis, nur eine Vorahnung haben. Wir sehen es in Rätseln und Gleichnissen."

Ich

„Ja, man muß die Augen schließen, um zu sehen."

Er

„Man müßte vor allem das Zufällige, die Wellen, vielleicht die Schaumkronen vergessen können. Wir dürfen annehmen, daß es nicht immer leicht war, zu verstehen, was da vor sich ging. Besonders für die, die das Konzil Tag für Tag miterlebten. Manchmal auch Stunde für Stunde, in bestimmten Fällen sogar Minute für Minute — gewiß im Frieden, aber auch in Unsicherheit und Ungewißheit über die Zukunft und ohne zu wissen, ob man ans Ziel kommt (denn mit einem Fehlschlag, mit einer Verzögerung, mit einem toten Punkt muß man immer rechnen). Sie alle leben in der modernen, aufreibenden Zeit."

Ich

„Newman sagt, daß man Christus nicht sogleich erblickt, daß er sich aber zeigt, wenn man sich zurückwendet und sich erinnert."

Er

„Heute erkennt man bereits, daß das Konzil eine Zeit der gnadenhaften, göttlichen Heimsuchung war. Abermals ein feierlicher Zeitpunkt, eine große Stunde und ein starker Augenblick in der Geschichte der Kirche. Wie beim Stundenschlag ist vor und nach dem Konzil eine Stille. Wir sind in die nachfolgende Stille eingetreten, wo man das Echo des Stundenschlags vernimmt. Darf ich Sie fragen, wie Sie den Widerhall dieser Stunde empfunden haben?"

Ich

„Ich stelle mir die Feierlichkeit dieses Zeitpunktes, die Größe dieses Aufbruchs folgendermaßen vor: Die Geschichte ist keine beständig ansteigende Dialektik, wie die Schüler Hegels, die Marxisten, meinen. Die Geschichte besteht aus abwechselnden Rhythmen, aus Wellen auf dem Ozean der Zeitalter. Doch gibt es Rhythmen von verschiedener Schwingungslänge. Das Außerordentliche unserer Zeit liegt nun darin, daß drei dieser historischen Rhythmen zusammentreffen. Zuerst eine langsame kosmische, planetarische Epoche: das Zeitalter, in welchem die vom ‚denkenden Tier' gewonnenen Energien gering waren. Endlich entdeckt man den Kern, die Macht, die im kleinsten Stück Materie enthalten ist. Das ist das Ende des ersten Rhythmus. Den zweiten, der gleichfalls zu Ende geht, nennt man bisweilen die konstantinische Epoche. Hier mußte die Kirche an die Stelle des Staates treten, seine zeitlichen Aufgaben übernehmen und sich mit dem Irdischen, das so vergänglich ist, verbünden. Der dritte und letzte Rhythmus schließlich ist das Ende des Zeitalters der großen Umwälzungen und Zusammenbrüche, die die Auflösung des Mittelalters begleiten: das Ende der protestantischen Reform, die als Verurteilung der römischen Kirche gemeint war, das Ende des Konfliktes zwischen Wissen und Glauben, der so viele Geister verwirrt und so viele traurige und gefährliche Krisen verursacht hat."

Der Papst erwiderte nicht. Je mehr das Konzil als ein entscheidender Augenblick der Geschichte beschrieben wird, desto stärker spürt er das „schreckliche und süße" Gewicht der Verantwortung auf sich lasten.

Etwas anderes ist das Konzil, wie es im Bewußtsein der Laienbeobachter oder der 2000 Bischöfe niedergelegt, überdacht und aufgefaßt ist — und etwas anderes ist dasselbe Konzil im einsamen Bewußtsein dessen, der sein Gewicht und die letzte Verantwortung trägt. Ich war mir des Unterschiedes zwischen den Gesichtspunkten *der* Verantwortlichen und dem Gesichtspunkt *des* Verantwortlichen durchaus bewußt. Verwaltungsräte und Direktorien werden ja oft deshalb geschaffen, um einer kaum erträglichen Last zu entgehen. In einer Versammlung beruft und stützt sich jeder auf den andern: er fühlt sich getragen und manchmal auch entschuldigt, er schwimmt mit dem Strom. Die Tropfen gleiten ineinander und erstarken im Fließen ... Wie anders ist es bei dem, der allein ist und sich nicht in den Gehorsam oder in die Mehrheit flüchten darf.

Der Papst konnte nicht alles erwähnen, was er auf diskrete Weise und unter vollster Wahrung der Freiheit der Konzilsväter für das Konzil und im Konzil getan hatte. Der letzte Grund für die Interventionen, die am meisten kritisiert wurden (am Ende der dritten Session), war gerade die Wahrung dieser Freiheit, die Furcht vor einer voreiligen Entscheidung des Konzils. Wie oft hat er jeden Mittwoch zum christlichen Volk gesprochen! Und seine Ansprachen beim Konzil waren eine Erläuterung oder eine Zusammenfassung der Arbeiten des Konzils. Der Papst wies auf das Ziel hin, das durch die Diskussionen immer wieder verdunkelt wurde. Der Steuermann führte die Peripherie auf den Mittelpunkt zurück, er erhob sich über die Zeiten, beschwor die Vergangenheit, kündete die Zukunft und gab dann wie der hl. Johannes den letzten, einfachen Rat: „Laßt uns einander lieben."

Der Papst

„Manche Krisen, die an und für sich möglich gewesen waren, konnten vermieden werden. Eines der sichtbarsten Ergebnisse besteht darin, daß das Konzil ohne allzu viele Krisen stattfand. Es wurde nicht vertagt. Ohne Unterbrechung gelangte es an sein Ziel und manchmal weiter, als man hoffen durfte. Man kann sogar sagen, daß sich die Mehrzahl der Bischöfe auf die Schulbank oder in den Hörsaal begab. Und viele wunderten sich darüber, daß ihr Standpunkt nach vier Jahren ein anderer war und ihr Horizont sich erweitert hatte, daß sie vieles guthießen, was sie vor dem Konzil für unannehmbar oder gewagt gehalten hatten. Schon allein diese Entwicklung des Konzils war ein Zeichen der Gegenwart Gottes."

Ich

„Ein Bischof soll gesagt haben: ‚Vor dem Konzil *glaubte* ich an den Heiligen Geist. Jetzt nicht mehr. Ich habe *gesehen*.'"

Er

„Der Heilige Geist hatte eine ausgleichende Wirkung auf das Konzil. Wer an die alten Konzilien und auch an das Erste Vatikanum dachte, hatte vermutlich mit einer starken gegnerischen Minorität gerechnet. Dem war jedoch nicht so. Die letzten Abstimmungen waren beinahe einstimmig."

Der Papst sprach nicht aus, was er nicht sagen durfte, was indes alle wissen: Seine persönliche Aktivität, seine Ausgewogenheit und Zurückhaltung, sein Bestreben, jenseits der Meinungsverschiedenheiten zu bleiben, sein Taktgefühl sowie seine Diplomatie waren die entscheidende menschliche Voraussetzung für dieses Zusammenspiel der Kräfte. Von einem versöhnlichen Konzil gelangte man — unterbrochen von einem diskutierenden Konzil — zu einem wiederversöhnten Konzil. Das war die Dialektik des Zweiten Vatikanums.

Ich wagte es, dem Papst folgende Gedanken vorzulegen: „Erlauben Sie mir, Ihnen eine Erfahrung anzuvertrauen, die ich während meines ganzen Lebens gemacht habe. Sie betrifft die verschiedenen Bedeutungen des kleinen Wortes ‚Ich glaube'.

Viele Ansichten und Meinungen, die ich äußere, spiegeln die undeutlichen Ideen meiner Umgebung, meiner Freunde, meiner Lieblingszeitung wider. Ihre Wahrheit ist unklar. Ich werde mir gewiß nicht den kleinen Finger abhauen lassen, um an derartigen Behauptungen festzuhalten, obwohl es mir in irgendwelchen Gesprächen passiert, daß ich sie ganz entschieden vertrete...

Das ist nämlich keineswegs ‚das, was ich glaube': das heißt das, woran ich mit meiner ganzen inneren Erfahrung, mit meiner ganzen Seele, in einer Art intimer Erleuchtung hänge: was wahrer ist als meine Wahrheit, gewisser als meine Gewißheiten — das, wofür ich bereit wäre, von den Menschen verfolgt zu werden, und wofür die Märtyrer gestorben sind.

Das Schwierige liegt darin, die Meinung von der Gewißheit zu unterscheiden. Um diese Unterscheidung durchzuführen und wirklich zu wissen, ‚was man denkt', braucht es, scheint mir, Aufrichtigkeit gegenüber sich selbst und ein oft ängstliches, schmerzliches Nachdenken. Es braucht auch den Dialog mit dem anderen. Nicht um ihm zu widersprechen, sondern um sich mit ihm zu einigen. Denn wenn ‚meine' persönliche Wahrheit der persönlichen Wahrheit eines ehrenwerten und urteilsfähigen Menschen (oder gar der Wahrheit einer Gemeinschaft von Weisen) widerspricht, dann ist das sicherlich ein schlechtes Zeichen."

Er
„Was Sie da über sich selbst sagen, gilt für das Konzil in

seiner Gesamtheit. Mich hat die Tatsache ebenfalls erstaunt, daß ein Bischof, der beim Konzil seine Ansicht vortrug, oft einem anderen Bischof widersprach, aber am Tage der Abstimmung stimmten beide gleich ab. Natürlich hatte ein Bischof bei der Diskussion die Pflicht, seine Ansicht und seinen Standpunkt darzulegen. Bei der Abstimmung war seine Aufgabe eine andere: Er mußte auf die innere Stimme des Heiligen Geistes hören. Hier sieht man den Unterschied zwischen dem Menschlichen und dem Göttlichen. Auch in einem Parlament finden sich die verschiedenen Parteien nur durch einen Kompromiß, und es bleibt immer (ich möchte sagen: notwendigerweise) eine Minorität, die mitunter bedeutend sein kann. Die Abstimmung erscheint als ein Sieg der Majorität.

Man hat beim Konzil manchmal von Siegern und Besiegten gesprochen. Ich nenne den, der durch eine Wahrheit oder durch einen Aspekt der Wahrheit, den er noch nicht kannte, überzeugt wurde, einen Sieger. Man sollte seinen Gesprächspartner nicht zu besiegen, sondern zu überzeugen trachten. Aus einer heilen und heiligen Diskussion gehen, um mit Karl Marx zu reden, weder ‚Herr' noch ‚Knecht' hervor, sondern zwei Diener der Wahrheit."

Ich

„Eure Heiligkeit beschreibt die intellektuelle Schönheit des Konzils. Aber glauben Sie nicht, daß doch jeder bei seiner eigenen Ansicht bleibt? Und wenn die Bischöfe der Minorität dann der Mehrheit beitreten, so deshalb, weil sie sehen, daß die Opposition zu nichts führt, und weil sie sich lieber der mächtigen Tendenz, dem Lager der Sieger anschließen wollen."

Er

„Die Größe des Konzils beruht nicht auf dieser (wohl verzeihlichen) Schwäche, sondern im Antrieb des Geistes, der eine Frucht der Vernunft und der Gnade ist, der jeden Konzilsvater anregt, nach der tiefen und universalen Wahrheit zu suchen. Diese entspricht der lebendigen Tradition und umfaßt alle Teilwahrheiten und persönlichen Gesichtspunkte. Denn sie ist der Ort, wo diese leben, miteinander zusammenhängen und sich um das Mysterium des Glaubens gruppieren.

Ähnlich ist es bei den echten Konversionen. Der Konvertit verliert niemals, was er an lebendiger Wahrheit besessen hat. Er findet sie auf einer höheren, vertieften, reineren Ebene wieder.

Auch in einem echten Ausgleich (der ja etwas anderes ist als der Kompromiß) soll sich jeder einzelne Gesichtspunkt so wiederfinden, daß er wahrer ist als zuvor, als er noch leidenschaftlich und einsam war, von einem einzigen Urheber getragen, aus einem einzigen Kopf in notwendig einseitiger Perspektive entsprungen."

Ich

„Ich fragte mich, wie man in dieser Versammlung trotz aller Aufregungen und Gerüchte deutliche Fußspuren ausnehmen könnte: die unsichtbare Gegenwart des Heiligen Geistes. Ich fragte mich manchmal, ob man jeweils gegen Ende einer Session im Konzil nicht ein ähnliches Ereignis sehen könnte wie Pfingsten. O sicherlich keinen Sturmwind und keine ‚Feuerzungen'! Aber doch ein ähnliches Ereignis, oder wenigstens seinen Beginn, etwa eine plötzliche Begeisterung, die diese Versammlung von denkenden Köpfen erfaßt. Solche Überraschungen kann man ja bei manchen Menschenansammlungen erleben. Um wieviel eher bei einer historischen Vereinigung der Söhne des Heiligen Geistes.

Tatsächlich ist am Konzil nie etwas Derartiges vorgekommen. Selbst die Höhepunkte des Zweiten Vatikanums (als am Ende Eure Heiligkeit mit dem Stellvertreter des Patriarchen den Friedenskuß tauschte) waren keine Erleuchtungen. Man empfand eher eine verhaltene, ehrfürchtige, mehr intellektuelle als affektive Erregung. Waren die Bischöfe etwa zu zahlreich? War vielleicht ihre Gedankenwelt allzusehr diejenige des zwanzigsten Jahrhunderts, das alles weiß? Der Himmel öffnete sich nicht, und es erschienen keine Zeichen in den Wolken: Das Erz schwitzte nicht. Es gab kein Gewitter wie 1870, wo, wie man liest, die Mauern der Petersbasilika erzitterten, als die Unfehlbarkeit definiert war.

Ich habe oft über die Kirche nachgedacht, nicht über die gegenwärtige, sondern über die von gestern und von allen Zeiten. Man muß sie nämlich als ein Lebewesen sehen oder als eine Rakete, die ihr Ziel noch nicht erreicht hat. Das, was man als ihre Einheit oder auch ihre Heiligkeit bezeichnet, wird nur sichtbar, wenn man erkennt, wie die Kirche durch die Kulturen und Epochen hindurchgeht und sich alles das assimiliert, was in jeder Kultur und in jeder Epoche lebendig und wesentlich ist. Doch sie selbst wird nicht assimiliert. Gerade das ist meiner Meinung nach das ‚Unwahrscheinliche' an dem Phänomen der katholischen Kirche, wenn man es über lange Zeiträume hinweg betrachtet."

Er

„Die Kirche lebt, die Kirche denkt, die Kirche redet, die Kirche wächst. Wir sollen dieses Phänomen auf uns wirken lassen, wir sollen seine messianische Bedeutung erkennen."

Ich

„Die Schwierigkeit für unsere so dramatische Zeit besteht darin, daß die Kirche dauert; daß sie wächst, ohne den Anschein zu erwecken, als verleugne sie ihre Vergangenheit; daß sie assimiliert, ohne von dem, was nicht sie selbst ist, assimiliert zu werden."

Er

„Aber die Einwurzelung der Kirche in diese Welt kann nur nach den von der Tradition aufgestellten Normen geschehen. Betrachten Sie die Vergangenheit; Sie sehen, daß die Kirche das Wertvolle auswählt. Von der römischen und hellenistischen Zivilisation hat sie den Götzendienst und die Unmenschlichkeiten zurückgewiesen, aber die Schätze ihrer Klassik und ihre Kultur bewahrt. Dem Feudalismus hat sie seine Brutalität und seine Barbarei genommen, aber die positiven Kräfte des mittelalterlichen Menschen erhalten. Der Renaissance hat sie ihren heidnischen Humanismus genommen, aber dessen künstlerische Kraft akzeptiert. Meinen Sie nicht auch?"

Ich

„Wenn man die Kirche mit einem tiefen, innerlichen und umfassenden Blick betrachtet, dann sieht man, so schien es mir immer, daß sie die Form des Ganzen ist. Sie ist bereit, allem, was im Raum des Geistes oder der Geschichte geschieht, eine

Form zu geben, das heißt, seinen Zerfall zu verhindern und seine Entfaltung zu fördern. Was immer es ist: Schriften oder Prophezeiungen, theologische Lehren oder mystische Zustände, Königreiche oder soziale Bewegungen, alte Überlieferungen, Renaissancen, kulturelle und zivilisatorische Neuerungen — die Kirche kann sie aufnehmen und sie das sein lassen, was sie sind, ja sie ermöglicht ihnen das, was sie sind, noch mehr zu sein. Wer geliebt wird, lebt ein volleres Leben."

Er

„Ebenso möchte ich glauben, daß die Kirche zwar den Materialismus, der für unsere Epoche charakteristisch ist, verurteilt, aber daß sie die ungeheuren und wunderbaren Errungenschaften der Wissenschaft, der Industrie, der Technik und des internationalen Lebens unserer Zeit nicht verdammen kann. Sie wird versuchen, sie zu assimilieren, was heißt, ihr die noch fehlenden Prinzipien einzuhauchen, ihr die Horizonte der religiösen Wahrheit, des Gebetes und der Erlösung zu öffnen, was nur sie allein wirksam tun kann. Sie wird heute zu verwirklichen trachten, was sie im Lauf der Jahrhunderte immer getan hat: den Menschen Frieden und Brüderlichkeit geben und aus ihnen Gottes Kinder in Christus machen."

Ich

„Ich möchte noch weitergehen, Heiliger Vater: sie wird ihre Sendung bis aufs äußerste treiben und eine zwar unwahrscheinliche, doch nicht unmögliche Hypothese aufstellen."

Der Heilige Vater

„Und welche Hypothese?"

Ich

„Diejenige des Pluralismus der Welten, die unsere Epoche seit den Astronauten so beunruhigt. Ich glaube, man muß diesen Pluralismus im Auge behalten, wenn man den Katholizismus nach allen Dimensionen ausdehnen will. Wir sind in einer Zeit angelangt, wo wir uns genötigt sehen, den Kosmos als ein Ganzes zu denken. Muß unser Denken beim Menschen stehenbleiben? Vielleicht kommt für unsere Nachfahren einmal der

Augenblick, wo sie mit einem anderen Typ von ‚vernünftigen' Lebewesen in Kontakt treten. Was wird dann geschehen? Ich stelle mir die Dinge folgendermaßen vor:

Entweder werden diese Wesen Jesus nicht kennen, oder das ewige WORT wird sich angepaßt und sich in einer anderen Form mitgeteilt haben. Im zweiten Fall wird es ebensowenig eine doppelte Kirche geben, wie es auch keine doppelte Vernunft gibt. Die Ausdrücke dieser anderen Kirche müßten ihre Entsprechungen in unserer Sprache haben. Für die Wahrheiten des Glaubens, der Wissenschaft und der Vernunft müßte eine Übersetzung angefertigt werden, wie wenn wir eine neue Sprache entdeckten. Manche Stücke aus dem katholischen Gebetsschatz, zum Beispiel die gewöhnliche Präfation, mit welcher der Priester die himmlischen Chöre anruft, oder gewisse versiegelte Bücher, wie die Apokalypse, legen den Gedanken nahe, die katholische Kirche reiche ebenso weit wie die Welten, die sie besitzt. Die katholische Kirche ist auch die Kirche aller künftigen möglichen Welten. Der schöne Ausdruck ‚katholisch' gilt für alle Welten. Die Offenbarung Jesu Christi erstreckt sich auf alle Menschheiten."

Der Heilige Vater

„Je größer das Universum wird, um so mehr führt uns die Ausdehnung der Schöpfung zum Verständnis der Größe dessen, der die Welten erschaffen hat."

Ich

„Man könnte sagen, der ‚Katholizismus' ist der Name, der in der menschlichen Geschichte dem mystischen Leib Christi gegeben wurde, dieser Kommunion der Geister, die durch das Band der Liebe mit Christus vereinigt sind. Der Katholizismus ist das in der Zeit keimhaft gegenwärtige Mysterium der Ewigkeit."

Er

„Das könnte man wohl sagen, dazu würde ich ergänzen, daß das Christentum eine stete Wandlung bedeutet. Es ist die große Umwälzung der Geschichte und des Lebens. ‚Wer in Christus ist', sagt der heilige Paulus, ‚ist ein neues Geschöpf. Das alte ist verschwunden, das neue ist da.' Der Christ bleibt nie auf einer einmal erreichten Stufe, bei einer einmal erworbenen Tugend stehen. Der Antrieb ist dynamisch, er setzt die Seele in Bewegung, er erweckt die Heiligen, die Freunde Gottes. Er verleiht der menschlichen Gesellschaft einen fortdauernden und erneuernden Schwung, einen begeisternden und zuversichtlichen Enthusiasmus.

Heute erkennen wir diesen Geist der Neuheit, der Erneuerung. Nach dem Konzil — in seinem Kielwasser und in seinem Sog — sind die Herzen in einen Zustand der Erwartung, des Aufbruchs, der Öffnung und des tatkräftigen Eifers geraten. Davon werden zum guten Teil die künftigen Früchte des Konzils abhängen. Diese geistige Haltung ist durchaus richtig und lobenswert. Diese geistige Haltung müssen sich sowohl diejenigen, die beim Konzil eine verantwortliche Stimme hatten, als auch jene, die diese Stimme hören sollen, zu eigen machen und festigen, damit das Konzil alle seine Ziele erreiche. So wird das geheimnisvolle Wirken des Heiligen Geistes in der Lenkung, Belebung und Heiligung des mystischen Leibes Christi, der Kirche, leichter und fruchtbarer. Und die Kirche sind wir, sofern wir rechtmäßig mit Christus vereinigt sind. Es erfordert geistige Wachsamkeit, wenn wir wollen, daß das Konzil seine Zwecke erreichen und zur entscheidenden Erneuerung des kirchlichen Lebens dienen soll. Unter Wachsamkeit verstehe ich Aufmerksamkeit, Erkenntnis, Vertrauen, Anspannung, Demut und den Willen, die Neuerungen, die das Konzil uns bringen kann, anzunehmen und willkommen zu heißen. Bloßer Eifer genügt nicht, es braucht einen schöpferischen Impuls, aber stets im selben Sinn. Das Konzil ist keine Neuerung, sondern der überlieferte Geist, aber mit mehr innerer Wahrheit, mit mehr Echtheit, mit mehr Liebe. Wir können uns in der ganzen Geschichte der Kirche wiedererkennen, sie ist dieselbe. Ihre Fehler sind nicht wesentlich; sie erscheinen uns deshalb schwerwiegender, weil wir sie von unserer Kultur her beurteilen, von unserem kulturellen Fortschritt her, den wir ja auch dem Evangelium verdanken. Steht nicht die Kirche zu einem guten Teil am Ursprung dieser Zivilisation, deren Wahrheit die Welt heute anerkennt und gutheißt? Die Menschheit ist ihr verpflichtet durch eine geheime Erwartung, die in einigen Grundtendenzen der modernen Geschichte bestätigt scheinen: zum Beispiel die Suche nach Wahrheit und Freiheit, der Zwang zur Einheit, die Sehnsucht nach Brüderlichkeit und Frieden. Diese Worte erlangen ihre lebendige Erfüllung nur im Lichte des Evangeliums."

Ich

„Was ich im Konzil gesehen habe, war, wenn ich so sagen darf, mein eigenes Mysterium. Es war das nach außen projizierte, vervielfältigte, vergrößerte und dramatisch gewordene Mysterium eines jeden Bewußtseins. Denn wir alle sind eine Art Konzilsversammlung. Wir suchen unsere eigene Einheit, was so schwer ist. Wir suchen die Einheit mit den anderen, was fast unmöglich ist. Wir suchen durch diese zwei Uneinigkeiten hindurch die Einheit mit dem höchsten Mysterium."

Er

„Da Sie gerade dabei sind, mir Ihre persönlichen Ansichten anzuvertrauen, schildern Sie mir doch Ihre Eindrücke, die Sie an jenem Dezembermorgen hatten, als Sie vor den Konzilsvätern sprachen. Ich hatte Ihren Text gelesen und Sie, glaube ich, um keinerlei Änderungen gebeten. Ich ersuchte Sie, über Ihre eigenen Erfahrungen zu berichten. Man soll einen Laien, ob alt oder jung, nie daran hindern, seine Erfahrungen oder Erkenntnisse auszusprechen. Das ist die Freiheit des Geistes. Wo der Geist des Herrn ist, da ist Freiheit."

Ich

„Meine Eindrücke? Ich sah die Bischöfe nicht. Übrigens konnte ich sie von dort aus, wo ich mich befand, gar nicht sehen. Am Abend vorher wurden mir Ratschläge gegeben. Die einen sagten: ‚Sprechen Sie vor allem mit Überzeugungskraft und Wärme, Sie sind ein Laie.' Die anderen sagten: ‚Sprechen Sie nicht zu feurig, sondern ruhig, würdig und sachlich.' Ich entschloß mich, mich so zu geben, wie ich bin. Man riet mir, deutlich zu sprechen, und wie Demosthenes . . .

Als es soweit war, sah ich nur Eure Heiligkeit. Es war mir, als ob Sie mir sagen wollten: *Geh deinen Weg*. Ich habe bemerkt, daß in schwierigen Situationen ein anderer meinen Platz einnimmt und wirkt. Man beobachtet nur ganz geringfügige

Details. Und ich glaube, daß der Tod leichter ist, als wir fürchten. Der Herr nimmt uns hinweg, während man nur auf die Atmung achtet."

Der Heilige Vater
„Ihre Agonie ist rasch beendet. Aber darf man Sie jetzt, wo das Konzil vorüber ist, fragen, was Sie für das bedeutendste Ereignis in seiner Geschichte halten?"

Ich
„Es ist schwer zu sagen, was das wirklich Entscheidende an einem Ereignis ist. Die Geschichte bietet uns spektakuläre Ereignisse, die keinerlei Folgen hatten, und anderseits Aussaaten, die zunächst unbemerkt blieben und dann alles veränderten. Tacitus, der tiefsinnige Beobachter, hat im werdenden Christentum nichts als eine Streitfrage der Juden gesehen. Ich bin der Ansicht, daß manche Aspekte des Konzils, die die Presse beschäftigen, rasch vergessen sein, daß dagegen unbemerkte Aussaaten wachsen werden."

Der Papst
„Darf man fragen, welches diese unbemerkte Aussaat ist?"

Ich
„Die Bischofssynode."

Der Papst
„Ich habe sie noch nicht einberufen."

Ich
„Sie ist beschlossen, das ist entscheidend. — Man hat mir oft die Frage gestellt: ‚Wie kommt es denn, daß es während der Geschichte der apostolischen Kirche so wenige ökumenische Konzilien gegeben hat? Daß Petrus die Zwölf nicht öfter zusammengerufen hat, um mit ihnen einen einzigen Leib zu bilden, wie es am Anfang der Fall war?' "

Der Papst
„Und was antworteten Sie?"

Ich

"Ich sagte: ‚Dafür gab es zwei Gründe. Der erste war technischer Natur und bestand in den Verkehrsschwierigkeiten, in der relativen Abgeschlossenheit der einzelnen Weltgegenden. Der zweite Grund war ein historischer und bestand in der Rolle des Papsttums, das nach dem Zusammenbruch des Römischen Reiches die kulturellen Aufgaben der abendländischen Geschichte übernahm. Die Bischöfe bildeten ein unsichtbares Konzil, das nur in Zeiten höchster Gefahr tatsächlich zusammentrat.' "

Der Heilige Vater

"Sie vergessen offenbar das Heilige Kollegium."

Ich

"Der Heilige Vater wählt die Kardinäle in aller Freiheit aus, nach einem System, das an die Adoption der Cäsaren erinnert. Der Papst wählt jene, die seinen Nachfolger wählen werden. Dieses bewegliche System war die Garantie für eine große Kontinuität der geistlichen Macht. Aber am 15. September 1965 vernahm man aus dem Munde Pauls VI. die Einsetzung der Bischofssynode. Man muß alle seine Worte wägen. ‚Wir beobachten aufmerksam die Zeichen der Zeit und bemühen Uns, die Methoden des Apostolates den wachsenden Bedürfnissen unserer Epoche und den gesellschaftlichen Entwicklungen anzupassen. Unsere apostolische Sorge gebietet Uns ferner, Unsere Einheit mit den Bischöfen immer enger zu gestalten. Der Heilige Geist hat sie begründet, vielleicht im Hinblick auf die kommende Universalkirche Gottes.'

Zum erstenmal in der Geschichte werden viele Berater des Papstes von Bischofskonferenzen ernannt. Paul VI. hat den Wünschen des Konzils bezüglich der Kollegialität Rechnung getragen. Er hat die Wünsche sozusagen in eine dauernde Institution verwandelt. Sie ist scheinbar neu, stellt jedoch nur die Situation der Urkirche wieder her: Petrus und die Zwölf. — Darf ich noch hinzufügen, was mir in den Sinn gekommen ist? Es betrifft die Zukunft.

Der Heilige Vater

"Es ist nicht verboten, über die Zukunft zu reden, und wenn es falsch war, wird niemand Sie tadeln."

Ich
„Ich stellte mir die Frage, ob das Konzil, dem ich beigewohnt habe, das letzte war."

Der Heilige Vater
„Auch die gegenteilige Ansicht wurde vertreten: es sei mit dem Konzil der Beweis erbracht worden, daß ein ökumenisches Konzil in Zukunft leicht einberufen werden könne."

Ich
„Ich fragte mich: Sehen Menschenaugen das, was ich erblicke, zum letztenmal auf diesem Planeten?"

Der Heilige Vater
„Und warum diese Abenddämmerung?"

Ich
„Weil eine Versammlung von dreitausend denkenden und führenden Köpfen den menschlichen Rahmen sprengt und den wechselseitigen Dialog außerordentlich erschwert. Die Zahl der Bischöfe wird ja mit der Weltbevölkerung anwachsen. Ist eine beratende Versammlung von fünftausend Konzilsvätern noch vorstellbar? Auf der anderen Seite sind die Reisemöglichkeiten derart, daß jeder Bischof der Welt mühelos ein Weekend in Rom verbringen kann, wenn er will.

Und das Fernsehen trägt das Bild und das Wort des Heiligen Vaters überallhin.

Wenn es aber wahr sein sollte, daß dieses ökumenische Diskussionskonzil, wie wir es erlebt haben, nie mehr für eine längere Dauer einberufen wird, dann ist es ebenso wahr, daß das Konzil immer einberufen sein wird, denn die Bischofssynode ist ein dauerndes „Mikrokonzil". In und mit der Bischofssynode findet das Konzil seinen Fortbestand.

Erst die Zukunft wird zeigen, wie sich die Beziehungen der Bischofssynode und der Kurie gestalten werden. Man kann sich vorstellen, daß die Synode so etwas wie ein Verwaltungsrat und die Kurie ein Generaldirektorium sein wird. Die Synode gibt die Direktiven, und die Kurie überwacht die Ausführung.

Darf ich Ihnen eine verfängliche Frage stellen?"

Er

„Ich bin dazu bestimmt, zu hören, was man nicht zu sagen wagt. Und (lächelnd) ich bin auch dazu da, anzuhören, was ich nicht wissen darf. Es ist wichtig, gerade das zu wissen, wovon man in der Umgebung des Papstes nicht spricht.

Welche Kritik am Konzil ist Ihnen zu Ohren gekommen? Die Juden haben am Passahfest bittere Kräuter gegessen. Man braucht die bitteren Kräuter nicht zu fürchten. Ich meine nicht die unvermeidliche Kritik. Wenn man einen Schritt nach vorne macht, finden die einen, dieser Schritt sei zu ängstlich, er habe nichts geändert; die anderen, dieser Schritt sei zu rasch gewesen, er habe alles oder wenigstens zuviel verändert.

Haben Sie nicht einige von diesen weisen und tiefsinnigen Bemerkungen festgehalten, die außerhalb der Kirche, in den Kreisen der ehrlichen und aufgeschlossenen Ungläubigen oder der nichtkatholischen Beobachter, sozusagen der Philosophen, geäußert wurden? Wir können ja unterstellen, Sokrates habe sie auf den Champs Elysées gemacht."

Ich

„Ich erinnere mich an einen indischen Sokrates, einen buddhistischen Philosophen, der mir sagte: ‚Wie merkwürdig ist eure katholische Position beim Konzil. Wir Orientalen haben das Leben über die Wahrheit gestellt. Wir haben Achtung vor den Werten des Lebens, der Freude und des Seelenfriedens. Wir sind in die Wasser des Ganges getaucht, in den Strom der Zeiten, der Wiedergeburten oder, wie ihr es nennt, der Geschichte. Ihr Abendländer dagegen, und besonders die römisch-katholischen Christen, ihr ward da und habt wachsam, unerschütterlich und sicher Gundsätze aufgestellt und verkündet, die sich nicht geändert haben. Wahrheiten, Teile einer unwandelbaren Wahrheit. Wir Inder beneideten euch bisweilen um eure Sicherheit und eure Gewißheit. Ihr spracht mit jener Autorität, die nur die Offenbarung, der Besitz verleiht. Nach dem Konzil nun fragten wir uns, ob ihr nicht *in Wirklichkeit* eure unwandelbare Sicherheit verloren habt. Die Kirche scheint an ihrer Absolutheit zu zweifeln. Sie beschäftigt sich mehr mit dem Leben als mit der Wahrheit. Sie will sich der Welt anpassen, die Sprache der Welt reden, sie schaudert vor der Einsamkeit zurück, in die sie durch das Bewußtsein einer Wahrheit geraten war, die von vielen Menschen abgelehnt wurde. Sie nähert sich dem Leben und der veränderlichen Geschichte.'"

Er

„Darauf würde ich erwidern, daß man nicht trennen darf, wo man nur unterscheiden sollte. Wahrheit und Liebe werden nie Gegensätze sein, weil die höchste und vollkommenste Form der Liebe die Liebe zur Wahrheit ist. Was der indische Philosoph zu Ihnen sagte, beruht darauf, daß das Konzil eine pastorale Zielsetzung hatte. Es ging nicht um die Definition neuer Teilwahrheiten, sondern darum, die Wahrheit für die Geister dieser Zeit zugänglicher und annehmbarer zu machen, folglich auch wahrer, weil mehr geliebt und wirksamer."

Ich

„Die Menschen unserer Zeit haben ein stärkeres Gefühl für das *Werden* als für das *Sein*. Auch die Wahrheit erscheint ihnen der Geschichte unterworfen. Das Konzil mag in ihnen den Eindruck erweckt haben, als ob die Kirche nunmehr ihre Wahrheit dem Werden überlasse. Und manche fragen sich, wie sie das Zweite Vatikanische Konzil mit dem Ersten Vatikanischen Konzil in Einklang bringen sollen."

Er

„Heutzutage eilt die Zeit sehr rasch vorüber, man sagt, die Geschichte beschleunige ihr Tempo. Tatsächlich hat die Kirche in den vier Jahren des Konzils eine ungeheure Strecke durchlaufen. Sie hat einen Sprung nach vorn gemacht, sie ist sehr rasch gegangen, wenigstens dem Anschein nach. Aber beachten Sie wohl — und das wird einen Schüler des Kardinals Newman nicht wundern: sie tat das nicht etwa, um wirklich neue Dinge zu sagen — *nova* —, sondern sie hat das ins Licht gerückt, hervorgehoben, entfaltet und formuliert, was die Kirche seit jeher gedacht hat und was im Evangelium enthalten war. So sind zum Beispiel die Texte über die Religionsfreiheit, die manchen so neu erschienen, aus Stellen der Heiligen Schrift entnommen. Sie verdeutlichen den Gedanken (der dem ganzen Christentum zugrunde liegt), daß der Glaube ein menschlicher

Akt ist und daß ein solcher Akt die Glaubensfreiheit voraussetzt. Denn ohne wirkliche Freiheit ist der Glaubensakt ohne Verdienst. Etwas ganz Ähnliches gilt von dem, was das Konzil über den Ökumenismus und über die Offenbarung gesagt hat. Es gibt da nichts Neues im eigentlichen Sinn. Aber wenn eine bestimmte Weise des Vorgehens, des Denkens oder Empfindens, wenn bestimmte Ausdrucksformen neu sind, dann deshalb, damit das, was seit jeher anerkannt war, noch mehr und noch besser anerkannt werde. Vor allem, damit es mit den Bedürfnissen der heutigen Zeit übereinstimme, die nach mehr Freiheit und Echtheit und nach einem persönlicheren Verständnis der Glaubensgeheimnisse verlangt.

Man hat gesagt, die nachkonziliare Epoche werde eine schöpferische Zeit sein. Das Konzil hat Wege geöffnet, Samen ausgesät, Richtungen gewiesen. Die Geschichte lehrt uns aber, daß nachkonziliare Epochen Zeiten der Stagnation und der Verwirrung sind. Wir brauchen Apostel und Propheten, die dem Geist des Konzils Fleisch und Blut verleihen."

Ich
„Wir brauchen Gelehrte, wir brauchen Organisatoren, wir brauchen neue Formen der Heiligkeit."

Er
„Viele neigen zu der Ansicht: Was nicht neu und modern ist, was mit den Erfahrungen der heutigen Welt nicht übereinstimmt, ist auch nicht lebendig. Statt auszugehen von der Substanz des Glaubens, wie sie durch zwanzig Jahrhunderte gelebt worden ist, nehmen sie die aktuelle Wirklichkeit zum Ausgangspunkt, die heutige Geisteshaltung. Sogar in christlichen Kreisen denken viele, das Christentum bemühe sich um eine Verbesserung der Welt. Aber das Ziel des Christentums ist nicht die Verbesserung der Welt, der materiellen, veränderlichen Welt. Die Welt der übernatürlichen Ordnung unterliegt keiner zeitlichen Abnützung. Da und dort meint man, die Ordnung der Gnade sei in gewisser Weise eine Nebenstruktur; das käme einem naturalistischen Messianismus gleich. Sie wissen ja, je mehr sich die rein materiellen Bestrebungen ihrer Verwirklichung nähern, um so weniger befriedigen sie wesentliche Be-

dürfnisse des Lebens. Ich möchte noch hinzufügen: die Katholiken dürfen der Versuchung, anläßlich des Konzils alles in Frage zu stellen, nicht nachgeben. Das ist ja die große Versuchung unserer Zeit, das kann man überall feststellen: *Von vorn anfangen!*

Wenn die Seele im geistlichen Leben höhersteigt, muß sie durch eine Periode der Krise hindurch. Sie sieht ihren früheren Zustand, den sie bereits ablehnt, den sie auflösen und abtun mußte, während sie die höhere Synthese noch nicht sieht, die sie erreichen will. In jedem Wachstumsprozeß, in jeder Wandlung zum Höheren, jedesmal, sagte der heilige Paulus, wenn man seines gewohnten Kleides *entkleidet* ist, um *überkleidet* zu werden, gibt es einen Augenblick der Nacktheit, der Verwirrung — den der böse Wind benutzt, wo der Teufel sich einschleicht. Diese Zerrissenheit ist an und für sich gut. Es ist die Zerrissenheit des Wachsenden. Glauben Sie nicht, daß sich die Rosenknospe, wenn sie im Frühling aufbricht, zerrissen fühlt, während sie doch blühen wird?

Nein, wir haben nicht die Partei des Lebens ergriffen, um die Partei der Wahrheit zu verlassen. Wir haben der Wahrheit ein reicheres Leben geben wollen. Unsere indischen Freunde weisen uns deutlich auf das unerhörte Privileg hin, das wir besitzen, und es muß noch einmal mit dem heiligen Paulus betont werden, daß wir einen Schatz in einem zerbrechlichen Gefäß tragen."

Ich

„Die Schwierigkeit liegt darin, Wahrheit und Leben miteinander zur Übereinstimmung zu bringen."

Er

„Die Ordnung, die das Christentum erstrebt, ist keine statische, sondern eine Ordnung, die sich entwickelt, ein Anstoß auf eine bessere Form hin, ein Gleichgewicht in der Bewegung. Im Absoluten verankert, nutzt das Christentum die Möglichkeiten, die ihm die Geschichte bietet, um den Beweis seiner Vitalität zu erbringen. Das Christentum weckt das Bedürfnis nach *religiöser* Erneuerung in den Herzen der Menschen, und es weist friedliche Wege zur *sozialen* Erneuerung.

Das Christentum ist keine puritanische und weltverachtende Religion, die sich selbst zu bewahren sucht und sich von der Wirklichkeit, in der die Menschheit lebt, abschließt. Es ist da für die Menschheit, es ist die Religion für die Menschheit. Seine Mission ist es, die Gesellschaft wie die einzelnen Herzen zu durchdringen, um sie zu erneuern und neu zu beleben. Es ist das Licht der Welt, das — notfalls kämpferische — Ferment des Geistes. Es unterschätzt keineswegs die Kraft der Masse und ist bestrebt, zu überzeugen und zu dienen. Es besitzt das Genie der Reform und der Neuheit ebenso wie das der Tradition und der Treue. Das Christentum ist um seine eigene Reform bemüht und um die Reform der Welt. Es ist seinem Wesen nach unbefriedigt. Aber es ist unerschütterlich optimistisch."

VIERTER TEIL

DER PAPST VOR DEM MYSTERIUM

DER PRIESTER

Arme Seele, das ist's!
Paul Verlaine

Ich
„Als ich mich mit Ihnen über die französischen Dichter unterhielt, sagten Sie, glaube ich, daß der vollkommenste dieser Dichter vom christlichen, sogar vom katholischen Standpunkt aus — Paul Verlaine sei, zumal in Hinblick auf den unnachahmlichen tiefen Ernst wie auch die Verskunst, die formale Struktur und den angenehmen Rhythmus."

Er
„Ja, weil Verlaine (dessen Name schon für einen Ausländer so süß klingt), weil euer Verlaine das Verborgenste unserer Seele enthüllt, das Schmerzlichste und Stillste, das Furchtsamste und Glücklichste, das Unsagbare in jedem von uns."

Ich
„Unsagbar?"

Er
„Unausdrückbar, und ... doch, wie soll ich es formulieren, da es unsagbar ist und jenseits des menschlichen Worts? Es ist die Einheit der Qual und des Friedens, der Anbetung und der Zärtlichkeit; es ist die Erhebung zur göttlichen Wesenheit und zugleich der Hunger nach dem Brot und dem Wein der Eucharistie, nach dem ‚Ewigen Kelch', sagt Verlaine. Mit einem Wort, es ist das Glück, Gott mit einem armen Herzen zu lieben."

Ich
„Gestatten Sie, Heiliger Vater, daß ich Ihre Gedankengänge fortführe. Bei Verlaine sind zwei seelische Haltungen aufs innigste miteinander verbunden, die sonst so schwer vereinbar

sind: das Bewußtsein, daß wir unwürdig sind, Gott zu schauen und von ihm geliebt zu werden — und die Gewißheit, daß sich am Ende durch die Gnade Jesu Christi alles zu unserem Besten wendet. Das hat der heilige Paulus ausgesprochen im Kernstück des Römerbriefes. In meinen Augen ist es ein Siegeshymnus, von Hoffnung erfüllt, wie er noch von keinem Menschen geschrieben wurde. ‚Denen, die Gott lieben, gereicht schließlich alles zum besten.' Auch der heilige Johannes sagt, daß die Liebe die Furcht vertreibt.

Heutzutage sind viele Menschen verzweifelt. Ich frage mich sogar (ich wage es nicht zu behaupten), ob nicht der Zweifel daran, das Ideal jemals zu erreichen, von Gott je geliebt zu werden und seiner würdig zu sein, den Atheismus hervorbringt.

Er
„Was wollen Sie damit sagen?"

Ich
„Damit will ich folgendes sagen, Heiliger Vater: Wenn man auf den Grund der Seele hinabsteigt, wohin sie selbst nicht gelangt, findet man dies: Wie mittelmäßig bin ich doch, der Ganz-Vollkommene kann mich nicht lieben. Diese Art Verzweiflung läßt es mir wünschenswert erscheinen, daß der Ganz-Vollkommene nicht existiere und daß das, was existiert, das Nichts sei. Darum wiederhole ich, es ist viel eher so, daß die Verzweiflung den Atheismus hervorbringt, als daß, wie man ohne genügende Überlegung behauptet, der Atheismus die Verzweiflung verursacht."

Er
„Möglich. Recht lange Umwege jedenfalls, um etwas sehr Einfaches auszudrücken. Dem menschlichen Herzen fällt es so schwer, ‚an die Liebe zu glauben, die Gott zu uns hat'. Der heilige Johannes sagt: ‚Und wir haben an die Liebe geglaubt.' Daß sich in einer christlichen Seele die Furcht mit der Gewißheit verbindet, ist schwer zu verstehen und schwer begreiflich zu machen. Und ich sagte Ihnen schon, mir scheint, daß euer Dichter Verlaine eben dies in so schwebende, reine Verse übersetzt hat. Und die Zäsur des Alexandriners läßt die Erschütterung ahnen!"

Ich
„ ‚Dich wahrlich sucht und sucht und findet nicht mein Sinn,
Doch lieb' ich dich! O sieh, wie ich darnieder bin!
Du, dessen Liebe stets emporsteigt flammengleich.' "

Er
„ ‚Und dennoch such' ich dich beharrlich zu ertasten.' "

Ich
„ ‚Auf Erden schon werd' ich von meinen ersten Früchten
dir zu kosten geben, den Frieden des Herzens, die Liebe
zur Armut und meine mystischen Abende.' "

Er
„ ‚O daß ich doch ins Licht mich aufgenommen fände
in langgewohnter Lieb' Erweckung ohne Ende!'
Wie schön, wie exakt und gut das doch gesagt ist!"

Ich
„Mehrmals hat mir ein lutheranischer Freund gesagt, der Katholik suche zu sehr nach einer greifbaren Sicherheit. Er wolle, meinte er, um jeden Preis wissen, daß das Mysterium erfüllt ist, daß ihm vergeben ist und er in Frieden sterben kann. Die römische Zuversicht, sagte er, vermindere den Glauben und das fragenlose Ausgeliefertsein in der Nacht des Nichtwissens."

Er
„In einem katholischen Menschen vereinigt und versöhnt sich alles: das Ungewisse und das Gewisse. Das Wissen um die Erwählung und das Wissen um die Unwürdigkeit, eine vielleicht süße und drückende Last. Sie erinnern sich jenes Verses, der Verlaines ‚Sagesse'* zusammenfaßt:
‚Zur Seligkeit hab' ich das Grau'n, erwählt zu sein.' "

---

* Zu Teil II, Stück VIII des lyrischen Zyklus „Sagesse".

Ich
"Seligkeit und Grauen — wie sehr paßt das zusammen!"

Er
"Glauben Sie mir, ein Papst versteht diesen Zusammenhang besser als jeder andere Mensch."

Ich
"O ja, Heiliger Vater. Vielleicht ist ein Mann, der Papst geworden ist, das einzige Wesen auf der Welt, das einen solchen Vers in seiner ganzen Tiefe und Fülle zu erfassen vermag? Die Dichter wissen nie, was sie tun, und Verlaine, dieser wahnsinnige, finstere Prophet, weniger als jeder andere. Vielleicht hat er den Vers überhaupt nur geschrieben, damit ein Sohn der Kirche ihn als ein Wissender aussprechen kann?"

Er
"Das kann nicht nur der Papst aussprechen: jeder Christ ist Priester und Opfer. Jeder Christ wurde unter allen auserwählt durch eine besondere Liebe. Erinnern Sie sich an das Wort eures Pascal: ‚Ich habe diesen Blutstropfen für dich vergossen.'"

Ich weiß nicht mehr, wie das Gespräch dann weiterging. Ein wenig später unterhielten wir uns jedenfalls über die zu allen Zeiten schwierige Frage: Was ist ein Priester? Und wie stellt sich heute in unserer Zeit die Problematik des Priesters dar? Das ist eine ökumenische Frage ersten Ranges, denn seit der Reformation ist das Priestertum in Frage gestellt. Die ganze Reformation dreht sich darum. Führt nicht das Konzil zu einer neuen Auffassung des Priestertums, die den Priester dem Laien annähert? Das ist ein brennendes, komplexes und abgründiges Problem, das den künftigen Weg der Kirche beeinflussen wird. Denn der Priester von morgen wird wahrscheinlich für lange Zeit die Gestalt des Priesters überhaupt bestimmen. In der jetzigen Phase der Umwandlung hat man weder vom alten noch vom neuen Priester einen deutlichen Begriff.

Er
"Mir scheint, die europäische Literatur begreift das Priestertum besser, als sie es jemals getan hat. Es ist ein großer Fort-

schritt vom ‚Jocelyn' Lamartines, vom ‚Abbé Bonnet' Balzacs oder vom Monsignore Myriel aus Victor Hugos Roman ‚Les Misérables' bis zu dem Landpfarrer, dessen ‚Tagebuch' uns Bernanos hinterlassen hat."

Ich

„Man hat sich vom Äußeren ab und dem Inneren zugewendet. Aber das Innere eines Priesters ist unergründlich, sogar für ihn selbst. Er ist durch seine Amtsgnade geprägt und von den übrigen Menschen isoliert, ich möchte sogar sagen: im Innern seines Seins isoliert. Wie kann er seine geheimnisvolle priesterliche Gewalt jemals verstehen? Welche Geheimnisse sind in ihm begraben und bewirken sogar den Tod des Gedächtnisses? Die Erinnerung, für die meisten Menschen so süß, kann für den Priester nur schmerzvoll und demütigend sein. All das macht die Bewußtseinsanalyse eines Priesters so schwierig. Auch die vertraulichen Geständnisse eines Priesters, die den Inhalt von Kunstwerken, von Romanen und Filmen bilden, kamen mir immer irgendwie oberflächlich und verfehlt vor."

Er

„Mir scheint im Gegenteil, daß die moderne Literatur tiefer in die geheimnisvolle Intimität des Priesters eingedrungen ist. Sie gibt nicht den üblichen Priestertyp wieder, der zwar freundlich, aber etwas komisch wirkt und den Dialog mit der Welt und ihren Nöten meidet. Der sich vor seiner Hauptaufgabe geradezu zu fürchten scheint, nämlich die Bedeutung der Stunde zu erkennen und sich vom allgemeinen Drama der Geister Rechenschaft zu geben. Nein, die Romanciers und Filmregisseure zeigen uns nicht diesen zurückgezogenen und ängstlichen Mann, sondern im Gegenteil einen Priester, der von Geheimnissen und auch von Liebe erfüllt ist. Ein, wie soll ich sagen, seltsames Geschöpf mit einer ganz persönlichen Welt- und Menschenkenntnis, die aus Leid und Gnade entspringt; ein Geschöpf, dazu bestimmt, keinen äußeren Erfolg zu haben, weil die Welt, die ihn umgibt, taub ist."

Ich

„Die Literatur hat den Priester nicht immer so gesehen. Paul Valéry sagte, der Priester sei ein unverständliches Wesen, in gewisser Hinsicht absurd und daher schockierend."

Er

„Ich weiß, für viele ist der Priester der Erbe eines untergegangenen Mittelalters, der Verbündete eines egoistischen Konservativismus, der lebensfremde Bonze einer längst überholten Liturgie."

Ich

„Der Priester ist zum Sinnbild dessen geworden, was der moderne Existentialist oder Marxist unter dem Glauben versteht: ein zweideutiges Wesen, ein Spiegel des Besseren oder des Schlechteren; man weiß von ihm nicht, ob er erhaben oder innerlich verlogen, unaufrichtig ist."

Er

„Ich weiß. Aber seien Sie überzeugt, daß wir, die Priester Jesu Christi, die Unruhe verspüren, die in den Herzen durch die Gegenwart des Priesters in der Welt entsteht."

Ich

„Der moderne Priester sieht sich — im Gegensatz zu früher — mit den Augen der anderen an. Er sagt zu sich, und er sagt wie Jesus zu ihnen: ‚Und du, für wen hältst du mich?' "

Er

„Und was würde man heute darauf antworten?"

Ich

„Der Priester kann für jeden Menschen zum Sinnbild des Besseren oder des Schlechteren, der Erhabenheit oder der Unaufrichtigkeit werden."

Er

„Der Klerus weiß um das wachsende Interesse der Literatur an den Geheimnissen seiner Seele. Er weiß auch, daß man ihn von den neuen Bestrebungen der modernen Welt fernhalten möchte. Wissen Sie, was geschehen ist? Der Priester ist in sich gegangen. Er sagte sich innerlich: Ich muß meiner selbst bewußt werden. Ich muß meine Möglichkeiten, meine Pflichten neu überprüfen und meine besondere Sendung den Bedingungen einer Welt anpassen, die sich so tief verändert hat.

Diese instinktive Bewegung war zunächst eine Bewegung der Abwehr und der Abkapselung. Das war damals, *vor* dem Konzil.

Manche waren der Ansicht, es gehe nicht sosehr darum, die geheimnisvolle Gnade des Priestertums zu verteidigen, die die Welt nicht mehr kannte und die infolgedessen gar nicht in Frage gestellt wurde, sondern die Hülle dieser Gnade, also die äußeren sozialen und kanonischen Strukturen, die das Leben des Priesters schützen und festlegen: seine Kleidung, seine Sprache, seinen Lebensstil. Ja einige meinten, daß darauf alles ankäme, oder wenigstens, daß dies der gefährdetste Punkt sei."

Ich
„Jedesmal, wenn sich der Geist in Buchstaben ausdrückt, meint man, es genüge, den Buchstaben zu bewahren, um den Geist zu retten."

Er
„Richtig. Ich habe Priester gekannt, die sich bemühten, die kultischen Ausdrucksformen, die für sie wichtiger waren als alles andere, von innen heraus neu zu beleben. Die liturgische Bewegung verlieh den Gebetsformen, die veraltet waren, eine neue Bedeutung und eine neue Poesie. Die herbe Schönheit der liturgischen Riten wurde sichtbar. Die Feier der heiligen Geheimnisse ließ den Sinn der unaussprechlichen Einheit des Göttlichen und des Menschlichen im sakramentalen Vollzug wiederaufleuchten. In den betenden Gemeinschaften, die sich um den Altar scharen, entstand ein neues Bewußtsein von der übernatürlichen Freude, von der Gegenwart Gottes und von der menschlichen Liebe. Auch der Priester wurde von freudiger Zuversicht erfüllt: ein neuer Frühling blühte in der Kirche auf.

Aber diese Gemeinschaften waren oft nur kleine Gruppen, die große Masse stand abseits. Das Volk in seiner überwältigenden Mehrheit schien unweigerlich davon ausgeschlossen. Wird es zurückkommen? Nein, es wird nicht zurückkommen. Am Priester ist es, sich aufzumachen, nicht am Volk."

Ich
„Vielleicht ist dies der entscheidende Punkt."

Er
„Das ist tatsächlich das Zeichen der Zeit."

Ich
„Das Zeichen der Zeit fordert die Rückkehr zur evangelischen Situation der ersten apostolischen Sendung. Nicht warten, bis man nach Jerusalem kommt, sondern Jerusalem muß sich in Bewegung setzen. Das Pfingstfest."

Er
„Es nützt in der Tat nichts, wenn der Priester die Kirchenglocke läutet, niemand hört sie. Er muß die Sirenen der Fabriken hören, dieser Tempel der Technik, wo die moderne Welt entsteht und lebt. Der Priester muß wieder zum Missionar werden, wenn er will, daß das Christentum bestehen bleiben und wieder zu einem Ferment werden soll. Der Seelsorger ist Hirt und Fischer, das heißt, er paßt seine Methoden der Absicht an, die er verfolgt, nämlich Seelen zu gewinnen und zu Christus zu führen."

Ich
„Hier fällt mir ein, was Julien Sorel sagt, die Hauptgestalt in Stendhals Roman ‚Rot und Schwarz', der für viele zu einem Lebensbrevier wurde: ‚Ach, wenn ich doch einen Priester, einen wahren Priester fände!' "

Er
„O ja. Aus diesem Geist unserer Zeit heraus beschäftigt man sich sosehr mit der vielfältigen und geradezu skrupulösen Erforschung des wahren Priesterbildes. Auf den Priester richten sich die Blicke vieler einsichtiger Laien, vor allem nach den tragischen Kriegserfahrungen. Ein wahres, gutes, menschliches und heiliges Priestertum würde die Welt retten.

Die Sendung des Geistes ist unbestritten. Sogar der Atheismus hat seine aktiven Anhänger, die sich seinem Ideal verschrieben haben. Die Sorge der Brüder um das Wohl ihrer Brüder ist das einzige, was die Welt wiederaufzurichten vermag. Heute noch, mitten im Sieg des Materialismus, ist der Gedanke des Opfers und der Erlösung der Leitstern jeder echten moralischen und sozialen Bemühungen. Ich hoffe, daß die Menschheit eines Tages unter der schwarzen, verachteten, abgenützten Soutane des katholischen Priestertums zu ihrer größten Überraschung eine in ihrer Art ganz einmalige Welt entdecken wird: eine erhabene, heroische, die sich im dauernden Wechsel von Tod und Wiedergeburt stets erneuert wie die Vollkommenheit auf dieser Erde. Eine übermenschliche und dennoch sehr menschliche Welt. Eine Welt des höchsten Ideals und von höchster Aktualität."

Ich
„Die Totalität des Seins! Seine zwei Unendlichkeiten!"

Er
„Und eine allerhöchste Kunst, wie der heilige Gregor sagte, sofern man hier überhaupt von Kunst reden kann. Dazu bedarf es aller Fähigkeiten, besonders der menschlichen. Nichts Menschliches, die Sünde ausgenommen, ist dem Priester fremd. Was man in ihm sucht, ist Echo, Aufnahme, Stärkung, nicht unbedingt Vergebung oder einen Rat: nein, man möchte ganz einfach gehört und verstanden werden."

Ich
„Doch wie kann der Priester von Mensch zu Mensch reden, wenn ihm die menschliche Lebenserfahrung abgeht? Ich erinnere mich an den Ausspruch Simone Weils: die Reinheit bestehe in der Fähigkeit, das Unreine zu sehen, sie brauche dazu keine eigene Erfahrung, im Gegenteil: Erfahrungsmangel."

Er
„Der Priester braucht keine Erfahrungen zu machen in dem Sinn, in welchem die Wissenschaften von Erfahrungen reden. Der Dichter macht auch keine solchen Erfahrungen, aber die Dichtergabe befähigt ihn dennoch, mit den Menschen zu fühlen, er besitzt den Kern der Erfahrung, ohne sie selbst gemacht zu haben. Denken Sie an Dante. Der Priester ist der höchste Dichter: er ist berufen, nicht nur mitzufühlen, sondern auch mitzuleiden. Seine Keuschheit bedeutet, daß er nicht in *einer* Berufung, in *einer* Situation aufgehen, sondern daß er das Menschliche, Leuchtende und Schmerzliche *aller* Situationen und

aller menschlichen Zustände in sich aufnehmen will. Halten Sie dieses Ideal für unerreichbar? Jedes echte Ideal stachelt auf und entmutigt in einem."

Ich
„Heiliger Vater, wenn ich Sie recht verstanden habe, besteht das Ideal, das Sie dem Priester vorhalten, im Streben nach menschlicher Vollkommenheit."

Er
„Jenseits des Guten ist das Heilige. Jenseits des Schönen ist das Vollkommene."

Ich dachte an das Wort Jouberts: „Nur Weise und Heilige sind glücklich. Aber die Heiligen sind es in höherem Maße, so sehr ist die menschliche Natur für die Heiligkeit geschaffen." Ein Freund erwähnte mir gegenüber einmal die Maxime: „Das Ausgezeichnete kostet weniger Mühe als das Mittelmäßige."

Der Heilige Vater fuhr fort, über den Priester unserer Zeit zu meditieren, dessen Wesenszüge zu vertiefen und sein ideales Bild zu zeichnen. Während er sprach, notierte ich in meinem Gedächtnis den genauen Wortlaut:

Er
„Der Priester muß die unaussprechlichen Wahrheiten, die uns rufen und bedrängen, zu formulieren suchen. Er muß uns das Geheimnis, das das Universum einhüllt, näherbringen, ohne es zu profanieren. Ja ich gehe noch weiter: er muß die Liturgie auf das ganze Weltall ausdehnen, das Gott schweigend verherrlicht, bis in die niedrigsten Formen hinein. Er muß den Dingen ihre Sinndeutung geben und den Geistern eine innere Sprache verleihen. Mehr, noch mehr: er muß bis zu den verborgenen Rätseln der menschlichen Existenz vordringen, denen die Modernen eine so große Bedeutung beimessen."

Ich
„Denn diese Existenz geht uns ja vor allem an."

Er
„Ja, auch der Priester muß jeden einzelnen Teil der gelebten Existenz deuten, in Worte fassen, verklären."

Ich

„Und wie, Heiliger Vater, soll er das nach Ihrer Meinung tun?"

Er

„Indem er der Qual, dem Schmerz und der Liebe des Menschen eine bebende Stimme verleiht."

Ich

„Das ist das Gebet."

Er

„Ja, das ist das Gebet, wie es die Kirche täglich in den Psalmen singt. Das Gebet ist das wahre und immerwährende Licht. Das Licht, das Poesie ist, das Leben ist und in einem gewissen Sinn auch..."

Ich

„Was auch?"

Er

„... Priestertum."

Ich

„In welchem Sinn?"

Er

„Das Licht ist für alle Dinge, die es liebkost, belebt, mit Glanz umgibt und einhüllt, eine Art schweigende Opferung und Konzentration. Mir scheint, die Liebe zum Licht, das volle Verständnis des Lichts ist im Herzen des zwanzigsten Jahrhunderts lebendig geblieben."

Als ich den Heiligen Vater mit solcher Ergriffenheit über das Priestertum sprechen hörte, sagte ich mir, daß hierin sein wesentliches Geheimnis liegen mußte. Alle anderen sichtbaren Aufgaben erschienen mir da zweitrangig. Oder vielmehr, sie schienen mir aus dieser ersten Berufung in ihm hervorzuwachsen.

Ich ahnte, daß eines der Leiden seines Lebens — infolge

der äußeren Umstände, des Gehorsams gegenüber den Zeichen — die Beschränkung auf die vom wahren Priestertum so weit entfernten administrativen Funktionen gewesen war. Er war mehr für das private Gespräch, für die Seelenführung und die verborgene, individuelle Gewissensleitung geschaffen — wie Petrus zum Handwerk geboren war und dazu, ein kleines Fischerboot zu steuern, nicht zu jenem universellen und absoluten Fischfang. Er sagte mir, es gäbe in ihm eine schmerzliche und unbefriedigte Seite, denn die Seelsorge, zumal auf der höchsten Stufe, biete nur wenig Gelegenheit, dieses innere Priestertum, die Leitung einer einzelnen Seele — groß wie eine Welt — auszuüben. Seine Stimme wurde lebhafter, je mehr er vom Priestertum sprach. Sie wurde zu einer Dichtung, zu einer „Erhebung", wie Kardinal Bérulle gesagt hätte, zu einem Hymnus auf den unnennbaren Glanz des Priestertums, das sich in seiner Hinwendung zur Welt entfaltet, verfeinert, erprobt; das sich der unruhigen Sensibilität des Menschen im ausgehenden 20. Jahrhundert angleicht und sich dadurch festigt und läutert.

Ich neige zu der Ansicht, daß er, wie wir alle es tun, mit diesen allgemeinen Gedanken etwas von seiner persönlichen Geschichte mitteilte. Giovanni Battista Montini wurde die so typisch menschliche Gabe, die dennoch sehr selten anzutreffen ist, in die Wiege gelegt: *mitzufühlen* mit den Menschen dieser Zeit. Durch den Besitz der humanistischen Bildung wurde er befähigt, mitzuteilen, was er empfand. Diese Fähigkeit ist übrigens in dem lebhaften italienischen Volk ziemlich verbreitet, dessen Intelligenz mit seiner Sinnlichkeit so gut in Einklang steht: ein Lebensstil, der sich nicht nur in der gehobeneren Sprache, sondern auch in den gewöhnlichsten Worten manifestiert. Mir schien, seine erste Berufung (ich wagte niemals, ihm diesbezüglich irgendeine Frage zu stellen) sei eine weltliche gewesen: eine Berufung zum Leben in der Welt, inmitten der Welt und ihres pulsierenden Daseins. Nun fragte ich mich, warum er wohl dieser weltlichen Berufung nicht Folge geleistet hatte.

Ich hatte Gelegenheit, einige Berufungen zum Priestertum mitzuerleben, ihr Wachstum und Offenbarwerden im Jünglingsalter zu beobachten. Bei Herrn Pouget wie bei Kardinal Saliège oder bei Abbé Thellier de Poncheville handelte es sich um Berufungen, die von den Betreffenden selbst sehr früh und ohne Schwierigkeit erkannt wurden. Das kann man aus meinen drei Büchern über sie ersehen. Jede dieser drei Priestertypen war zur Welt hin orientiert, zur modernen Welt, hier mehr wissenschaftlich, dort mehr sozial. Aber noch niemals zuvor hatte ich Paul VI. mit solcher Bewunderung, mit solcher Glut von der „Welt" sprechen hören. Für die oben erwähnten Männer war die Welt ein profaner Bereich, den man christianisieren mußte. Sie standen der Welt durchaus nicht feindlich, aber doch distanziert gegenüber, ohne ihre komplexen Verhältnisse mit allen Besonderheiten, Qualen und Versuchungen von innen her zu kennen. Ich habe bereits in einem früheren Kapitel dieses Buches von der sensiblen (man müßte sagen: sensitiven) Verbundenheit des Papstes mit der Welt von heute gesprochen. Und als ich seine Jugendzeit kennenlernte, erfuhr ich, daß sein Entschluß, Priester zu werden, seine Umgebung überrascht hatte. Da stellte ich mir die Frage, ob in seinen Äußerungen über das Priestertum nicht ein verschleiertes Bekenntnis lag, das etwa folgendermaßen lauten würde:

„Ich fühle mich intensiv dazu berufen, für die Welt da zu sein und in der Welt zu bleiben, als *Laie,* wie man heute sagt. Ich hatte keine Neigung zum geistlichen Stand, der mir oft in einer statischen, abgeschlossenen Form begegnete. Der Klerus versuchte mehr zu bewahren, als zu bewegen, und damit auch alle weltlichen Bestrebungen zu beschneiden in dem Maße, als die Welt verurteilt ist. Und kann man im zwanzigsten Jahrhundert Priester werden, wenn man sich mit derlei Gedanken trägt? Ist das nicht vielmehr ein deutliches Zeichen einer anderen Berufung, in der man seine Fähigkeiten für das allgemeine Wohl der Kirche besser entfalten kann?"

Darauf dachte ich an die „Vorlieben" Pauls VI., von denen ich gesprochen habe, namentlich an den hl. Augustinus und an Kardinal Newman. Die besaßen ebenfalls ein Einfühlungsvermögen, das sie mit der menschlichen Natur vertraut machte, wie sie sich inmitten der Erdenbewohner ihrer Zeit entfaltete, in Tumulten und Verwicklungen, in Widersprüchen und Mißverständnissen, in innerer Zerrissenheit, in Zweifeln und Skrupeln, in Verwundungen und Heilungen, in den Stürmen des Geistes und in den Nächten des Glaubens. Augustinus wie Newman neigten zu einer Form der Heiligkeit, die sie von der Welt scheinbar absonderte — als ob ihr Einfühlungsvermögen aufgezehrt werden sollte, nicht um vernichtet zu werden, sondern um in einer reineren Gestalt neu zu erstehen. Ihr Horizont weitete sich, und ihr Einfluß auf die Menschen wuchs ins Ungemessene. Denn was in uns geopfert wird, wird auch verwandelt; eine geopferte Sensibilität verleiht empfindsame Antennen.

Wie paradox ist die Vorsehung Gottes. Er bereitet ein Wesen auf eine bestimmte Daseinsform vor, dann zwingt er es in die entgegengesetzte Form, als ob der Fortschritt des Lebens auf Widersprüchen beruhte, als ob der Schöpfer auf diese Weise mehr aus uns herausholte. So mußte die Vorsehung eine „weltliche Sensibilität" heranbilden: die eines irdischen Redners, die einer von Bangnis erfüllten modernen Seele — Augustinus und Newman. Dann hat sie sie in den weißglühenden Zustand des kirchlichen Amts umgegossen und einen „Kirchenvater" hervorgebracht, der imstande war, die Gläubigen einer sich wandelnden Zeit zu verstehen und auf das Kommende vorzubereiten. Die gleiche Erziehungsmethode kann man bei Saulus beobachten, der zum Paulus wurde.

Doch zurück zu Paul VI. Meiner Ansicht nach war seine Empfindungsfähigkeit (die sich kaum von seiner Erkenntnisfähigkeit unterschied) von Anfang an auf die vornehmsten und kompliziertesten Verhältnisse dieser Welt gerichtet, die sich in einer Periode des Wachstums und der Wandlung befinden. Er fühlte, und weil er fühlte, verstand er auch, ohne lange Studien und ohne besondere Spezialkenntnisse.

Es kann sein, daß er in seiner Jugend dieses oberste Gesetz erkannte: Wir besitzen nur das, worauf wir verzichtet haben. Das ist es, was Jesus lehrt; sich verlieren, ja sich aufgeben — doch in der Hoffnung, was sage ich, in der Gewißheit, daß Gott uns auferweckt in einer höheren Lebensform, wo er selbst das Prinzip unserer Natur und unserer Einfühlungsgabe sein wird.

Zweifellos hat der junge Montini dieses Lebensgesetz schon sehr früh gekannt. Die Lehrer aus dem „Oratorium", die vom Gedanken der Abtötung (sogar wenn sie fröhlich war wie beim hl. Philipp) lebten, waren von diesem Gesetz durchdrungen. Immer und immer wieder kamen sie darauf zurück: das war das Geheimnis ihrer Erziehung großmütiger Seelen, besonders solcher, in denen sie den Funken entdeckten, den nichts auf der Welt ersetzen kann: die Originalität, die sich schon in der Kindheit zeigt und auf eine gewisse Begabung hinweist. Aber auch das, und vor allem das, muß geopfert werden. Es muß zerstört oder wenigstens beiseite gelegt werden, damit es auf einer höheren Ebene und in einem anderen Licht wiedererstehen kann.

Die „Laienberufung", die menschliche, kosmische, politische, soziale und „weltliche" Berufung des jungen Montini blieb bestehen. Sie wurde nicht verdrängt, sondern sublimiert, was etwas ganz anderes ist.

Das ist's, denke ich, was seinen Worten über das Priestertum eine solche Tiefe und Begeisterung verlieh.

Die Gnade des Opfers verzehrt den Menschen, doch sie tröstet ihn auch, sie ist, wie Pascal sagte, ein Feuer. Oft hat der Papst das einfache Wort „Feuer" benützt. Gern zitiert er den Vers von Lukas: „Ich bin gekommen, ein Feuer auf die Erde zu senden, und was wollte ich mehr, als daß es schon brennte." Gern betont er mit Paulus das Feuer des Geistes. Nach all dem Gesagten begreift man, daß stets etwas Glühendes, Lebendiges und Feuriges in ihm ist. Diese menschliche Einfühlung, die immer gegenwärtig und zugleich in der Hingabe des Priestertums aufgezehrt ist, erklärt vielleicht sein ganzes Wesen. Doch wir haben die Tür des Tabernakels gerade erst halb geöffnet und wollen nicht weiter vordringen. Schweigen wir also fortan.

Der Leser wird jedoch verstehen, warum ich in Mailand und in Rom vor, während und nach dem Konzil immer wieder mit ihm auf die Berufung des Laien zu sprechen kam. Die Welt des Laien ist im Grunde genommen die gesamte Welt.

Er sagte zu mir: „Denken Sie über das Wesen des Laien nach, das heißt über seinen Unterschied gegenüber dem Priester. Der Laie ist wie der Bischof ein Nachfolger der Apostel. Aber nur der Bischof erbt das sichtbare, verantwortliche, priesterliche Hirtenamt im vollen, eindeutigen Sinn. Denn allein dem Bischof wird das offizielle Hirtenamt des Apostels übertragen. Aber auch der Laie stammt von den Jüngern und Aposteln ab. Doch hat er nur einen Teil der ganzen apostolischen Erbschaft erhalten, den er mit dem Bischof gemeinsam besitzt. Dieser Teil, der ihm nicht ausschließlich zukommt, nämlich die Zeugenschaft, ist seine Glorie und sein Erbteil. Der Laie ist wesentlich ein Zeuge, die Zeugenschaft sein Auftrag."

Ich habe lange darüber nachgedacht, daß der Laie vor allem als „ein Zeuge" anzusehen sei. Dieser Gedanke paßt zu der Philosophie des Zeugnisses, die ich seit langem entworfen habe. Ich hatte den Eindruck gewonnen, daß die christlichen Denker den Akt der Zeugenschaft nicht genügend berücksichtigen. In der Exegese des Neuen Testaments betrachtet die Bibelkritik die Verfasser des Neuen Testaments als Schriftsteller und mystisch Inspirierte, als Verwalter und Sprachrohre des Glaubens der Gemeinden, jedoch nur selten als diejenigen, die „gesehen" und „betastet" haben, die einem wirklichen Ereignis beiwohnten oder jene, die es gesehen haben, befragten. Wir haben den Sinn für die historische Wirklichkeit verloren und damit auch für die Bedeutung des Zeugnisses. Das Ereignis verwandelt uns innerlich so sehr, daß wir, um die Wahrheit des Ereignisses aufrecht zu erhalten, Zeugen im höchsten Sinne des Wortes werden: Märtyrer.

Das sagte ich dem Heiligen Vater (indem ich meine Überlegungen zusammenfaßte). Ich war stets der Meinung, daß das Evangelium und die Johannesbriefe die Keime zu einer tiefen Methaphysik des Zeugnisses enthalten.

Er
„Das wäre also auch die Charta des Laienapostolats?"

Ich
„Im Evangelium des heiligen Johannes, ‚der an der Brust des Herrn ruhte', wird die Zeugenschaft wunderbar beschrieben. Das WORT bezeugt den Vater, weil es ewig ‚im Schoße des Vaters' ruht. Die Apostel bezeugen das WORT des Lebens. Sie erwecken weitere Zeugen, das sind die Jünger. Die Jünger haben weder gesehen noch gehört noch betastet. Sie sind Zeugen zweiten Grades, die Zeugen der ersten Zeugen.

Zu diesem fundamentalen Zeugnis, welches dasjenige der Kirche ist, kommt das Zeugnis ihrer eigenen Erfahrung, ihrer persönlichen Überzeugung hinzu bis zum Zeugnis des Martyriums, wenn Gott es will. Das ist der wesentliche Akt der Zeugenschaft, ein untrügliches Zeugnis, dem die Menschen den Glauben nicht versagen können. Der Laie müßte ein potentieller Märtyrer sein.

Die Apostelgeschichte zeigt ihn in entscheidenden Initiativen: Es waren ‚einige' (lateinisch *quidam*, griechisch *tines*) — beachten Sie dieses Wort: die Laien haben keine Namen, sie werden nicht genannt! Es waren also einige, ‚die auch zu den Griechen sprachen und Jesus Christus verkündigten'. (Apg. 11, 20). ‚Und die Hand des Herrn war mit ihnen.' Diese Unbekannten gründeten die Kirche von Antiochien schon vor den Missionsreisen des Paulus. Noch unbekannter sind die Laien, die vor der Ankunft des Petrus in Rom die Kirche Roms gründeten.

Laien waren die Eheleute Aquila und Priscilla, die in derselben Gründungszeit ihre apostolische Aufgabe mit der Gnade des Ehesakraments erfüllten."

Er

„Es ist so, wie Sie sagen: Das Mysterium des Laien, das heißt des apostolisch beauftragten Laien, hat von Anfang an in der Kirche existiert; und zwar immer dann, wie es in der Oration vom Fest des heiligen Franz von Assisi heißt, wenn es galt, die Welt, die zu erkalten drohte, wiederzuentflammen. Der Dritte Orden des heiligen Franz war eine Organisation des Laienapostolats."

Ich

„Und der heilige Franz wollte nie Priester werden..."

Er

„Im gegenwärtigen Zeitpunkt tritt dieses Geheimnis stärker in den Vordergrund infolge des Priestermangels, infolge der Feindseligkeit gewisser Gruppen und infolge der Säkularisierung der Kultur. Aber (o Freude und o Wunder!) dieses Zeugnis der modernen Laien führt uns zu den Anfängen der Kirche zurück, zu den Quellen und in eine größere Nähe zu Jesus! Gerade diese außerordentliche Veränderung der Welt gibt uns die neue Hoffnung auf einen neuen Beginn."

„Sie sind, wie gesagt, die Zeugen des Glaubens. Es fiel mir auf, wie sehr Kardinal Newman diesen Punkt betonte in seiner Schrift, die ihm in Rom so viele Schwierigkeiten verursachte: Man muß die Laien in Glaubensfragen zu Rate ziehen. Newman wies nach, daß es Laien waren, die zusammen mit dem Heiligen Stuhl in der Zeit nach dem Konzil von Nicäa den Glauben retteten."

„Sehen Sie", meinte der Papst lächelnd, „der Heilige Geist hat die Laien nicht vergessen, möglicherweise gibt es in der Kirche eine ähnliche Situation wie die, welche Newman beschrieben hat. Ich glaube, wir werden in Zukunft auch Laientheologen haben. Wer weiß, vielleicht wird die künftige Theologie hauptsächlich das Werk von Laien sein.

Wie gesagt, die Laien haben keine Macht, die Glaubenslehre zu predigen, noch weniger, sie zu definieren und sie zu überwachen. Das gehört zum Auftrag des Lehramtes. Aber sie haben die Gabe, den Menschen jeder Generation die Wahrheit nahezubringen. So spricht in jedem Jahrhundert das Herz Christi auf intimere und wirksamere Weise zu den Herzen der Menschen. Das hat in Ihrer Nation Pascal getan; er suchte unaufhörlich nach besseren Möglichkeiten, den Menschen zu Gott zu führen."

Ich

„Man könnte vielleicht auch sagen, daß der Laie eine pädagogische Berufung hat. In diesem Zusammenhang darf nicht vergessen werden, daß alle Mütter Laien sind. Wer ermißt den Einfluß der Mütter bei der Erziehung des Menschen von morgen, des Priesters im Menschen, und manchmal im Priester?"

Er

„Die Kirche ist, Sie wissen es, stolz darauf, die Würde und Freiheit der Frau gefördert zu haben. Sie ließ — trotz aller natürlichen Verschiedenheit — ihre Gleichheit mit dem Mann im Lauf der Jahrhunderte aufleuchten.

Die Stunde kommt und ist da, wo sich die Berufung der Frau in ihrem ganzen Umfang entfaltet. Die Stunde, wo die Frau in der Gesellschaft einen Einfluß, eine Ausstrahlung und eine Macht gewinnt wie niemals zuvor. Nebenbei bemerkt: Ich denke, jetzt, wo die Menschheit eine so tiefgehende Veränderung erfährt, können die vom Geist des Evangeliums erfüllten Frauen entscheidend dazu beitragen, die Menschheit vor der Unmenschlichkeit zu bewahren. Zumal die Frau in ihrem ganzen Wesen religiös veranlagt ist. Ihre Liebe ist eine menschliche Liebe. Das stellte ich am Konzil fest. Dort, wo die gescheiten Theologen oft keinen Ausweg mehr wußten, gingen christliche Frauen unmittelbar aufs Wesentliche, wie die beiden Theresien. Man überlegte und betete. Sie fasteten auch und litten. Das ist ihre Art, zu handeln und zu siegen."

Ich

„Ich sagte einmal: ‚Madame Acarie hat Omeletten gebacken, Madame Acarie hatte ihre mystischen Ekstasen. Aber nicht das Nebeneinander der beiden Beschäftigungen — der aktiven und der kontemplativen — war das Außerordentliche. Das Überraschende an der (weiblichen) Mystik liegt vielmehr darin, daß die Ekstase während des Backens auftrat. Die Frau steigt ohne weiteres auf und ab auf der Leiter, die vom Alltäglichsten zum Höchsten empor und wieder zum Alltag herabführt. Sie gleicht dem Engel, der mit erhobenem Finger auf den Himmel weist und gleichzeitig die vom Glanz geblendeten Apostel auffordert, nach Jerusalem zurückzukehren und auf der Erde zu arbeiten.' Ich hatte Gelegenheit, meinen alten Freund Kardinal Saliège zu begleiten, als er Frauenorganisationen besuchte und ihnen seine intuitiven, prophetischen Vorschläge machte. Ich hörte ihn sagen: ‚Wie der moderne Mann die in der Materie schlummernde Energie zum Guten oder Bösen entdeckte, so müßte man eines Tages die in den Herzen der Frauen schlummernde explosive Energie befreien.' Oder noch prophetischer, geheimnisvoller, energischer: ‚Ich träume davon, daß eines Tages aus der kochenden Menschenmasse eine Bäuerin oder eine Arbeiterin hervorgeht, die der Stimme des Himmels antwortet und die blutigen, zerstreuten Glieder der Menschheit ergreift, um daraus die menschliche Einheit zu machen, über die sich der Segen des römischen Pontifex ergießt.' "

Er

„Das ist eine Prophetie. Die Frau kann nicht Priester sein. Sie bringt nicht das Opfer dar. Aber die Frau kann selbst eine Opfergabe sein."

Später gestand ich ihm meine Besorgnis, die ich angesichts der Laienversuchung für gewisse Priester empfand. Ich glaube durchaus an die Differenzierung der kirchlichen Stände, und daß man unterscheiden muß, um wirklich sehen zu können. Und wie sehr ich den Sakristei-Laien fürchte, der wie ein verhinderter Priester ist, ebensosehr fürchte ich den allzu militanten Priester, der wie ein Laie ist, den die Weihe kaum berührt hat. Der Heilige Vater bat mich, genauer zu sagen, was ich meine.

„Ich fürchte", so führte ich aus, „daß die Priester von morgen — in der noblen Absicht, sich ihren Brüdern, den Laien, anzunähern — der Versuchung erliegen werden, uns in unseren eigenen Bereich zu folgen. Ich fürchte, sie könnten es bedauern, nicht wie wir Spezialisten, Professionale, Techniker, Politiker, Gewerkschafter, Arbeiter oder Chefs oder Familienväter zu sein, Zellen des sozialen Organismus, die die ‚Geschichte' der Zeit mitgestalten. Ich fürchte, sie werden sich verausgaben in dem Bestreben, unsere Methoden und Geisteshaltungen zu übernehmen, unser hektisches Leben, unsere irdischen Sorgen, die Aufgaben der Politiker, mit einem Wort: den Lebensstil des modernen Laien. Ich fürchte auch, sie möchten wie unsere modernen Beichtväter werden: Psychiater, Therapeuten, Soziologen, Psychoanalytiker und Psychologen, weltliche Fachleute. Dennoch werden wir Laien, die wir mittendrin stehen, stärker sein als sie.

Wenn ich junge Kleriker reden höre, fürchte ich, daß sie die Würde ihres Standes nicht mehr genügend zu schätzen wissen. Irgendwie bedauern sie, daß sie nicht den Weg des ‚Laienapostolats' gewählt haben, der freilich breiter, angenehmer und ‚luftiger', menschlicher, wärmer und solidarischer ist. Ich fürchte, sie fühlen sich manchmal in ihrer abendlichen Einsamkeit ‚von den Menschen, ihren Brüdern, abgeschnitten' und von den anderen als fremdartige Wesen angesehen, ohne Familie, ohne vitale Erfahrung und fast ohne Wurzeln. Oder daß sie die Ausnahmesituation der ‚Arbeiter-Priester' als Ideal betrachten.

Da möchte ich aus meiner langen Lebenserfahrung heraus zu ihnen sagen: ‚Ihr werdet den kürzeren ziehen, wenn ihr in unserem Lebensbereich es uns gleichtun oder uns leiten wollt. Ihr werdet stets gewinnen, wenn ihr mit Freude, Kraft und Einfachheit in dem euch eigentümlichen und unveräußerlichen Bereich bleibt: im Priestertum. Wir verlangen von euch vor allem, daß ihr uns Gott gebt, namentlich durch die Macht der Absolution und der Konsekration, die ihr allein innehabt. Wir verlangen von euch, daß ihr »Männer Gottes« seid, »ish Elohim«, wie die Propheten, die Träger des zeitlosen Wortes, die Spender des Lebensbrotes, die Repräsentanten des Ewigen unter uns, die Botschafter des Absoluten. Wir leben im Relativen und wollen in euch das Absolute erkennen. In Wirklichkeit wohnen wir im Relativen, aber wir bewegen uns, atmen und leben doch im Absoluten! Und ohne das Absolute, das uns umgibt, könnten wir das Relative gar nicht ernst nehmen.

Weil wir also nach dem Absoluten hungern und dürsten und es nirgends in seiner Reinheit finden, brauchen wir in unserer Nähe ein Wesen, das uns — sogar in seiner Mittelmäßigkeit und Armseligkeit — gleicht und trotzdem die Idee des Absoluten darstellt und uns durch seine Gegenwart beweist, daß das Absolute existiert und uns näher ist, als wir denken. Die Sehnsucht nach dem Absoluten wird in der Welt von morgen mehr und mehr anwachsen, denn die vom Relativen enttäuschten Völker werden sich zum Absoluten hinwenden.‘ "

Der Papst hörte sich diesen „Vortrag eines Laien" an. Seine außerordentliche Diskretion erlaubte ihm lediglich die Bemerkung: „Die Laien haben, um es mit anderen Worten zu sagen, mehr Autorität als wir. Es ist gut, daß diese Dinge auf Grund einer persönlichen Erfahrung ausgesprochen werden."

Ich faßte mir ein Herz und wagte ein noch verboteneres Gebiet zu betreten.

„Darf ich Ihnen einen Gedanken über die Keuschheit des Priesters vorlegen? Ich weiß, sie ist nicht unbestritten. In unseren Tagen hat man jedoch die Größe des Laienapostolats und die in der Ehe verborgenen mystischen Geheimnisse so wenig hervorgehoben, daß ich bei einigen befreundeten Priestern so etwas wie Reue feststellen kann, so als ob sie dächten: Wenn ich gewußt hätte! Wenn ich zwanzig Jahre später gelebt hätte! Wenn ich ein nachkonziliarer Mensch wäre, ja dann... hätte ich dann diesen Weg gewählt?"

Der Papst bat mich, ihm zu sagen, was ich meinen Freunden antwortete, die mir ihre Seele eröffnet und ihr Bedauern darüber gestanden hatten, allzu spät in eine allzu neue Welt gekommen zu sein.

Ich

„Ich antworte ihnen ungefähr folgendes. Ich halte mich dabei an die Gedankengänge des jungen Philosophen Bergson, als er sich, noch nicht katholisch, bereits ‚Latium' (Rom) näherte. Er sagte, die heutige Gesellschaft ist in ihren Vorstellungen und Antrieben erotisiert. Nun ist die Keuschheit in dieser erotisierten Welt für jeden ein schwerer Weg. Die Tatsache, daß Laien ohne heroische Überwindung die voreheliche Keuschheit sowie die eheliche Keuschheit und Treue bewahren können, beruht darauf, daß sie außerhalb der Klöster junge, starke, männliche, strahlende und leuchtende Menschen sehen, die freudig und mühelos keusch leben. Die Abtötung einiger weniger klärt und reinigt die Atmosphäre für alle, es sind ganze Menschen, deren Leibern jedoch der Stempel des Absoluten eingeprägt ist; genauer: deren Verhalten ohne die Annahme des Absoluten absurd wäre. Ohne sie würde das geistige Niveau sogleich niedriger. Nach und nach würde das Fleisch über den Geist die Oberhand gewinnen, denn man wäre rasch davon überzeugt, daß der Geist das Fleisch nicht bezwingen kann, zumindest nicht außerhalb der exzeptionellen Lebensbedingungen des Klosters oder des Ordensstandes. Es käme zu einem Verlust der Freiheit in den Seelen. Henri Bergson, der Freund der ‚Helden und Heiligen', dachte an die ungeheure Gefahr einer Übervölkerung unseres Planeten. In seiner zurückhaltenden mythologischen Sprache drückte er es so aus: ‚Venus arbeitet für Mars'. Er sah voraus, daß Kriege kaum vermeidbar sind, wenn man den menschlichen Fluß oder Strom nicht aufhält. Er meinte jedoch, daß hierfür kein wissenschaftliches, mechanisches oder technisches Mittel ausreiche. Wenn die Menschheit nicht mit einem Mehr an Anstrengung und Armut einverstanden ist, wird sie zugrunde gehen. Er sah nur eine mögliche Lösung: die Rückkehr zu einem einfacheren Leben, die Zähmung des Fleisches, das, was die Alten Selbstbeherrschung genannt haben, ‚Enthaltsamkeit'. Dazu wäre es nach ihm erforderlich, daß neue Heilige, neue Exegeten und neue Mystiker aufstünden, um der Menschheit von morgen zu zeigen, daß das Unmögliche möglich ist, und zwar durch die Freude, die den Schmerz überwindet."

Der Papst

„Bergson befand sich auf einem guten Weg. Sein Buch ‚Die zwei Quellen' hat mir gut gefallen. Was für ein großartiger Geist! Ja, die Lösung dessen, was unmöglich scheint, besteht darin, immer höher zu steigen und über sich hinauszugehen. Christus ist gekommen, uns dies zu lehren und uns die Macht zu geben, es ebenfalls zu tun."

Sodann kamen wir auf die Mystik zu sprechen, die in jenem Jahr das Thema meiner Vorlesungen an der Sorbonne war. Der Papst fragte mich, in welchem Sinne ich meine Untersuchungen anstellte. Ich antwortete ihm, daß ich drei Ebenen des Bewußtseins annähme: eine, durch welche wir mit dem Leib, mit dem Kosmos in Verbindung stünden. Die zweite sei die Ebene des Denkens und könnte als „Seele" bezeichnet werden; schließlich jene des Geistes, das Gegenstück zur Ebene des Leibes, worin wir zu einer höheren, geheimnisvollen Welt Zutritt hätten. Die Mystiker, die „geistlichen Menschen" scheinen mir die Kundschafter dieser dritten Welt zu sein, die Astronauten des geistigen Raumes. Ich befrage sie wie wissenschaftliche Experten.

Er

„Das ist eine positive Methode, die allen jenen (sie sind heutzutage zahlreich) zusagen kann, die grundsätzlich auf die Erfahrung aufbauen."

Er verstummte einen Augenblick, als ob er sich erinnerte. Dann fuhr er fort: „Ich habe einmal ein kleines Buch eines hervorragenden Jesuiten ins Italienische übersetzt. Er war Redakteur der Zeitschrift ‚Les Études' und stand vor dem Ersten Weltkrieg mit den besten Köpfen in Verbindung: Pater Léonce de Grandmaison. Er sprach über die Mystiker und über die mystischen Erlebnisse in einer Weise, die mir sehr gefallen hat."

Ich

„Ich erinnere mich gut an den Text des Paters de Grandmaison. Er sprach klug und sehr scharfsinnig über die Mysti-

ker. Er eröffnete neue Wege, die später Bergson und Bremond
einschlagen sollten, um die mystischen Erlebnisse, die bis dahin
unbeachtet oder verdächtig geblieben waren, allen verständlich zu machen. Er zeigte dem Christen, dem Gläubigen und
selbst dem Ungläubigen, daß die Mystik eine Quelle des Lebens
und der Wahrheit in bezug auf das Mysterium des Menschen ist.
Daß eine Ähnlichkeit besteht zwischen den höchsten poetischen
oder moralischen Zuständen und den Erfahrungen, die die
Spezialisten des Göttlichen, sozusagen die Astronauten der
himmlischen Sphären, gemacht haben. Und daß wir in uns das
Echo dieser Erfahrungen vernehmen können, wie den Musik-
freunden die Musik gefällt, auch wenn sie selber keine genialen Musiker oder Komponisten sind."

Er
„Ich erinnere mich an eine Stelle, wo der Pater den Unterschied zwischen den beiden Arten, zu Gott zu gelangen, auf-
zeigt. In der ersten wird allein durch die Intelligenz ‚der Gott
der Philosophen und der Weisen' negativ wahrgenommen, als
unterschieden von allem, was er nicht ist, unendlich und unbe-
greiflich — positiv als das Sein, als Schönheit und höchste
Güte. Und es ist derselbe Gott, dessen unwiderstehliche Anziehungskraft man dunkel fühlt, wenn man seine anbetungswür-
dige Barmherzigkeit verkostet und im Innersten seiner selbst
diese Stimme vernimmt, die so verschieden ist von den anderen!
Ich hatte großes Interesse an den Arbeiten des Abbé Bremond, seine ‚Geschichte des religiösen Bewußtseins' hat neue
Wege gewiesen: sie hat die Mystik wieder zu Ehren gebracht
und die Beurteilung des siebzehnten Jahrhunderts erneuert. Was
für wunderbare Seiten, welche Kostbarkeiten und Entdeckungen
bei euren französischen Mystikern! Seit 1930 war ich mit einem
Mann befreundet, der sozusagen *unser* Bremond war, Don Giuseppe de Luca. Er schrieb eine ‚Geschichte der italienischen
Frömmigkeit' über das italienische Hochmittelalter mit aller
philologischen Gelehrsamkeit, was Bremond nicht getan hatte.
Er hat Bremond 1933 kennengelernt: die beiden Priester waren
wie füreinander geschaffen. Don Giuseppe (den mir Fausto
Minelli im Verlag Morcelliana in Brescia vorgestellt hatte)

übernahm die Herausgabe einer religiösen Sammlung. Unter den zuerst erschienenen Büchern befand sich gerade die Übersetzung der ‚Personalen Religion' mit einem Band ‚Aphorismen' des heiligen Johannes vom Kreuz. Man muß auf die höchsten Quellen zurückgehen. Wir können nur im Reinen leicht atmen."

Pater de Grandmaison war von der Art Newmans. Auch er hatte den Sinn für das Komplexe, er vereinfachte nicht, wie man es oft in der Kindheit oder in der Jugend des Wissens macht, wo es nur darum geht, Definitionen und Prinzipien aufzustellen. Er benützte die neuesten wissenschaftlichen Erkenntnisse, brachte die paramystischen Erscheinungen, die natürlichen Voraussetzungen der Mystik und deren Zusammenhang mit krankhaften Seelenzuständen dem modernen Verständnis näher und gelangte auf diesem Wege zum Wesentlichen. Er machte uns mit den vergessenen Meistern der Mystik bekannt und führte uns auf dem Umweg über diese unbekannten Vermittler zu Jesus Christus, dem einzigen Gegenstand seines Bemühens.

Später nahm ich dieses Buch des Paters de Grandmaison in die Hand. Das war also eine Lieblingslektüre des Abbé Montini gewesen; würde ich vielleicht da einen Schlüssel finden?

Ich gebe diese schöne Prosastelle gern wieder, wo der Pater die Frage aufwirft, ob es viele Mystiker in der Welt gäbe:

„Ob es viele Mystiker gibt? — Gott weiß es. Hoffentlich. Man darf annehmen, daß es innerhalb und außerhalb der Klöster eine erhebliche Zahl von Menschen gibt, die das mystische Leben in sich entfaltet haben durch Gebet, Selbstverleugnung und Buße, durch langgeübte Sammlung und Herzensreinheit. Ihr Gebet ist meist sehr einfach und (abgesehen von Perioden geistiger Trockenheit oder einer ganz besonderen geistigen Aktivität) vor allem affektiv. Zu gewissen Stunden wächst in ihnen ein lebhaftes Gefühl der Gegenwart Gottes, das andauert und nur langsam abklingt; oder umgekehrt ein schmerzliches Gefühl der Verlassenheit, der Leere und der trostlosen Einsamkeit. Ein andermal befällt sie ein Bedürfnis, sich mit Gott zu unterhalten, eine Sehnsucht nach Gebet und Sammlung. Sie hungern danach, Jesus Christus zu gefallen, ihn nachzuahmen, für ihn zu arbeiten und sich mit seinem erlösenden Leiden zu vereinigen. Ängstliche Sorge, ihm nicht gut zu dienen, ihm nicht Genüge zu tun. Süße und grausame Zerknirschung, ersehnte Bitterkeit angesichts des eigenen Elends. Innere Beschämung, die demütigt, ohne zu entmutigen, die die Eigenliebe abtötet, ohne zur Verzweiflung oder zur Selbstaufgabe zu führen. Man fühlt, daß ein Gebet erhört worden ist, man merkt deutlich, daß ein Vorhaben wünschenswert ist oder daß ein Opfer gebracht werden muß. Man weiß nüchtern und furchtlos, daß ein Vorwurf vom inneren Meister stammt — von einer Stimme, die keiner anderen gleicht.

Die Erfahrungen dieser Vorläufer, dieser verlorenen Kinder der Menschheit, die sich zu dem Gut ohne Schatten emporschwingen — diese Erfahrungen bleiben uns, sie wurden von ihnen protokolliert wie Dokumente, die die Erkunder unzugänglicher Länder von dort zurückbringen. Wir können diesen kühnen Reisenden weder nachfolgen noch ihre Berichte kontrollieren, aber wir sollen sie in Gedanken begleiten. Die großen Mystiker sind die Pioniere und die Heroen der schönsten, ersehntesten und wunderbarsten aller Welten.

Für alle jene, die sich bemühen, ihre persönliche Frömmigkeit zu entfalten, und die ihren Schöpfer in der Dürre der täglichen Beschäftigungen tastend suchen, die durch die Dunkelheit des Glaubens hindurch ein wenig von der göttlichen Süßigkeit erfahren und, wenn auch nur für einen Augenblick, verkostet haben, daß ‚allein Gott gut ist‘, für diese bleiben die Mystiker echte und qualifizierte Zeugen. Nach dem ‚Großen Zeugen‘, der uns den Vater geoffenbart hat, nach den Aposteln und Märtyrern können, unter Berücksichtigung des entsprechenden Unterschieds, die großen Mystiker mit den Worten des Liebesjüngers bekennen: ‚Was wir gesehen haben, was wir gehört haben, was unsere Hände berührten..., das verkünden wir euch.‘ Unsere Seele erbebt in hoffender Erwartung, wenn wir sie davon erzählen hören. So sind sie die Zeugen der liebenden Gegenwart Gottes unter den Menschen.

Ihnen verdanken wir schließlich das tröstliche, innige Wissen darum, daß andere mehr als wir denjenigen geliebt haben, der es verdient, vollkommen geliebt zu werden. Sie schenken uns vielleicht die schönste, reinste, süßeste und auch die fruchtbarste Freude, die immer zugleich Wonne und Qual ist: die Freude der Bewunderung."

Langsam habe ich diese etwas prophetische Seite abgeschrieben, um damit diesen Dialog der erhabensten Geständnisse abzuschließen, worin ich mich in ein Land hineinwagte, das von den Seraphim, den Engeln mit den feurigen Flügeln, bewacht wird.

Einmal kommt der Augenblick des Unsagbaren, wo man die Dichter nachahmen sollte. Denn die Poesie ist — mehr als die geschwätzige Prosa — die Kunst, die durch die Pausen das Schweigen beredt macht. Jede Unterhaltung endet in schmerzlichem Bedauern.

Denn man hat das Gefühl, daß, wie in jeder großen Liebe und in jedem hohen Gedanken, das Entscheidende nicht gesagt worden ist.

Ist die Objektivität, deren sich die Modernen rühmen, überhaupt möglich? Ist man sicher, *alles* gesagt zu haben? Und ist auch das, was man fühlt, das Wahre?

Die Briefe der Liebenden und die Gebete der Seelen sind von einer ermüdenden Monotonie, weil sie das Letzte nicht auszusprechen vermögen und immer wieder von vorne beginnen. Das Unsagbare, das unsere intimsten Gedanken umgibt, stammt aus dieser Tiefe. Ich glaube, man sollte es nicht verkleinern, sondern wie jene „sfumature" annehmen, die Leonardo da Vinci an Stelle der Konturen setzte und die, wie er sagte, sein letztes und schwerstes Werk waren.

Das ließ mich die Majestät und die Nüchternheit der römischen Liturgie besser begreifen, wo alles ausgedrückt wird, aber auf eine diskrete, unpersönliche und keusche Weise. Die „unaussprechlichen Seufzer" des Heiligen Geistes gehören nicht in die Versammlung der Gläubigen.

Die Liturgie ersetzt sie durch klar rhythmisierte Gebete, worin sich jeder Gläubige mit dem anderen verbunden weiß. Das Unmitteilbare in uns ist die Speise Gottes. Man soll sie ihm überlassen, und wir müssen uns damit begnügen, unsere Gedanken (wie Kinder und Sterbende) allein mit Blicken auszudrücken. Der Blick ersetzt die Unfähigkeit der Lippen.

Das Konzil hat Probleme aufgeworfen. Es hat präzisiert, definiert und pastorale Richtlinien gegeben. Aber das Wesen des Konzils ist viel tiefer begründet: in einem Geheimnis des Schweigens, des Opferns und des Betens. Das Geheimnis des Lebens ist eine lichte Wolke, darin müssen Priester und Laien voranschreiten, vor dem Angesicht Gottes.

Es schien mir, daß nach dem Konzil und in seinem Geheimnis Priester und Laien einander nähergekommen waren. Das Geheimnis dieser Einheit war mehr als anderswo in der Seele des Papstes symbolisiert und inkarniert, vielleicht, weil sich die Punkte der Peripherie im Zentrum sammeln und gegenseitig ergänzen und stützen — mehr als in den Radien, trotz der Konvergenz. Die Pioniere, die Vorläufer, die kühnen Freischärler und avantgardistischen Laien können im Papst *allein* am meisten Rat und Verständnis finden. Denn der Umkreis bedarf des Zentrums, um sich seiner selbst zu versichern und zu bestehen.

DIE HEILIGE JUNGFRAU
IN SANTA MARIA MAGGIORE

24. November 1964

Ich kehre von einer sehr familiären Feier zurück. Paul VI. war in Santa Maria Maggiore, wo die Reliquien der Krippe sowie eine verehrungswürdige Ikone der Heiligen Jungfrau verwahrt werden.

Ich dachte an das Konzil von Ephesus im Jahre 431, den Ursprung dieser Basilika, als man Maria den unauslotbaren und in Wahrheit unbegreifbaren Titel „Mutter Gottes" gab. Diesen Titel haben die Theologen der Reformation ohne weiteres übernommen, er ist von zahllosen freudigen und traurigen Lippen wiederholt worden. Santa Maria Maggiore läßt mich, ich weiß nicht, warum, an Notre-Dame in Paris denken, vielleicht auch an den Parthenon, den ich nur von Bildern her kenne: ebenso viele Bauwerke, die dem Gedanken der Jungfräulichkeit geweiht sind. Vor dem einen wie vor dem anderen könnte man die alten Gesänge und die alten Gebete miteinander vermischen und sagen: „O Adel! O einfache und wahre Schönheit, du, deren Name Reinheit, Fülle, Weisheit, Maß und Tiefe besagt! Spät habe ich dich geliebt! Pulchritudo tam antiqua et tam nova! Du alte und dennoch immer neue Schönheit.

Coelestis urbs Jerusalem, beata pacis visio."

Himmlische Stadt Jerusalem, selige Vision des Friedens! Sinnbild einer harmonischen Stadt! Sinnbild dessen, was eines Tages in Erfüllung gehen wird! Wie viele Fragmente von sakralen oder profanen Hymnen steigen in mir auf im Gedanken an dich, bei deinem Anblick, Kathedralkirche! Wie vielfältig und um wieviel wahrer läßt sich auf dich anwenden, was jemals über die Schönheit gesagt worden ist, als wärest du das Symbol von allem und also die Vereinigung der beiden Städte Rom und Paris, denn du bist verborgen im Mittelpunkt von Allem.

Edmond Joly, der die Kirche Santa Maria Maggiore so sehr liebte, hat sie folgendermaßen beschrieben:

„Im Inneren entfaltet sich die traditionelle Majestät der romanischen Basilika unter der frühlingshaften Ornamentik der Renaissance. Das ungeheure, klar gegliederte Schiff mit seinen vierundvierzig Säulen aus weißem Marmor und mit seiner Decke, die mit den ersten aus Amerika eingeführten Barren vergoldet wurde, erstrahlt in jungfräulichem Glanz. Die berninischen Windungen des Ziboriums erheben sich bis zur Kuppel, deren ungeheures Mosaik auf goldenem Grund die Krönung Mariens in einem paradiesischen Schimmer aufleuchten läßt. Das Kunstwerk ist des Gedankens würdig, den es darstellt. Es besitzt jene ernste und pathetische Echtheit, die die ersten römischen Mosaike auszeichnet und deren ursprünglichen Glanz Cavallini trotz seiner künstlerischen Qualitäten nicht erreichen wird. Aus derselben Zeit stammen die Mosaike an den beiden Seitenwänden des Hauptschiffes, die durch prophetische ‚Entsprechungen' des Alten Testaments auf Maria vorausweisen."

Welch ein Gegensatz zur Versammlung am Vormittag in der Petersbasilika. Die Abwesenheit des diplomatischen Korps verlieh der Zusammenkunft etwas Intimes. Durch die Abwesenheit der protestantischen Beobachter bei dieser Marienfeier wurde ein gewisses Unbehagen vermieden, das Unbehagen eines Hausherrn, der seine Gäste schockiert und doch nicht schockieren möchte. Für die Katholiken war diese Abendfeier ein Familienfest. Sie ließ mich an die Vesper des 15. August in einer kleinen Landkirche denken: das brave Volk, die Geistlichen, der Kinderchor, die Lieder, der Weihrauch, all das und was man früher „einen feierlichen Segen" nannte, die Vesperliturgie, worin sich das Dogma der eucharistischen Gegenwart bekräftigt. Beim Konzil hatte der Papst überaus deutlich und nachdrücklich die Heilige Jungfrau als „Mutter der Gläubigen" und „Mutter der Kirche" proklamiert. Paul VI. hatte gesagt: in einem Konzil, welches das Verständnis der Kirche erneuere, indem es sie als Volk Gottes verstehe, müsse alles in einem erneuerten Verständnis der Mutter Jesu vollendet und zusammengefaßt werden. Maria sei ihr erstes Glied, ihr vollendeter Typus, ihr vollkommenes Unterpfand.

Ich finde, der Titel „Mutter der Kirche" lädt, in seinem starken und genauen Sinn genommen, dazu ein, auch das menschliche Geheimnis jeglicher Mutterschaft neu zu überdenken. Das göttliche Geheimnis des WORTES Gottes, das, ausgehend von einer Frau, in die Geschichte eintrat. Daraus ergibt sich eine Art von Mutterschaft gegenüber allen Menschenkindern. Im Grunde war der Titel „Mutter der Kirche" am Ende dieses Konzils über die Kirche der diskreteste und reichste aller möglichen Titel. Wenn das Volk des Mittelalters eine Kathedrale baute, die es „Unsere Liebe Frau" nannte, dann bewahrte es, wenn auch vielleicht undeutlich, diesen Gedanken. In ihm liegt möglicherweise eine der tiefsten Bedeutungen der „Apokalypse".

An jenem Abend waren in Santa Maria Maggiore nicht so viele Leute, als man gewünscht hätte. Man hatte ausposaunt, daß wegen Platzmangels niemand in die Basilika hineinkönne, und dadurch viele Gläubige entmutigt. Die braven Leute der Pfarrei, die in Rom gebliebenen Bischöfe und die Geistlichen von Santa Maria Maggiore füllten das Kirchenschiff. Und in der Mitte der Papst ohne Gefolge, unter sein Volk gemischt, und das alles, wie es häufig in Italien der Fall ist, in einer köstlichen familiären Improvisation. Ich erwartete, daß Paul VI. sprechen würde. Er schwieg. Oft versöhnen das Schweigen, das Gebet und die Hoffnung besser, als es Worte vermögen.

Der Heilige Vater

„Maria ist Vorbild. Maria ist ein Spiegel, der die unsichtbare Vollkommenheit Gottes reflektiert. Wir können in ihr das höchste, vollständigste und glänzendste Beispiel des Lebens sehen, das Gott von einem Geschöpf jemals dargeboten wurde. Wir müssen uns an dieser Quelle reinigen. Man möchte sagen, daß der Mensch heute den rechten Begriff vom Menschen verloren hat. Vielleicht mehr denn je erscheint die Menschheit als ein gefallenes Wesen und durch die Sünde erniedrigt. Und wenn wir die Menschen erforschen (die Studien und Analysen über dieses Thema sind heute sehr im Schwange), dann entdecken wir zahllose Unvollkommenheiten, Armseligkeiten und ‚Komplexe', wie man es nennt. Gewiß gibt es auch edle Elemente, aber sie sind von tiefen Unzulänglichkeiten begleitet.

Mir scheint, daß das Verständnis des modernen Menschen, seiner Ängste, seiner verwirrenden Komplexe und seiner Fehler beitragen zum besseren Verständnis Mariens. In ihr ist die göttliche Absicht verwirklicht, aus dem Menschen einen Widerschein, ein Abbild, will sagen: eine Photographie und ein Gleichnis Gottes zu machen.

Deshalb weist die Kirche in dem Augenblick, wo sich die Welt in Sinnlosigkeit, in Verzweiflung und vielleicht ins Verderben stürzt, von neuem auf die Muttergottes hin, nunmehr in ihrem himmlischen Glanze leuchtend. Der zunehmenden Finsternis antwortet sie mit dem aufstrahlenden Licht, der niederdrückendsten Mutlosigkeit mit der berauschendsten Tröstung. Welcher Gegensatz! Welches geistige Drama!

Manchmal denke ich über den Charakter der Heiligen Jungfrau nach, wie er im Evangelium gezeichnet wird. Sie ist so diskret und sanft. Überwältigt, aber niemals furchtsam oder unsicher ... Das für uns schwierige Ideal ist leicht für sie!

Ich erinnerte mich an einen Text des russisch-orthodoxen Mystikers D. S. Mereschkowski: „Das ganze Heidentum ist die ungestillte Angst des Sohnes. Das ganze Christentum ist die ungestillte Angst der Mutter. Die Nacht des Vaters bricht herein, und die Sonne des Sohnes geht auf. Die Nacht des Sohnes bricht herein, und die Sonne der Mutter geht auf." Der russische Denker erwartete von der jungfräulichen Mutter jene Art von Beistand, den der johanneische Christus dem Heiligen Geist zusprach, dem Fürsprecher und Tröster, dem Parakleten.

Es ist nicht ausgeschlossen, dachte ich weiter, daß die Zeit der Heiligen Jungfrau herannaht. Seltsam, daß sich dieser Gedanke bei mehreren geistlichen Schriftstellern findet. Die Heilige Jungfrau ist der vorweggenommene strahlende Endzustand der Kreaturen. Sie ist mit Christus so innig verbunden, wie es die Kirche erst am Ende der Zeiten sein wird. Maria hat bereits eine Fülle erreicht, die der Menschheit erst dann möglich ist, wenn der Jüngste Tag gekommen sein wird. Sie besaß noch mehr: sie bildete aus ihrem Leib, aus ihrer Natur, aus der Geschichte ihrer Rasse den Leib Christi, der sich im Lauf der Geschichte vervollständigt und nicht vor dem letzten Seufzer des letzten Menschen vollendet sein wird. So rekapituliert die Heilige Jungfrau den gesamten Ablauf der Zeiten und damit das

Sinnbild des „Alpha" und „Omega". Das Sinnbild der ersten *Ein*hüllung, als alles noch in Gott war in der Form eines Gedankens, und das Sinnbild der letzten *Ent*hüllung, wenn der Sohn alles dem Vater übergeben und „Gott alles in allem sein wird".

Der Heilige Vater

„Erinnern Sie sich an die Verse, mit denen der letzte Gesang der ‚Göttlichen Komödie' beginnt?"

Paul VI. weiß sie selbstverständlich auswendig, zweifellos seit seiner Kindheit. Er spricht sie auf italienisch mit einer klaren und leicht singenden Stimme:

„ ‚O Jungfrau Mutter, Tochter deines Sohns,
Demüt'ger, höher, als was je gewesen,
Ziel, ausersehn vom Herrn des ew'gen Throns...

Du giltst soviel, ragst so in Herrlichkeit,
Daß Gnade suchen und zu dir *nicht* flehen,
Wie Flug dem Unbeflügelten gedeiht...

In dir ist Huld, Erbarmen ist in dir,
In dir der Gaben Fülle — ja, verbunden,
Was Gutes das Geschöpf hat, ist in dir...' "

Nach der Feier kniet der Papst in der Kapelle zur Linken, die in Rom so häufig besucht wird, vor der berühmten Ikone nieder, die eine der ältesten Darstellungen der Jungfrau ist. Bisweilen wird sie dem hl. Lukas zugeschrieben, und der hl. Lukas war Arzt. Ich glaube nicht, daß er jemals die Farben gerieben, ausgewählt und aufgesetzt hat, obwohl sein Evangelium das „malerischste" ist, ich meine: das mit den meisten Szenen, die Maler angeregt haben, von der „Verkündigung" bis zu den „Jüngern von Emmaus".

Abermals dachte ich, vor dieser byzantinischen Ikone stehend, daß sie eine künstlerische Revolution auf diesem Planeten bedeutet. Es ist doch so, daß das menschliche, insbesondere das weibliche Antlitz keineswegs der erste Gegenstand der nachahmenden Künste war. Das kam vom Einfluß der heidnischen

Religionen, die in Asien und Ägypten und selbst in Griechenland die Darstellung des Antlitzes verboten, sie war für die Götter vorbehalten. Aber das WORT war Fleisch geworden. Und das Fleisch wurde Wort, Ikone und wirkliches Bild, nicht nur Symbol, Abstraktion, Allegorie und algebraische Chiffre. Der Schleier vor dem Antlitz der Frau fiel. Nun konnte es in seiner Menschlichkeit wiedergegeben werden, bald lächelnd, bald betrübt und schmerzvoll, manchmal beides zusammen, wie eben im Leben. Tatsächlich ist die Heilige Jungfrau, darf ich das sagen, für die Künstler „bildsamer oder bildhafter" als Christus. Denn wir können uns dieses unbestimmbare Etwas weder vorstellen noch es wiedergeben, durch welches das menschliche Ich Christi zugleich das Ich Gottes war. Wie prägte Gott seinen Stempel auf ein Antlitz, wie verbarg er ihn? So unmöglich es also ist, sich den menschgewordenen Gott vorzustellen, so leicht ist es dagegen, sich die menschliche Muttergottes auszumalen. Denn seitdem das ewige WORT zu Bethlehem in die Geschichte eingetreten ist, ist es das Privileg der abendländischen Frau, bei der Arbeit wie in heiteren oder in angstvollen Stunden auf ihrem Antlitz eine mögliche Ähnlichkeit mit der Mutter Gottes zum Ausdruck zu bringen.

STREIFLICHTER
ÜBER BRENNENDE FRAGEN:
LIEBE — GEWALT — FRIEDE

„Denken wir immer daran, aber sprechen wir nie davon." Es ist nicht gut von dem zu reden, woran man allzugern denkt, zumal wenn man keine Macht darüber hat. Daher redet man weder über den Tod noch über das Leben ... Diese unausgesprochene Regel, die sogar von den Heiden lange Zeit akzeptiert wurde, im Osten noch mehr als im Westen, gilt heutzutage nicht mehr viel, namentlich bei den Jungen. Im Katechismus sind die Fragen auch oft vom Schüler gestellt: die Kirche selbst wird befragt.

Es ist bemerkenswert, daß sich die Abgründe gegenseitig anziehen. „Abyssus abyssum invocat", sagt der Psalm (ein Abgrund ruft den anderen). Es ist doch wohl so, daß die letzten brennenden Fragen durch unterirdische Linien miteinander zusammenhängen, daß ihre Dunkelheiten sich gegenseitig zu addieren und zu verdichten scheinen? Umgekehrt erweckt schon die geringste Helligkeit den Eindruck, als ob man in jeden Punkt dieses fatalen Zirkels ein wenig Licht bringen könnte, und die Hoffnung, es würde sich Stück um Stück ausbreiten. Das ist es, was so viel Hoffnung gibt, selbst in den schlimmsten Augenblicken. Daher bleibt die Hoffnung (und ich fühle sie in diesem Augenblick sehr lebhaft), daß das „Schlechtere" und das „Bessere" irgendwie miteinander verwandt sind. Das heißt, man kann ebensogut in einer Katastrophe landen — oder auch nicht, im Krieg — oder in einem langen Frieden.

Welches sind nun die Fragen, die Gläubige wie Ungläubige bedrängen und die wir uns selbst am wenigsten eingestehen? Jede Epoche hat ihre „verfluchten Gegenden", ihre „verdrängten Zonen".

Ich meine, die „Liebe" und der „Tod" waren seit jeher solche Gegenden des Schweigens und des Feuers. Oder wenn Sie wollen, die Sexualität und die Gewalt. Um so mehr, als die Technik in diesen beiden Punkten durch die empfängnisverhütenden Methoden und die nukleare Bewaffnung das Antlitz der Erde völlig verändern könnte. In beiden Fällen handelt es sich um lebensfeindliche Erfindungen, die dem ursprünglichen Gebot der Genesis „Wachset und vermehret euch" direkt entgegenstehen.

Ich frage mich zuweilen, ob zwischen diesen beiden Problemen, wovon eines mehr das Leben, das andere mehr den Tod betrifft, eine Verwandtschaft besteht. Ist es nicht so, daß sich die Vorahnung des Autors der „Genesis" vor unseren Augen verwirklicht? Daß Adam und Eva jetzt endlich auch an den Baum des *Lebens* rühren?

Doch wie soll man derartige Probleme angehen, die bei allen in Scham, Angst oder Schweigen eingehüllt sind?

Mir scheint, daß es diesen Dialogen, die authentisch und direkt sein und keiner Schwierigkeit ausweichen wollen, an keiner Wahrheit fehlen darf. Daher ging ich über die gebotenen Grenzen hinaus und wagte es, meinem Gesprächspartner gewisse unvermeidliche Fragen zu stellen. Aus seinen Worten entnahm ich Richtlinien für das Denken, Erleuchtungen für den guten Willen und Motive zu größerer Hoffnung und Tapferkeit.

Der Papst

„Sie tun gut daran, die geheimen und entscheidenden Fragen anzuschneiden und die Kirche um eine Richtschnur für das menschliche Verhalten zu bitten. Doch darf man von ihr keine unmittelbare, automatische Antwort erwarten auf jene Fragen, die sich unserer Zeit stellen und die oft sehr neu sind, sehr schwierig und sich, obschon oft analysiert, ständig verändern. Das Antlitz der heutigen Wissenschaft wandelt sich so rasch, und in zehn Jahren muß sich der Gelehrte von gestern auf die Schulbank setzen und von neuem lernen.

Die brennenden Fragen sind auch immer komplexe Fragen. Der einfache Anstand gebietet, sie nicht überhastet zu studieren. Wir müssen die Kompliziertheit der Dinge respektieren, zur Kenntnis nehmen, abwägen. Die Vergangenheit lehrt uns vor allem, daß es besser ist, abzuwarten — selbst auf die Gefahr hin, die Ungeduldigen zu enttäuschen —, als überstürzt zu improvisieren. Je höher eine Autorität steht, desto mehr ist sie verpflichtet, zuzuwarten. Es ist leicht, eine Frage zu studieren, aber schwer, sie zu entscheiden."

In seiner diskreten, zurückhaltenden Art informiert sich der Papst sorgfältig bei jedem, wer immer es sein mag, über dessen Meinung, Erfahrungen, Kompetenzen und Absichten. So erkundigte er sich auch jetzt nach den Studien über „Die menschliche Liebe", die ich unternommen hatte.

Ich möchte hier in wenigen Worten andeuten, auf welche Weise ich die Problematik der Sexualität darzustellen versuchte. Ich bin fünf Jahre lang Kriegsgefangener gewesen, in einem Offizierslager. Wir waren 5000 bis 6000 Mann. Zum Nachdenken gezwungen, der Familie, die sie gegründet hatten oder gründen wollten, beraubt, konnten sie nicht anders, als sich über das menschliche Dasein Gedanken zu machen. Ich erinnere mich an einen Abend. Uns war langweilig, und wir wußten nicht, was tun. Da dachte sich einer von uns ein wunderliches Spiel aus: Jeder sollte erzählen, wie der, der sein Vater werden sollte, die Frau kennengelernt hatte, die seine Mutter wurde. Man kann sich vorstellen, daß all diese so verschiedenen Geschichten einander glichen. Denn das, was die Liebe des Mannes zur Frau und der Frau zum Manne hervorrief, war zumeist eine unbedeutende Kleinigkeit: ein versäumter Zug, ein flüchtiger Blick, eine Haarlocke, ein einfaches Wort oder ein auffälliges Verstummen... Nach diesen vertraulichen Erzählungen entstand in der Gefangenenbaracke ein metaphysisches Schweigen. Jeder fühlte, daß das, was ihm das Entscheidende war, sein „Ich", seine „Existenz", die ihn zu dem machte, der er war, und zu keinem anderen, beinahe ein Nichts zum Ursprung hatte, eine Begegnung, einen Zufall, ein Gesicht, eine Haarfarbe. Jedem wurde das Mißverhältnis bewußt zwischen dem Ursprung seines Daseins (ein flüchtiges, leichtes Erschauern) und seiner Person, einem unsterblichen Wesen.

Darin liegt ja das Geheimnis: im Mißverhältnis zwischen dem flüchtigen Zufall und dem geistigen Universum, das daraus hervorgeht. Die Liebe ist eine Bagatelle, sie ist ein Nichts. Aber dieses Nichts ist alles, weil es im einzelnen wie auch in der Gesellschaft mit allem zusammenhängt. Wie viele Probleme finden sich in diesem einen wieder, das eine Art Spiegel des Ganzen ist. Wenn dem Menschen der Einklang seines Geistes und seines

Fleisches geschenkt worden wäre, nun ja, dann gäbe es doch wohl alle diese Schwierigkeiten nicht.

Der Heilige Vater
„Darf ich Ihnen die diesbezügliche Lehre der Kirche in Erinnerung rufen, welche, und das ist wesentlich, von Anfang an unverändert blieb und an welcher wir festhalten müssen."

Ich
„Ich huldige dem Gedanken Emersons: ‚Um eine Sache richtig zu verstehen, muß man sie von einer höheren Warte aus beurteilen.' "

Der Heilige Vater
„Freilich! Begeben Sie sich auf den Gipfel, um wie Moses von dort herabzusteigen. Es ist angebracht, in allen Dingen vom höchsten Mysterium auszugehen, vom Mysterium der Ewigen Liebe. Gott ist Dreifaltigkeit. Die drei göttlichen Personen haben keine andere Wirklichkeit als die Bande, die sie miteinander vereinigen. Jede Person ist ein ewiges Geschenk, und dadurch, daß Mann und Frau nach dem Bild der Dreifaltigkeit geschaffen wurden, sind sie berufen, sich einander zu schenken.
Infolgedessen sind Ehe und Familie nicht nur menschliche und soziologische Konstruktionen, die von den wechselnden Bedingungen des Lebens, der Kultur und der Technik abhängen. Ehe und Familie stammen von Gott. Sie entsprechen seiner unveränderlichen Absicht, während die äußeren Umstände wechseln. Nein, Ehe und Familie sind nicht von der horizontalen Evolution der Geschichte getragen, Ehe und Familie haben eine konstante transzendente und sozusagen vertikale Beziehung zu Gott. Die Familien werden auf Erden gegründet. Sie leben auf Erden. Aber sie sind dazu bestimmt, sich (in einer unausdenkbaren, ganz von göttlicher Liebe durchdrungenen Weise) im Himmel zu vollenden.
In der Einrichtung der Ehe und der Familie hat Gott zwei der größten menschlichen Realitäten weise miteinander vereinigt: die Aufgabe, das Leben weiterzugeben, und die Liebe zwischen Mann und Frau. In der Liebe sollen sich Mann und Frau ergänzen, in einer gegenseitigen nicht nur physischen, son-

dern vor allem geistigen Hingabe. Oder besser gesagt: Gott wollte die Gatten an seiner Liebe teilnehmen lassen, an seiner persönlichen Liebe zu jedem von ihnen. Durch diese Liebe beruft er sie zu gegenseitiger Hilfeleistung, damit sie die Vollendung ihres persönlichen Lebens erreichen. Mit derselben Liebe (denn beide sind voneinander untrennbar) umfängt er die Menschheit und wünscht die Menschenkinder zu vervielfältigen, um sie an seinem Leben und an seiner Seligkeit teilhaben zu lassen. Ist dies einmal erkannt, muß man die Geschichte prüfen und gelangt zur Einsicht, daß die menschliche Liebe, wie alles Erhabene, verwundbar ist. Sie bemerkten es ja soeben. Die Alten kannten die wahre Liebe nicht, weil sie sich weigerten, in der Frau eine dem Mann an Würde ebenbürtige Person zu sehen. Erst das Licht und die Kraft der Offenbarung erlaubten es der Menschheit, die eheliche Liebe zu begreifen und dann auch zu verwirklichen: ein einziger Mann und eine einzige Frau — für immer.

Ich

„Es ist wahr, die Liebe des Mannes zu einer einzigen Frau und für immer — die Liebe, verstanden als eine tiefe, zarte und dauernde Bindung eines einzigen an eine einzige, ist eine späte Errungenschaft, die stets gefährdet ist. Zu Beginn war die Frau zweigeteilt: hier die Matrone, die Mutter der Krieger — dort die Dirne. Die Hausfrau war nicht zugleich Geliebte. Erst Christus erblickte in der Frau die Einheit der ‚Mutter der Menschen' und der Geliebten; er hat die ‚Gattin' eigentlich begründet.

Das hebräische Wort, das die sexuelle Liebe bezeichnet, ist in der griechischen Bibel nicht mit ‚Eros', sondern mit ‚Agape' wiedergegeben — und das ist zugleich die Bezeichnung für die göttliche Liebe. Und die Sunamiterin, die im Hohenlied die eheliche Liebe schildert, sagt, ihre Glut sei eine göttliche Flamme, eine ‚Jahweflamme'."

Der Heilige Vater

„Dieses Thema ist so umdunkelt, daß man gezwungen ist, sich stets auf das Wesentliche zu berufen. Die Reihe ist an mir, Sie zu fragen. Wie denken die Philosophen über die Liebe? Und namentlich, wie interpretieren Sie die so weit verbreitete Lehre des Doktor Freud?"

Ich

„Ich glaube, alle denkbaren Theorien über das Geheimnis der menschlichen Liebe lassen sich auf die Alternative zurückführen, die Vergil in der ‚Aeneis' ausspricht:

> ‚Sind es die Götter, die uns solche Glut im Herzen entfachen,
> Oder macht aus der Glut ein jeder selbst einen Gott sich?
> Kommst du, Cupido, vom Himmel herab — entsteigst du dem Abgrund?'

Die erste Lösung ist die der Idealisten, die Lösung Platons im ‚Gastmahl' und die Salomons im ‚Hohenlied'; man kann sagen: die Lösung aller Mystiker. Die eheliche Liebe ist eine ‚Jahweflamme', ihr Ursprung ist göttlich, und das Fleisch ist ein durch die Sünde verfälschter Ausdruck dieser ewigen Liebe.

Im Gegensatz dazu erklärt die zweite Lösung die Liebe aus einem Bedürfnis, aus einem Drang, aus einem biologischen Instinkt. Und wenn die Liebe vergeistigt erscheint, wenn sie zu einem Kult, zu einer Leidenschaft, zu einer Religion wird, dann infolge einer Sublimierung des vitalen animalischen Instinktes. Ich weiß nicht, ob Vergil Freuds Theorien vorausgesehen hat: jedenfalls drückt er das Wesentliche der Freudschen Lehre aus.

Die Wahl zwischen diesen beiden Wegen ist unausweichlich, man kann nicht gleichzeitig beide bejahen."

Der Papst

„Wenn das Diptychon Vergils richtig ist, darf man sagen, daß die Kirche schon seit jeher ihre Wahl getroffen hat. Sie will das Wirkliche, das Wesentliche der menschlichen Liebe retten. Das versteht die Welt nicht. Die Welt meint, die kirchlichen Gesetze seien Verbote, Tabus, Hindernisse der wahren Liebe und eine Verurteilung des fleischlichen Tuns. Ich leugne nicht, daß einige Vertreter der Kirche diese Einstellung hatten. Aber beurteilen wir die Dinge stets von der höchsten Warte aus. Das christliche Gesetz ist nicht dazu gemacht, das Leben zu verdammen oder einzuengen. Es ist dazu da, das Leben reicher und den Menschen wahrer und dauerhafter glücklich zu machen. Das Gesetz ist ein Gesetz der Liebe, ein Gesetz, das die wahre Liebe schützt und steigert, indem sie sie vor Illusionen und Abwegen bewahrt. Alles, was die Freiheit in der Liebe einzuschränken scheint, man kann das nicht genug betonen, dient dazu, der Liebe zu ihrer Reinheit und zu ihrer Fülle zu verhelfen und sie vor Perversionen zu bewahren. Nur so erreicht sie ihren Zweck, nämlich daß wir uns mit einem anderen Wesen vereinigen, mit anderen Wesen und durch sie hindurch zur Einheit mit Gott gelangen, der die Liebe ist.

Das muß man unablässig, zu gelegener wie zu ungelegener Zeit wiederholen: Die Liebe ist nicht für das Gesetz da, sondern das Gesetz für die Liebe. ‚Die Fülle des Gesetzes ist die Liebe.'

Die Ehegatten sollen auch das annehmen, was ihren freien Willen einzuschränken scheint. Eines Tages werden sie einsehen, daß diese Beschränkung das Leben gibt und die Freiheit mehrt, daß sie die gegenseitige Liebe, den inneren Frieden und die erzieherischen Fähigkeiten vertieft sowie die Beziehungen zu anderen Familien, ganz zu schweigen vom intimen Umgang mit Gott und von der Freude, die daraus erwächst, Seinen Willen zu tun und dafür zu leiden.

Das fundamentale Problem der Liebe besteht darin, alles, was Fleisch ist, über das Fleisch zu erheben, und das, was nur zum Bereich der Sinne gehörte, dem Bereich des geistigen Lebens, dem Bereich des Herzens und des Opfers anzunähern.

In der Liebe ist unendlich mehr als bloße Liebe, das heißt, in der menschlichen Liebe ist die göttliche mit enthalten. Das ist der Grund, warum der Zusammenhang zwischen Liebe und Fruchtbarkeit so tief verborgen und wesentlich ist. Jede echte Liebe zwischen Mann und Frau tendiert, falls es keine egoistische Liebe ist, zur Schaffung eines anderen Wesens, das aus dieser Liebe entspringt. Liebe kann auch Eigenliebe bedeuten, und häufig ist die Liebe nur das Nebeneinander zweier Einsamkeiten. Aber wenn man dieses Stadium des Egoismus hinter sich gelassen und wahrhaft erkannt hat, daß die Liebe gemeinsames Glück und gegenseitige Hingabe ist, dann entdeckt man auch die wahre Liebe.

Wenn die Liebe das ist, was ich Ihnen sage, dann versteht man die Unmöglichkeit, die Liebe von ihrer Frucht zu trennen. Selbst Platon hat uns gelehrt, daß es die Aufgabe der Liebe sei, Seelen in der Schönheit zu zeugen und Menschen heranzubilden.

Die Liebe will die Fruchtbarkeit. Sie ahmt den Schöpfungsakt nach, sie erneuert. Sie spendet das Leben, sie ist ein Opfer im Dienste des Lebens.

Das Schreckliche an der modernen Technik ist ja gerade, daß sie die Liebe von der Fruchtbarkeit trennt. Man wird mir erwidern, daß diese Trennung manchmal aus gesundheitlichen oder finanziellen Gründen leider notwendig ist. Aber man muß sich darüber Rechenschaft geben, daß diese Trennung abnorm und gefährlich ist. Wenn man die Technik dazu benützt, den Liebesakt seinem Zweck zu entfremden, muß man sich darüber im klaren sein, daß man das tiefe Glück dadurch schmälert.

Dieses Problem rührt an die Wurzel des Lebens und an die lebendigsten Gefühle und Interessen von Mann und Frau. Es ist ein außerordentlich komplexes und delikates Problem. Die Kirche weiß um seine vielfältigen Aspekte, sie erkundigt sich bei allen möglichen Fachleuten, die hier in Frage kommen. Es ist klar, daß unter diesen ‚Fachleuten' die Ehegatten — ihre Erfahrung und ihre Freiheit, ihr Gewissen, ihre Liebe und ihr Pflichtbewußtsein — den ersten Rang einnehmen. Ebenso muß auch die Kirche auf ihrer eigenen Kompetenz bestehen; es ist ja nicht die ihre, sondern die des göttlichen Gesetzes, das sie hütet, lehrt, auslegt und anwendet. Aber die Kirche muß dieses unveränderliche Gesetz im Licht der wissenschaftlichen, sozialen und psychologischen Wahrheit verkünden, die gerade in jüngster Zeit Gegenstand ausgedehnter Studien und umfassender Dokumentationen war. Die Kirche muß die theoretische und praktische Entwicklung dieser Frage unbedingt aufmerksam verfolgen. Genau das tut sie. In dem Augenblick, in dem ich mit Ihnen spreche, wird die Frage so umfassend, aufgeschlossen und so gründlich wie nur möglich studiert, so ernst und ehrlich, wie es ihre Bedeutung für die Menschheit erfordert.

Ich hoffe, daß diese Untersuchungen bald abgeschlossen sein werden.

Was die Keuschheit, das heißt den Geist der Keuschheit betrifft, so müßte man der Welt begreiflich machen, daß es sich dabei nicht um eine nebensächliche ‚Randtugend' handelt, die vielleicht für bestimmte Lebensformen gilt, vom Großteil der Menschen jedoch vernachlässigt werden darf. Die Herrschaft des Geistes über das Fleisch ist nicht eine Spezialität jener, die in einer größeren Liebe auf die Freuden des Fleisches verzichtet haben. Diese Herrschaft gehört überhaupt zur Würde des Menschen. Sie hängt mit jener Tugend zusammen, die die Alten als ‚Mäßigkeit' bezeichneten und die nichts anderes ist als der volle Selbstbesitz. Ich wage zu behaupten, daß die Keuschheit gerade das zur Folge hat, worauf die Modernen mit Recht so großen Wert legen: Disponibilität, Autonomie, Freiheit. Zögern wir nicht, laut auszusprechen, was die meisten Menschen heimlich denken: Es gibt keine wahre Freiheit ohne den Geist der Keuschheit.

Ferner möchte ich sagen, daß die Keuschheit und gerade die eheliche Keuschheit an den Glauben und an die Liebe gebunden ist. Wenn der Sinn für die Keuschheit in den Herzen abnimmt, dann wird auch die Fähigkeit schwinden, das Wort Gottes in sich aufzunehmen, sowie die Sehnsucht nach dem ewigen Leben und der Durst nach dem Umgang mit Gott. Kurz, der Gehalt aller Seligpreisungen ließe sich in der einen zusammenfassen: ‚Selig sind die, welche reinen Herzens sind, denn sie werden Gott schauen.'

Ich kenne den unvermeidlichen Einwand: Sie legen der menschlichen Natur ein allzu schweres Joch auf. Aber wo findet man denn die menschliche Natur? Nennt man das Natur, was der gewöhnliche Mensch infolge so vieler Fehler und äußerer Umstände geworden ist — oder das, was er sein sollte und mit der Gnade Christi sein könnte?

Soll man das Sittengesetz dem angleichen, was im allgemeinen tatsächlich geschieht, in diesem Fall: die Sittlichkeit auf die Sitten reduzieren (die, unter uns gesagt, morgen verkommener sein können als heute), und wohin kommen wir da? Soll man nicht vielmehr das Ideal in seiner ganzen Erhabenheit aufrechterhalten, auch wenn dieses Niveau schwer erreichbar ist und der gewöhnliche Mensch sich unfähig oder schuldig fühlt? Ich glaube im Namen aller Weisen, Helden und Heiligen zu sprechen: Alle echten Freunde der menschlichen Natur und des wahren menschlichen Glückes — Gläubige wie Ungläubige —, werden im Innersten ihres Herzens, und sei es unter Protesten und Seufzern, der Autorität dankbar sein, die genug Licht, Kraft und Zuversicht besitzt, das Ideal nicht zu verkleinern. Niemals haben sich die Propheten Israels und die Apostel der Kirche bereit gefunden, das Ideal herabzusetzen. Niemals haben sie die Bedeutung des Vollkommenen, der Vollkommenheit herabgemindert oder die Kluft zwischen dem Ideal und der Natur verringert. Niemals haben sie die Bedeutung der Sünde eingeschränkt, ganz im Gegenteil."

„Aber", warf ich ein, „hat nicht der heilige Paulus gesagt, daß das Gesetz die Sünde ‚provoziert' und daß uns Christus von diesem Gesetz des Todes befreit, um es durch das Gesetz des Lebens zu ersetzen, das Glaube und Liebe ist?"

Der Heilige Vater
„Das Gesetz, von welchem Paulus da redet, ist die legale Observanz, das soziale Gesetz, der ‚Buchstabe' der Pharisäer, ein totes und statisches Gesetz. Der Glaube an Christus jedoch ist ein lebendiges, dynamisches Gesetz, das uns zwar einschränkt und uns Gewalt antut, um uns dafür, wie ich Ihnen sagte, ein reicheres Leben und die Fülle des Lebens zu schenken. Der Weg, der zu diesem Leben führt, ist schmal, und nur wenige finden ihn!

Um indes wieder auf den Geist der Keuschheit, über den Sie mich befragen, zurückzukommen, so meine ich, daß er nicht nur unerläßlich ist für die Gründung einer Familie, für die Erziehung der Kinder, der Brüder und Schwestern, sondern ebenso für die wissenschaftliche Forschung! Wie viele Entbehrungen, Einschränkungen und Opfer nehmen unsere Gelehrten, unsere Ingenieure und Techniker auf sich, vor allem die russischen oder amerikanischen Weltraumfahrer, die oft vorbildliche Familienväter sind. Ist es nicht ergreifend, zu sehen, wie die Kinder in der Wohnung für den Vater beten, der um die Erde kreist? Schließlich möchte ich mich an die Künstler wenden und nachdrücklich betonen, daß uns der Geist der Keuschheit der Schönheit näherbringt und es uns erlaubt, sie auf einem sicheren und kürzeren Wege zu erreichen. Er schenkt uns Jugend, Frische und eine erneuerte Inspiration. Er ist der goldene Schlüssel, der das Tor zur Welt aufschließt. Er stellt das verlorene Paradies in etwa wieder her, jene Unschuld und visionäre Fülle, die das Ziel aller künstlerischen Bestrebungen ist. Die Welt verachtet den Geist der Keuschheit, weil sie daran verzweifelt, ihn jemals zu besitzen. Aus derselben Verzweiflung heraus bestreitet und leugnet sie, was sie verloren hat. Es gibt Tage", fuhr der Papst fort, „wo ich über die Skandale in aller Welt entsetzt bin. Das Böse hat eine solche Freiheit, Verbreitung und organisierte Macht, daß man meinen könnte, die Betreffenden hätten überhaupt kein Verantwortungsgefühl. Und trotzdem sind sie für ihr Tun verantwortlich. Ich müßte sagen: Fluch über euch, die ihr gewisse Seiten vollschreibt! Ihr tragt Versuchungen übelster Sorte in unsere Häuser hinein und vergiftet die Quellen und die Wurzeln des Lebens, die Existenz, die Unschuld, die Hoffnung und die Liebe. Ach, eines Tages wird man euch wegen jedes Ärgernisses zur Rechenschaft ziehen. Ihr wollt den Krieg vermeiden. Doch gerade hier ist der tiefere Ursprung der Kriege. Das Evangelium hat es mit letztem Nachdruck gesagt, ich weiß, es ist ein hartes und strenges Wort, das ich da sage ... aber wie erbebte die Seele Jesu, als er das Böse ansah. Jesus spricht großzügig und weitherzig über das aktuelle Problem der Toleranz. Aber er ist unnachsichtig gegenüber dem Ärgernis. Er liebkost die Kinder und stellt sie uns als Vorbild hin. Und dann spricht er die furchtbaren Worte: ‚Fluch über jeden, der eines dieser Kleinen verführt.'

Was nun den Weltfrieden betrifft, über den Sie mich ebenfalls befragten, so bietet er einen unerschöpflichen Stoff zum Nachdenken. Der menschliche Aufstieg zum Gipfel der Zivilisation wird von Augenblicken der Unsicherheit und Müdigkeit sowie von Rückschlägen unterbrochen. Das ist keineswegs verwunderlich. Wir wissen um die komplexen Probleme, die das gesellschaftliche Leben der Menschen mit sich bringt. Wir kennen die Schwäche des Menschen und seine Versuchung, an einem bestimmten Punkt seines schweren Weges stehenzubleiben und zurückzuweichen. In seinen Worten schreitet er voran, in seinen Taten bleibt er zurück: das schmerzt mich, aber es erschreckt mich nicht.

So ist der Mensch eben. Nicht nur schwach, sondern häufig auch inkonsequent. Er hat mehr Vertrauen zu seiner eigenen wissenschaftlichen Planung als zur Macht der großen, wahren, menschlichen und zukunftsträchtigen Ideale. Und das Schwanken und Zögern des Menschen auf seinem Weg zum Frieden darf unseren festen Glauben an die gute Sache ebensowenig erschüttern wie unseren Willen, den Frieden zu verteidigen oder wiederherzustellen. Wir müssen immerfort betonen, daß der Friede möglich ist. Wir müssen immerfort jede Anstrengung unternehmen, ihn möglich zu machen.

Und wenn am Ausgangspunkt eines solchen großartigen Entschlusses das grausame Erlebnis des Krieges stand und die Angst, er könnte sich in vergrößertem, apokalyptischem Ausmaß wiederholen: heute soll es doch vor allem die Liebe sein, die uns anspornt, die Liebe zu allen Menschen, die Liebe zum Frieden — mehr als die Kriegsangst."

Ich

„Mir scheint, die Menschheit ist an einer Weggabelung angelangt, wo es nur noch zwei Möglichkeiten gibt, Krieg oder Frieden, und zwar in einem absoluten, uneingeschränkten Sinn: entweder der absolute, totale, nie wiedergutzumachende Krieg oder der ewige Friede, der, menschlich gesprochen, durch eine Weltregierung möglich wäre. Davon hatten die alten Weltreiche geträumt."

Der Heilige Vater

„Tatsächlich entsteht allmählich ein ‚positiver' Begriff des Friedens. Der Friede ist weder ein lahmer Pazifismus noch ein genüßlicher Egoismus noch Gleichgültigkeit oder Interesselosigkeit gegenüber den Bedürfnissen des andern. Der Friede ist die Frucht einer konkreten, andauernden, einmütigen Bemühung um den Aufbau einer nicht nur lokalen, sondern universalen Gemeinschaft, die sich auf die menschliche Solidarität im Streben nach dem allgemeinen Wohl gründet. Und wenn wir die großen Bedürfnisse der Menschheit (ebenso wie die großen Gefahren, die ihre Ordnung bedrohen) ins Auge fassen, dann heißt Friede heute soviel wie Entwicklung. Entwicklung der Völker, denen noch allzu viele notwendige Dinge abgehen und die aber noch immer einen großen Teil des Menschengeschlechtes ausmachen."

Ich

„Das ist keine leichte Sache und bringt ein dauerndes Risiko mit sich. Denn je höher sich der Lebensstandard entwickelt, desto gefährdeter ist er. Das Seil, auf dem wir zwischen den Abgründen leben werden, ist sehr straff gespannt."

Der Papst
„Gewiß ist der Friede schwierig! Der Friede ist eine große Sache, eine Notwendigkeit. Er ist Gegenstand zahlloser Untersuchungen und Bemühungen, aber er ist eine schwierige, eine überaus schwierige Sache. Immerhin, sagte ich Ihnen soeben, ist er nicht unmöglich."

Ich
„Werden die guten Kräfte, die Verträge und die Fortschritte der Menschen ausreichen, den Frieden aufrechtzuerhalten?"

Der Papst
„Ich möchte im Augenblick lieber keine vollständige Antwort auf diese bange Frage geben, die mit den schwierigsten Themen des Denkens und der Geschichte zusammenhängt. Ich möchte zur Lösung dieses schrecklichen Problems einfach auf das Wort Christi hinweisen: ‚Wenn das bei den Menschen unmöglich ist, so ist bei Gott alles möglich.' Man kann stets für den Frieden beten. Dieses Gebet findet sein Fundament im Glauben, ich meine in der Zuversicht, daß der Mensch im Streben nach einem Ziel nicht bloß seinen eigenen Kräften überlassen ist. Eine mächtige, sanfte und väterliche Macht kann in den Ablauf der für ihn entscheidenden Ereignisse eingreifen, und wäre es durch ein Wunder, falls wir einmal so tief gesunken wären, daß nur noch ein Wunder, ein sichtbares Eingreifen Gottes, die Menschheit, die dem Herzen Gottes so teuer ist, im letzten Moment zu retten imstande wäre.

Die Epoche, in der wir leben, hat, das wissen Sie ja, das Wort ‚Friede' (wie so viele andere) so sehr mißbraucht, daß es die Menschen entzweite, anstatt sie zu versöhnen. Andere wollen den Frieden um jeden Preis. Der Friede ohne Gerechtigkeit und ohne Würde, der Friede, der aus dem Zurückweichen vor dem Bösen erwächst, ist ein Zeichen von Angst. Johannes XXIII. hat in der Enzyklika ‚Frieden auf Erden', in seinem Testament, den Frieden in der Gerechtigkeit, die gerechte Verteilung der irdischen Güter, den dauerhaften Frieden beschrieben. Es ist der Friede Christi: Pax Christi. Denn der Friede Christi hat keine Grenzen, er ist ein gemeinsames, allen angebotenes Gut, das sich einwurzelt und kräftigt, indem es sich vermehrt."

Ich
„Und wie denken Sie über das Ideal eines Vereinigten Europa?"

Der Heilige Vater
„Alle Welt kennt die tragische Geschichte unseres Jahrhunderts. Wenn es ein Mittel gibt, das ihre Wiederholung verhindert, dann ist es der Aufbau eines befriedeten, organisch geeinten Europa. Ein Friede, der auf dem Gleichgewicht der Macht oder auf dem Waffenstillstand der Gegner oder auf rein wirtschaftlichen Interessen beruht, ist ein labiler Friede. Ihm wird stets die notwendige Kraft fehlen, die fundamentalen Probleme Europas zu lösen, die seine Völker betreffen, und auch der brüderliche Gemeinschaftsgeist, der Europa beseelen muß.

Die katholische Kirche wünscht, daß der europäische Integrationsprozeß ohne nutzlose Verzögerung voranschreite. Dieser Prozeß entspricht, glaube ich, einer ebenso modernen wie weisen Auffassung der zeitgenössischen Geschichte, nämlich den Leitbildern der Einheit und des Friedens, die wir uns aufgestellt haben. Er verwirklicht die Tugenden des Mutes, der Selbstlosigkeit, des Vertrauens und der Liebe, die die Grundlage der politischen Erziehung bilden müssen für eine Welt, die dem Licht der christlichen Berufung, der höchsten und edelsten aller menschlichen Berufungen, entgegenschreitet.

Die Dynamik des Friedens kann ihre ganze Kraft nur dann entfalten, wenn sie durch eine tiefe und echte Bekehrung der Herzen innerlich getragen wird und wenn man alles dafür einsetzt: das war eines der obersten Ziele des Konzils.

Dieser Weg ist von hochherzigen und selbstlosen Initiativen gesäumt, die nichts anderes im Auge hatten als das Glück der Menschheit. Zunächst geht es um die wichtigste Voraussetzung: Man muß das fürchterliche Krebsübel der Unterernährung beseitigen. Das ist der Grund, warum sich noch heute trotz des verblüffenden technischen Fortschrittes ein so großer Teil des Menschengeschlechtes in einem bedauernswerten Zustand physischer und infolgedessen auch intellektueller Unterentwicklung befindet.

Ja, das ist für die Menschheit ein Kampf auf Leben und Tod.

Sie muß sich vereinigen, um zu überleben, sie muß zuallererst lernen, das tägliche Brot gerecht zu verteilen. Für den Christen, der in jedem Hungrigen das leidende Antlitz seines Erlösers erkennt, bleibt der Text des Matthäusevangeliums die Richtlinie seines Handelns: ‚Ich war hungrig, und ihr habt mir zu essen gegeben.' Der Hunger — die Waffen! Die Waffen werden der Nahrung für die Hungernden vorgezogen.

Wer wagt die Behauptung, daß sich die Welt der Arbeit, diese ungeheure Welt, in der von Gott gewollten Ordnung befindet? Ja wer wagt die Behauptung, daß die soziologischen Verhältnisse, die aus der modernen Organisation der Arbeit hervorgegangen sind, ein vollkommenes Modell des Gleichgewichts und der Ausgewogenheit seien? Ist nicht gerade das Gegenteil der Fall? Ist unsere Geschichte nicht ein schlagender Beweis dieses Gegenteils? Die technischen und organisatorischen Strukturen funktionieren tadellos — die menschlichen Strukturen noch keineswegs.

In einem berühmten russischen Roman ruft eine der Hauptpersonen aus: ‚Christus hat mich dazu berufen, das Kreuz zu tragen!' Wie viele Arbeiter könnten dies auch sagen. Wie viele könnten gerade in ihrer dienenden, mühseligen und leidvollen Situation den Schlüssel entdecken, der ihnen das Geheimnis des gehorsamen, geduldigen und schuldlosen Jesus öffnete, der tapfer und aus Liebe die Last der anderen trägt und so zum Vorbild, zum Helden, zum Erlöser und Herrn der Welt wird. Ich gebe die Hoffnung nicht auf.

Es ist möglich, daß die moderne Arbeit aus der christlichen Lebensauffassung eine neue und wahre Anregung gewinnt.

Es ist möglich, daß der reiche Mensch den Reichtum an Liebe der Liebe zum Reichtum vorzieht.

Es ist möglich, daß die Soziallehre der Kirche eine historische, ökonomische und politische Bedeutung erhält.

Es ist möglich, daß man im Bereich des wirtschaftlichen und sozialen Fortschritts tatsächlich echte Resultate erzielt, ohne die berauschenden, aber letzten Endes schwächenden und zersetzenden Mittel der modernen materialistischen Theorien zu Hilfe zu nehmen, die in ihrer ungeheuren dynamischen Kraft zerstörend wirken.

Das Interesse, das die Kirche den Arbeiterklassen entgegengebracht hat, war niemals ein bloß religiöses, verbales und theoretisches, noch weniger ein rein rhetorisches oder gar geheucheltes Interesse. Nein, es war immer praktisch, positiv und realistisch. Mag sein, daß es begrenzt war, die Möglichkeiten der Kirche sind ja eingeschränkt. Aber niemals hat die Kirche neben der Nahrung des Wortes die Nahrung des Brotes vernachlässigt, das heißt die praktische und konkrete Hilfe für jene, an die sie ihr Wort richtete."

Ich war überzeugt, daß alle diesen vitalen Probleme durch ein verborgenes Band miteinander verknüpft sein mußten, und stellte mir die Frage: Wo ist dieses Band, dieser Knoten, diese Konvergenz? Welches wäre das eine Thema, in das alle derartigen Gedanken münden? Und wie jener Centurio bat ich den Papst, mir ein Wort für all das zu sagen, ein einziges Wort.

Da sprach Paul VI.: „Es besteht ein ungeheurer Unterschied zwischen der sogenannten Logik des Atheismus (sofern diese Logik radikal ist) und der Logik des Glaubens:

Wenn wir Christen, die wir an Gott glauben, erführen, daß ‚eine einzige Person' in Todesgefahr ist, würden wir zu ihrer Rettung Himmel und Erde in Bewegung setzen. Denn für einen Gläubigen, und noch viel mehr für einen Jünger Christi, hat ein einziges Wesen einen unendlichen Wert ... Aber stellen wir uns den Herrn eines großen Reiches vor, der die Macht hat, über das Los von Hunderten, von Millionen Menschen zu entscheiden, und der ein absoluter Atheist ist und keinerlei Hoffnung hat. Nehmen wir an, dieser Herr über die Schicksale sähe eine Möglichkeit, die ganze Erde für immer zu beherrschen, aber um den Preis von hundert Millionen geopferter Menschen. Wenn er konsequent wäre, müßte ihm das völlig gleichgültig sein. *Hier* verläuft die Grenze zwischen den Folgerungen aus dem Gottesglauben und den Folgerungen aus der Gottesleugnung. Möchte die Welt das doch einsehen, bevor es zu spät ist!"

DER 8. SEPTEMBER 1966

Quindecim annos grande mortalis aevi spatium
Tacitus

Die Gärten von Castel Gandolfo, die Pius XI. nach dem Lateranvertrag bei der Villa Barberini anlegen ließ, geben einen Eindruck von dem verborgenen Zusammenhang zwischen der Einsamkeit und der Schönheit. Denn diese Gärten existieren für sich selbst, für sich allein und fast ohne Zeugen. Sie warten auf Adam und Eva.

Diese Einsamkeit in der Schönheit findet sich bis zu einem gewissen Grad in allen Kunstwerken. Sie sind für das Publikum geschaffen, aber auch dazu, sich allein zu verzehren auf einer Hochburg oder in der Stille, wie die Lampe, die in einer leeren Wohnung hängt. Das ist, sagt Mörike, das in sich selbst glückselige Schöne.

Wie übrigens jedes „schöne Ding", so gleicht auch, und vor allem, der Park von Castel Gandolfo einem Bewußtsein; denn zum Unterschied von so manchen anderen wurde er von einem Architekten entworfen, der auch ein Philosoph war, nachdem er am öffentlichen Leben seines Landes heroisch teilgenommen und die Verbannung und das Leid kennengelernt hatte. Der Garten war im ganzen wie auch in allen Einzelheiten geplant, entworfen und gestaltet, noch ehe er auf dem Gelände angelegt und angebaut wurde. Er ist im Grunde ein Spiegel und der Inbegriff der vollkommensten Gärten der Welt. Der Gärten Frankreichs mit ihrer komplizierten Symmetrie und ihrer nach meinem Dafürhalten allzu gelehrten Architektur. Der römischen Gärten, der italienischen Gärten mit ihrem Gehöft, ihrem Gemüsegarten und dieser graublauen Vegetation der Steineichen und Pinien, da und dort von schwarzen Zypressen und manchmal von einer bleicheren Zeder unterbrochen — all das gemischt mit geborstenen Säulen, altem Gemäuer und weißen Statuen. Sie erinnern daran, daß alles in dieser Welt vergeht, selbst die

Schönheit, die so verwundbare, außer der Schönheit der Natur, die immer wieder von neuem beginnt. Ich ahne ferner den Einfluß orientalischer Gärten, die geheime Inspiration des Hohenliedes. Ich spüre hier Arabien und die Gärten Spaniens, jene undurchdringlichen und ausgetrockneten Gärten, wo der geringste Wassertropfen sorgfältig eingesammelt wird. Ich hab' es gern, daß dieser gedankenvolle Garten in abgetrennten Einfriedungen angelegt ist, die nebeneinander oder besser übereinander angeordnet sind und für mich jenen Wohnungen, jenen Gemächern der „Seelenburg" ähneln, die uns Theresia von Avila geschildert hat. Und doch wollte der Architekt, daß es keine abgeschlossenen Gärten seien und daß sich diese Paradiese zur Ebene hin öffnen.

Ich sagte mir ferner: Diese Gärten sind ein Sinnbild des Denkens, das sich in einsamen Perspektiven vollzieht, die durch eine geheime Architektur miteinander verbunden sind. Auf diese Weise wenigstens pflege *ich* zu denken. Auf diese Weise habe ich auch diese Dialoge geschrieben, die sich nun ihrem Ende nähern. Ich wollte eine Pyramide von Terrassen und Spiegeln des Geistes und von Alleen errichten, von langen Alleen bis zu dem Punkt, wo man zu einem Gipfel kommt, zu einem Hauch.

Man muß hinzufügen, daß man von dem Vorgebirge aus, wo sich diese Gärten hinziehen und gruppieren, zwei ganz verschiedene Aussichten hat. Die Aussicht auf die römische Campagna, auf ihre Weite, die in der Ferne ins Meer übergeht — und auf der anderen Seite ist der Albaner See, das Zyklopenauge, das den ganzen Himmel einzusaugen scheint. Zwischen diesen beiden Welten hat Domitian, der glatzköpfige Nero, einen Verbindungsweg bauen lassen. Und man erzählt, daß er, um seine Raserei abzukühlen, von der einen zur anderen Seite ging.

Der Blick wandert stets von der Ebene zum Vulkan, zu dem unbeweglichen See hin. Es ist das Privileg, die Eigentümlichkeit und der Zauber dieses Ortes, zwei Aussichten, gleichsam zwei Gesichter zu haben. Das nötigt einen, ununterbrochen woanders zu sein, sich immer des Gegenteils zu erinnern — oder es zu erwarten.

Sechzehn Jahre sind vorübergegangen, „grande mortalis aevi spatium", sagt Tacitus eben in bezug auf Domitian. Das ist in der Tat ein großer Zeitraum im menschlichen Leben. Und seit 1950 hat die Menschheit sehr lange Zeiträume durchmessen. Die Zeit ist viel schneller geworden.

In diesem Herbst 1966, der für Europa ein verspäteter Sommer war, ist der Himmel durchsichtig. Der September sei, sagt man mir, der beste Monat für die Leute von Castel Gandolfo. Ich kann nicht umhin, es dem Heiligen Vater zu sagen. Er erwidert: „Wissen Sie, daß die friedliche und gütige Verwaltung der Päpste seinerzeit in Rom jede Woche einen zusätzlichen freien Tag gewährte, damit man die Schönheit der römischen Oktobermonate genießen konnte: die ‚Ottobata'? Im päpstlichen Staat waren die Ferien damals im Oktober. Sie sehen, in Castel Gandolfo ist der September der Monat der Fülle. Schon Papst Pius II., Enea Silvio Piccolomini, der Humanist, hat im fünfzehnten Jahrhundert in einem ‚Reisejournal' die Schönheit dieser Gegend beschrieben. Man sagt, die ersten Römer seien von diesem Vorgebirge ausgezogen. Dieser Papst hatte Humor, er sagte: ‚Seitdem Piccolo Papst ist, hat er zahlreiche Neffen.' Er war auch ein Wegbereiter auf seine Weise. Er faßte als erster den Gedanken einer Art ‚Vereinter Nationen'. Er rief die Staatsoberhäupter nach Perugia zusammen. Er wartete lange auf sie. Ich glaube, keiner ist gekommen. Sehen Sie in der Ferne die Tibermündung, Ostia? Vor acht Tagen bin ich nach Fumone gegangen, um Cölestin V. die Ehre zu erweisen. Sie kennen seine Geschichte. Er war ein sehr einfacher Mann, der sich selbst mißtraute. Als Pietro di Morrone zum Papst gewählt wurde, war der apostolische Stuhl seit 27 Monaten vakant gewesen, die Zahl der Kardinäle war auf zwölf gesunken, und sie waren uneins. Das waren schreckliche Zeiten. Der heilige Einsiedler Pietro Morrone wurde gewählt und aufgefordert, den Stuhl Petri zu besteigen. Nach einigem Zögern nahm er aus Pflichtbewußtsein an. Er zog auf einem Esel in Aquila ein wie unser Herr, aber er traf da zwei Könige, die ihn erwarteten."

„Er dankte ab", sagte ich. „Ist das ein vorbildlicher Vater? Man kann doch nicht auf die Vaterschaft verzichten!" — Der Papst erwiderte: „Cölestin sah sich von seiner Umgebung getäuscht. Er hatte aus Pflichtbewußtsein angenommen. Dasselbe Pflichtbewußtsein veranlaßte ihn zum Verzicht, nicht Feigheit, wie Dante meinte, falls sich Dantes Worte überhaupt auf Cölestin beziehen. Nach Fumone ging ich in der vergangenen Woche über Agnani, wo am 7. September 1303 Sicarre Colonna Bonifaz VIII. eine Ohrfeige gegeben haben soll, nach Ferentino. Überall in diesem Land begegnet man der Geschichte der Kirche und ihrer Kontinuität, trotz aller Widerstände und Hindernisse. Darin liegt etwas so Unwahrscheinliches, darin liegt nach der Verheißung des Herrn das Wunder der Kirche in der Zeit."

Der Papst blickte in die Ferne. Er zitierte das Wort Vergils: „Silent late loca", ringsum schweigt die Welt. Dann sagte er: „Beachten Sie den Frieden dieses Septemberabends, wo die Liturgie die Geburt der Mutter Maria feiert. Die Sonne ist am Ende ihres Laufes angelangt. Sehen Sie die goldene Kugel durch den Abenddunst hindurch? Und wenn Sie auf die andere Seite gingen, sähen Sie den Albaner See und vielleicht den Widerschein des Mondes im Wasser. Aber ich weiß nicht, ob Sie die Geduld hätten, darauf zu warten. Am 8. September steigt das letzte Viertel nach Mitternacht im Osten empor. ‚Pulchra ut luna, electa ut sol', schön wie der Mond, erhaben wie die Sonne, sagt das Hohelied von der Braut.

Sehen Sie zu Ihrer Rechten diesen dunklen Fleck, diesen langen rötlichen Streifen: das ist Rom. Heute abend ist es dunstig. Bald werden wir die Lichter sehen.

Uns gegenüber liegt Ostia. Das sind die Mündungsarme des Tiber, ‚Ostia tiberina', die sich nicht verändert haben. Dieses Durcheinander von Ufern und Meer im Dunst. Stendhal behauptete, er sähe von hier aus die Schiffe und die Segel. Schiffe? Möglich. Aber er brauchte viel Phantasie, um die Segel zu erkennen. Der heilige Augustinus befand sich zweifellos auf einer Terrasse. Fünfzehn Jahrhunderte sind vergangen. Eine kleine Zeit. Wir können uns mit seinen Gedanken vereinigen."

Der Papst fuhr fort: „Welcher Denker hat ein tieferes Empfinden für die Flüchtigkeit der Zeit als er? Darin ist er sehr modern. Und dennoch wird es Sie nicht überraschen, wenn ich sage, daß er einen noch stärkeren Sinn für die Dauer hatte."

Ich erlaubte mir, den Papst zu unterbrechen: „Ich erinnere mich an einen unübersetzbaren lateinischen Satz: ‚Non haberent vias transeundi nisi contineres eas.' Die Dinge und Menschen und die Geschichte könnten nicht so unglaublich rasch vorüberziehen, wenn Du sie nicht halten würdest."

„Das ist es. Welche Schnelligkeit! Die Zeit verrinnt, oder vielmehr sie stürzt wie eine Lawine hinab. Unser Leben ist so kurz, und die Zeit ist so lang, aber die Zeiten, die dahingehen, ändern nichts an der Ewigkeit Gottes, in dem alles stets und für immer gegenwärtig ist. Das ist ein großes Geheimnis."

Danach erläuterte mir der Heilige Vater das Gespräch, das der hl. Augustinus mit seiner heiligen Mutter Monika in Ostia führte, kurz ehe Monika starb. Ich kannte den Text gut, ich hatte in meiner Jugend einen Aufsatz darüber geschrieben. Der Papst erzählte mir, seine Mutter sei damals in Verolavecchia, nachdem sie die Kinder zu Bett gebracht, das Nachtgebet gesprochen und die Kerzen ausgelöscht hatte, zum Bett Ludovicos, Battistas und Francescos getreten und habe jedem ein ganz persönliches Wort zugeflüstert, das nur für ihn allein bestimmt war. Und die Kinder sagen, sie erinnerten sich noch an den Klang dieser Stimme in der Dunkelheit sowie im wesentlichen an den Inhalt des Gesagten.

Das erinnerte mich daran, daß in einer anderen Gegend, im Herzen Frankreichs und etwa zur selben Zeit, auch meine Mutter nach dem Abendgebet einen blauen Kerzenleuchter auslöschte. Sie war viel zu zurückhaltend, als daß sie mit uns geredet hätte. Und als ich später das Gespräch der hl. Monika und des hl. Augustinus in den „Bekenntnissen" las, da sagte ich mir, wie gut es der hl. Augustinus doch gehabt habe, als er sich mit seiner Mutter (seiner Mutter, so nahe dem Tode) über die Geheimnisse des Lebens unterhielt. Denn bei den meisten Söhnen eines Mannes und einer Frau wird das unsagbare Gedicht nicht ausgesprochen. Und jene, die sich am meisten zu sagen hätten, sind gerade die, die es sich nicht mehr sagen können, weil ihre Worte auf den Lippen ersterben.

Doch Augustinus und Monika haben miteinander geredet. Oder ich nehme vielmehr an, daß Augustinus seine Gedanken und seine Erfahrungen in dieses Gespräch von Ostia hineinprojiziert hat. Der wirkliche Dialog muß einfach, flüchtig, lückenhaft und unzusammenhängend gewesen sein. Vielleicht gab es dabei, wie es an Sommerabenden vor dem Meer geschehen kann, einen Augenblick der Ekstase, wo man nicht mehr genau weiß, ob man im Himmel oder auf Erden ist, in seinem Leib oder schon außerhalb des Leibes. Doch es tut wenig zur

Sache, was damals gesagt wurde, was die Blicke oder die Hände ausdrückten und was in der Stille verschwiegen wurde. Das tut wenig zur Sache. Wenn nur das „Fleisch" einer Erinnerung zum „Wort" wird. Auf die gleiche Weise habe auch ich in diesem Buch, das nun zu Ende geht, versucht, flüchtigen Worten eine Resonanz zu verschaffen.

„Schauen Sie in diese Richtung", sagte der Heilige Vater, „dort ist Ostia."

Der Abendwind ließ seine Soutane flattern. Die Nacht brach an. Es war eher ein Wechsel in der Beleuchtung der Dinge — Feuer, Glut, Phosphoreszenz lösten ganz plötzlich das Tageslicht ab.

„Sehen Sie", sagte der Heilige Vater weiter, „die kleinen Dörfer Latiums, die ‚Castella', zünden ihre Lichter an." Und er zeigte auf die blinkenden Feuer von Marino und Rocca di Papa auf den benachbarten Höhen. Mir kamen die Verse Baudelaires in den Sinn:

„Sei weise, du mein Schmerz, und halte stiller dich.

Den Abend sehnst du her, und sieh, er steigt hernieder."

In diesem merkwürdigen Augenblick, Dämmerung genannt, (obwohl hier und jetzt der freudigere Name der Morgenröte zutreffender gewesen wäre), erlebte ich einmal mehr dieses Schauspiel, dessen ich niemals, niemals müde werde: den Übergang vom Licht der Dinge zum Geheimnis ihres Seins.

Es war ein Gemälde von William Turner, aber nicht im Nebel von London, sondern im goldenen Dunst der römischen Campagna. Eine Auflösung des Lichts in der Atmosphäre, eine Symphonie in Orange, Purpur, Krapprot und gedämpftem Karmin, eine Befreiung des Farbenspektrums, ausgehend von seinen Extremen, Violett und Rot.

Der Heilige Vater sagte: „Hier bewundere ich am meisten die Einheit in der Mannigfaltigkeit. Kein Sonnenuntergang ist dem andern ähnlich. Aber dieser 8. September! Sie haben vielleicht den schönsten Tag und den schönsten Abend der Saison. Hier versteht man den heiligen Augustinus, wenn er die ewige Freude von den sinnlichen Freuden ausgehend beschreibt. Wenn ich mich recht entsinne, sagt er, um sich die Seligkeit der Heiligen vorzustellen, müsse man von der ‚Sinneslust' ausgehen. Er präzisiert: von der Lust, die man durch das körperliche Licht empfindet. Mein alter Freund Bonomelli (dem wir diese Terrasse und diese Gärten verdanken) erzählte mir, daß Pius XI., als er im September 1932 zum erstenmal auf diese Terrasse trat, lange in den Anblick des Horizontes und des Meeres versunken stehenblieb. Er war, so schien es, wie außer sich durch diesen Anblick, der ihm einen Begriff von der unendlichen Mannigfaltigkeit des Ewigen gab."

Dann fuhr der Papst fort: „Sie erinnern sich an den ansteigenden Rhythmus des Gespräches von Mutter und Sohn. Augustinus und Monika steigen miteinander, so wie wir in diesem Garten von einer Terrasse zur nächsten emporgestiegen sind. Da kommt ein Augenblick der Ekstase, wo sie zu erfassen glauben, was die Ewigkeit sein könnte, wenn dieser Augenblick länger andauern und alles andere verschlingen würde."

Natürlich erinnerte ich mich an diese berühmte Stelle, die uns auf den Gipfel aller Erfahrungen versetzt. Der Papst erläuterte sie folgendermaßen: „Die Ewigkeit und ihr Mysterium der Liebe sind das Geheimnis all unserer Sehnsucht."

„Das ist es gewiß", fuhr ich im selben Sinne fort, „was wir unbewußt und unausgesprochen überall suchen. Kann man das Vergängliche als solches lieben? Kann man *wirklich* dem anhängen, was vorübergeht?

Ich erinnerte mich daran, was mir Pater Teilhard de Chardin von seinem ersten Kinderschmerz erzählte. Er hatte gesehen, wie eine Haarsträhne verbrannte! Das hatte ihm einen Begriff vom Nichts und von der Sinnlosigkeit des Nichts gegeben. Das Sein aber ist im Grunde das, was nicht vernichtet werden kann.

„Ich glaube", sagte der Heilige Vater, „die Kinder verstehen das sehr gut. Ich entsinne mich, als Kind ebenfalls diese Art Verzweiflung empfunden zu haben, wenn ich sah, wie das Feuer Holz, Papier, ein Spielzeug oder einen Brief verzehrte."

Das war die Gelegenheit, dem Heiligen Vater eine Frage zu stellen, die mich noch immer beschäftigte: über das ewige Leben, die Unsterblichkeit und die Fortdauer des gegenwärtigen Lebens im künftigen.

„Wie", fragte ich, „erhält oder verwandelt sich im ewigen Leben die Erinnerung an das, was wir erlebt und was wir geliebt haben — etwa die Erinnerung an diesen Augenblick jetzt mit Ihnen vor Ostia, auf der Terrasse?"

Der Papst erwiderte: „Monsignore Colombo sagte Ihnen, daß im ewigen Leben (und ich glaube, das hat der heilige Augustinus gemeint) die Erinnerung, die tiefe Erinnerung bestehen bleibt. Wie könnte man den Herrn preisen und seiner Barmherzigkeit ewig Lob singen, wenn man sich nicht erinnerte? Dazu kommt das in der Einheit aller Heiligen eingeschlossene Geheimnis. Die Freuden der einen werden nicht von den Freuden der andern so isoliert sein wie diese hängenden Gärten da. Alles kommuniziert, ist miteinander verbunden, vereinigt. Der heilige Augustinus und die heilige Monika haben die Empfindung eines wechselseitigen Glückes, wo der Mensch den Menschen liebt: die einen mit den andern, die einen für die anderen! Kein Glück, das kein wechselseitiges Glück wäre.

Können Liebende sich vorstellen, daß sie sich zu lieben aufhören, weil Gott in ihrer Liebe alles sein wird?"

Dann entwickelte der Heilige Vater kraftvoll die Idee des Zusammenhanges von Menschenliebe und Gottesliebe. Dieses Gespräch von Ostia ist in meiner Erinnerung eine Lehre über die Liebe Gottes:

„Er gibt eine zweifache Liebe, die Gottesliebe und die Nächstenliebe, und beide sind uns geboten. Christus sagt, daß die beiden Gebote einander gleichen. Er sagt nicht, daß sie ganz gleich sind. Und das erste Gebot, ‚Du sollst Gott lieben‘, steht über dem zweiten, ‚Du sollst deinen Nächsten lieben wie dich selbst‘. Doch ich weiß nicht, ob man heute den letzten Grund, warum ein Mensch den andern lieben soll, richtig begreift. Erlauben Sie, Philosoph, daß ich Sie um Ihre Meinung frage?"

Ich war über diese Aufforderung überrascht, weil das nicht die gewöhnliche Art des Heiligen Vaters war. Da kam mir eine Anekdote in den Sinn, die Chateaubriand in seinem Buch ‚Die Märtyrer‘ erzählt. Ein Heide und ein Christ begegnen einem Bettler. Der Christ gibt ihm seinen Mantel. Da sagt der Heide zum Christen: „Du hast ihn für einen Gott gehalten." Der Christ erwidert: „Nein, ich habe gemeint, es sei ein Mensch."

Der Heilige Vater sagte: „Und dennoch genügt das nicht. Chateaubriand stieß nicht bis auf den Grund des Problems. Der letzte und tiefe Grund und, wie die Scholastiker sagen, der ‚formelle Grund‘ dafür, daß wir einen Menschen lieben, ist nicht der Mensch, sondern Gott. Bezieht man den Menschen nicht auf

Gott, so ist es unmöglich, daß die Menschen einander lieben. Wenn ihnen schlechthin geboten wird, alle zu lieben, uneingeschränkt zu lieben, wissen Sie, was dann passiert? Dann bilden die Menschen das, was Bergson ‚geschlossene Gesellschaften' nennt, und diese geschlossenen Gesellschaften geraten in Konflikt miteinander und bekriegen einander. Ich wiederhole: Wenn die Menschen den bekannten oder unbekannten Gott nicht lieben, dann werden sie sich auch nicht gegenseitig lieben, wie ich es in New York vor der UNO gesagt habe. Die einen werden die Gegner der anderen sein, oder sie lieben sich in kleinen Gruppen, in Nationen, was weiß ich! Das heißt, sie werden die anderen Gruppen und die anderen Nationen hassen. Am tiefsten Ursprung des Krieges und der brutalen Gewalt steht dieser Mangel oder dieses Fehlen einer Liebe, die sich ohne Ausnahme an alle richtet. Das ist der Grund des Problems. Die Modernen haben den Menschen an die Stelle Gottes gesetzt, sie sind anthropozentisch.

Der ‚formelle Grund', also der wirkliche, wesentliche Grund der Liebe (sogar der Gattenliebe) sind nicht die Eigenschaften, die können sich ändern; der Grund, den anderen zu lieben, sind nicht die Einstellungen der andern uns gegenüber. Denn die andern könnten ja unsere Feinde sein, die andern könnten Kranke sein, Undankbare oder armselige Wesen. Wir können sie also nicht um ihretwillen lieben. Das wahre Motiv, die Menschen zu lieben, besteht darin, daß sie eine Ähnlichkeit mit Gott haben, daß sie ebenso wie wir selbst Geschöpfe Gottes und daher unsere Brüder und Schwestern sind, die ein- und denselben Vater haben.

Ohne die Liebe zu Gott sind die Menschen niemals imstande, einander zu lieben. Darum", fügte der Heilige Vater hinzu, „ist es so trostlos, zu sehen, wie die Menschen einander näherrücken, ohne daß sie einander wahrhaft lieben. Und sie lieben nicht wahrhaft, weil sie die Liebe zu Gott nicht kennen."

Ich zitierte ihm dann aus dem Gedächtnis die rätselhaften Worte, mit denen Bergson sein letztes Buch abschloß:

„Ob man sich nun für die großen oder die kleinen Mittel entscheidet, eine Wahl ist unausweichlich. Die Menschheit stöhnt halbvernichtet unter der Last des Fortschritts, den sie erreicht hat. An ihr selbst liegt es vor allem, ob sie weiterhin leben will. Sie muß sich endlich fragen, ob sie bloß überleben oder ob sie sich darüber hinaus zu jener Anstrengung aufraffen will, die unerläßlich ist, damit auch unser widerspenstiger Planet die wesentliche Aufgabe des Universums erfüllt, nämlich Götter hervorzubringen." Bergson wollte sagen: „Heilige", fügte ich hinzu. „Das ist es", sagte der Heilige Vater. „Eine zusätzliche Anstrengung ist notwendig, ein Opfer, eine Hingabe ... das ist die Tragik dieses geschichtlichen Augenblicks.

Man kann sagen, das Konzil war ein Ruf, ein prophetischer Appell, um die Menschheit zu dieser Anstrengung zu bewegen. Dem Gesetz der rein irdischen Hoffnungen hat es die Hymne der Wahrheit und der christlichen Hoffnung gegenübergestellt. Dem Zeichen des Atheismus und des Egoismus hat es das Zeichen Gottes und der Liebe gegenübergestellt. Es handelt sich hier um eine für die Menschheit lebenswichtige Frage: entweder über sich hinauswachsen oder zugrunde gehen.

Das ist vielleicht der Sinn dessen, was die Biologen als Mutation bezeichnen. In Wahrheit hat es nur einen gegeben, der eine Mutation ermöglichen kann: Christus."

Wir kamen auf das mögliche Ende der Welt zu sprechen. Da sagte ich ungefähr folgendes:

„Die einen sind entsetzt über das ‚Ende der Dinge', die andern finden es natürlich. Schließlich ist die Welt nicht ewig und in einem gewissen Sinn ja ‚schon' zu Ende. In hundert Jahren sind wir alle verschwunden. Meine Frau sagte oft zu mir: ‚Als ich ein kleines Mädchen war, hörte ich den freudigen Ausruf: »Beatrice ist gerettet!« und ich überlegte: Gerettet? Nein, denn Beatrice wird sterben!' Und ich entgegnete ihr: ‚Was man das Ende der Welt nennt, ist das »gleichzeitige« Sterben der Lebenden, deren Abschied sich im allgemeinen auf mehrere Generationen in der Zeit erstreckt.' "

Wenn das Ende der Welt nichts anderes wäre, als daß „alle miteinander auf einmal stürben", wäre es nichts Trauriges. Damit wäre die große Einsamkeit des Todes aufgehoben. Der Soldat stirbt leichter als der Zivilist, weil er nicht allein ist. Es könnte sogar sein, daß der Atomtod, zumal wenn die Waffe sich vervollkommnet und „absolut" wird, nicht so hart ist: ein Feuerbrand, eine Auflösung im Licht.

Und jeder persönliche Tod ist ein Atomtod in dem Sinn, daß

sich für jeden das Universum vollständig auflöst und wir mit Gott allein sind.

Ich fügte hinzu: „Heutzutage müßte die biologische Hoffnung, die notwendig ist, damit die Menschheit als lebendige Gattung weiterlebt, eine religiöse Grundlage haben. Wir sind bis zu dem wunderbaren und tragischen Punkt gelangt, an welchem wir ein ‚biologisches' Bedürfnis nach Glaube, Hoffnung und Liebe haben und wo sich die Menschheit, vor die Wahl gestellt, zu glauben oder zugrunde zu gehen, zweifellos für den Glauben entschließen würde. Das war auch der Sinn der günstigen Aufnahme, die das Konzil bei der Menschheit gefunden hat, was um so erstaunlicher ist, wenn man denkt, wie sehr Atheismus oder gedankenlose Oberflächlichkeit verbreitet sind.

Wenn ich die Astronauten in ihre Stahlkapsel einsteigen sehe, als ob sie Samenkörner oder Keimlinge geworden wären, und wenn sie dann in den Himmel geschossen werden, wo sie ein asketisches Leben führen und manchmal wie die großen Kontemplativen in einer Art ‚mystischer Erhebung' im Leeren herumschweben, dann sage ich mir, daß das Interesse des Publikums an derlei Bravourleistungen doch kein bloß wissenschaftliches ist. Der Astronaut ist das Sinnbild des neuen Menschen, der, von der Schwerkraft befreit, zu einer Art himmlischen Lebens oder vorzeitiger Herrlichkeit erhoben ist. In jedem menschlichen Bewußtsein ist Raum für eine solche Erwartung. Wenn dieser Planet ebenso wie seine bleiche Sonne dazu bestimmt ist, zu erkalten, wird die Menschheit gezwungen sein, anderswohin auszuwandern, falls sie weiterleben will. Doch die neue Wohnstätte wird ebenso unsicher sein. Daher können jene, die von einer irdischen Unsterblichkeit träumen, diese nicht von der Aufeinanderfolge der Generationen erwarten. Wir alle haben die Hoffnung einer Überexistenz, eines Übermenschentums, auf ein ‚Reich Gottes', ein ‚Reich der Heiligen', auf eine neue und vergeistigte Schöpfung. Dort wird das, was hier sterblich und materiell ist, erhoben, umgestaltet (nicht vernichtet), ‚es wird vom Leben verschlungen' werden, wie der heilige Paulus sagt. Das ist unsere Hoffnung: weiterexistieren, aber auf eine höhere und reinere Weise. Das bleiben, was wir sind, aber in Gott, der alles in allem sein wird. Das durch die Freudianer so abgedroschene Wort ‚Sublimierung' drückt diese Sehnsucht aus."

Der Papst

„Ich will Ihnen eine kleine Geschichte erzählen, weil Sie das so gern haben. Als ich in Mailand war, gab es ein Bergdorf, das keine Verkehrsverbindung hatte. Nicht einmal einen Saumpfad. Man müßte zu Fuß hinaufsteigen. Dort bin ich hingegangen. Es war ein sehr armes Dorf, und ich bemerkte Mißtrauen in den Gesichtern. Als die braven Leute den Erzbischof sahen, fürchteten sie, er würde ihnen ihren Pfarrer wegnehmen. Beim Abschied sehe ich sie wieder und sage zu ihnen: ‚Was braucht ihr am dringendsten?' Großes Schweigen. Da steht einer auf und sagt: ‚Am meisten würde uns ein Backofen nützen, denn wir haben keinen, um unser Brot zu backen.' Nach Mailand zurückgekehrt, ließ ich ihnen das nötige Geld überweisen, damit sie einen Backofen bauen konnten. Aber das Merkwürdigste habe ich Ihnen noch nicht gesagt; es beweist, wie wenig materialistisch die Leute in einem christlichen Land sind und, nebenbei bemerkt, wie sehr ein einfaches und armes Leben den Geist erhebt. Ich hatte meine Dorfbewohner und ihren Ofen vergessen. Aber bei einer Gelegenheit erkundigte ich mich, ob sie ihren Ofen auch gebaut hätten. Was glauben Sie? Weil die Glocke ihres kleines Dorfes 1944 abmontiert worden war, hatten sie sich um das Geld eine neue Glocke gekauft."

Nun fragte er mich, ob ich ihm sagen könnte, was „die Zeit" sei. Ich hatte ja mein Leben lang mit dem Studium solcher Fragen zugebracht, und ich war versucht, ihm wie der hl. Augustinus zu antworten: „Ich weiß wohl, was die Zeit ist, außer wenn man mich bittet, es zu sagen." Dennoch versuchte ich eine Antwort: „Die Zeit ist eine Frist, ein Aufschub, eine Verzögerung. Das undurchsichtigste Problem ist für mich folgendes: Warum hat sich Gott nicht sogleich und ohne Zuwarten mitgeteilt? Warum kann man ihn nur durch Schatten hindurch sehen? Und nach so vielen Umwegen, Befürchtungen und Verzögerungen? Warum überhaupt die Zeit?"

„Warum", wiederholte er. Und dann: „Aber wenn man sich wie ich in einer solchen Einsamkeit befindet, wo es niemanden gibt, dem man gehorchen kann, als nur den Herrn, dann versteht man das Geständnis des heiligen Paulus gegenüber den Philippern besser: ‚Ich bin geteilt. Ich sehne mich danach, aufgelöst zu werden, um bei Christus zu sein (was übrigens viel besser für mich wäre). Und trotzdem will ich im Fleische bleiben, denn das ist notwendig für euch.' "

Darauf bat mich der Papst, ihm zu sagen, welchen Text des hl. Paulus ich unter allen auswählen würde, wenn ich auf eine einsame Insel verschlagen würde und mit einem einzigen Wort des hl. Paulus leben müßte. Ich erwiderte ihm:

„Vielleicht diesen: ‚Wir wollen nicht entkleidet werden, sondern wir wollen überkleidet werden, damit das, was in uns sterblich ist, vom Leben verschlungen werde.' "

„Und warum gerade diese Stelle?" fragte er.

„Weil sie mir die denkbar tiefste Definition des Lebens und des Todes zu sein scheint. Wir wollen alle, Gläubige wie Ungläubige, erhöht, emporgetragen, erlöst, gereinigt und erfüllt werden und ohne jeden Verlust, ohne jeden Tod das, was wir sind, in einem ewigen Leben bewahren..."

„Und für mich", sagte er, „ist dies das Erhabenste, was ich im heiligen Paulus finde."

Dann sprach er halblaut in der jetzt ganz dicht gewordenen Nacht unter den Sternen die Worte aus dem Römerbrief, diesen Hymnus der unbesiegbaren und unwandelbaren Hoffnung. Ich gebe sie wieder, um damit diese unvollendeten Dialoge abzuschließen:

„Ich halte dafür, daß die Leiden dieser Zeit nicht verglichen werden können mit der künftigen Herrlichkeit, die an uns offenbar wird. Die ganze Schöpfung stöhnt und leidet in Geburtswehen. Und wenn wir das erhoffen, was wir nicht sehen, dann erwarten wir es mit Geduld.

Alle Dinge dienen zum Besten derer, die Gott lieben. Wenn Gott für uns ist, wer wird gegen uns sein?

Wer wird uns von der Liebe Christi scheiden? Etwa Drangsal, Angst, Verfolgung, Hunger, Entblößung, die Gefahr oder das Schwert? Steht nicht geschrieben: um deinetwillen werden wir den ganzen Tag lang getötet?

Aber in all diesen Dingen bleiben wir Sieger durch den, der uns geliebt hat.

Denn ich habe die Gewißheit, daß weder Tod noch Leben, weder Gegenwärtiges noch Künftiges, weder Höhe noch Tiefe noch irgendein Geschöpf uns scheiden kann von der Liebe Gottes, die in Christus, unserem Herrn, offenbar wurde."

VERZEICHNIS DER WICHTIGSTEN PERSÖNLICHKEITEN

Jaime Luciano Balmes (1810—1848), spanischer katholischer Priester; Schriftsteller auf philosophischem, sozialem und politischem Gebiet.

Henri Bergson (1859—1941), französischer Repräsentant der sogenannten Lebensphilosophie; Mitglied der Académie française und Träger des Nobelpreises für Literatur. Bergson ging vom Positivismus aus und gelangte gegen Ende seines Lebens zur Bejahung des Christentums.

Georges Bernanos (1888—1948), katholischer französischer Romancier und leidenschaftlicher religiöser und politischer Polemiker.

Pierre de Bérulle (1575—1629), asketischer Schriftsteller und eifriger Seelsorger; Kardinal.

Maurice Blondel (1861—1949), seit 1896 Professor in Aix-en-Provence. Einer der bedeutendsten katholischen Religionsphilosophen des 20. Jahrhunderts.

Marc Boegner, 1881 geb., evangelischer Pastor in Paris; Präsident des Evangelischen Kirchenbundes von Frankreich und Gründungsmitglied des „Weltrates der Kirchen".

Emilio Bonomelli, aus Brescia, Betreuer von Castel Gandolfo seit den Tagen Pius' XI., Freund Pauls VI.

Charles du Bos (1882—1939), französischer katholischer Essayist und Literaturkritiker.

Jacques Bénigne Bossuet (1627—1704), berühmter französischer Hofprediger, Kirchenpolitiker und Theologe unter Ludwig XIV.

Paul Bourget (1852—1935), bedeutendster Vertreter des französischen psychologischen Romans; Konvertit.

Henri Bremond (1865—1933), Geschichtsschreiber der französischen asketischen und mystischen Literatur des 17. und 18. Jahrhunderts. Von 1882 bis 1904 Jesuit; Mitglied der Académie française.

Jean de La Bruyère (1645—1696), Hauptvertreter der französischen „Moralisten" des 17. Jahrhunderts. Gesellschaftskritischer Schriftsteller von großem psychologischem Einfühlungsvermögen.

François-René Vicomte de Chateaubriand (1768—1848), französischer romantischer Schriftsteller und Diplomat. Sein Hauptwerk ist „Der Geist des Christentums", 1802.

Paul Claudel (1868—1955), französischer Diplomat und größter Dichter der katholischen Erneuerungsbewegung Frankreichs. Seine bedeutendste Dichtung ist sein „Welttheater" in vier „Tagen": „Der seidene Schuh".

Jean Cocteau, geb. 1892 bei Versailles. Französischer Journalist, Maler und Dichter, Mitglied der Académie française.

Oskar Cullmann, geb. 1902 in Straßburg, protestantischer Exeget und Kirchenhistoriker an der Universität Basel; Beobachter beim 2. Vatikanischen Konzil.

René Doumic (1860—1937), französischer Literaturhistoriker, Mitglied der Académie française.

Louis Duchesne (1843—1922), französischer katholischer Kirchenhistoriker (bes. Dogmengeschichte).

Ralph Waldo Emerson (1803—1882), amerikanischer Philosoph der Romantik; sein Hauptwerk: „Die Vertreter der Menschheit".

François Fénélon (1651—1715), neben Bossuet der größte französische Bischof und Theologe in der Ära Ludwigs XIV., Bischof von Cambrai und Mitglied der Académie française.

Pauline Craven de la Ferronays (1808—1891), Tochter eines Ministers des englischen Königs Karl X., erfolgreiche französische Romanschriftstellerin.

Esprit Fléchier (1632—1710), asketischer Schriftsteller und Hofprediger (Nachahmer Bossuets), Bischof von Lavaur, Mitglied der Académie française.

Jean de La Fontaine (1621—1695), französischer Dichter, berühmt durch seine „Fabeln" und frivolen „Erzählungen".

Gemma Galgani (1878—1903), stigmatisierte Mystikerin in Lucca, 1940 heiliggesprochen.

Pietro Gasparri (1852—1934), Schöpfer des modernen Codex juris canonici, von 1914 bis 1930 Kardinalstaatssekretär.

Léonce Loizeau de Grandmaison (1868—1927), französischer Jesuit und bedeutender Theologe.

Auguste-Josephe-Alphonse Gratry (1805—1872), katholischer Priester

(Oratorianer) und Universitätsprofessor. Bemühte sich besonders um eine philosophische Grundlegung des Glaubens.

Romano Guardini, geb. 1885 in Verona, katholischer Theologe und Kulturphilosoph, führend in der deutschen katholischen Jugendbewegung und liturgischen Erneuerung.

Charles Lindley Wood, Lord Halifax (1839—1934), englischer Vorkämpfer der Wiedervereinigung der anglikanischen mit der katholischen Kirche. Die Mechelner Gespräche mit Kardinal Mercier fanden 1921 bis 1925 statt.

Gabriel Hanotaux (1853—1944), französischer Historiker sowie Diplomat (1894 bis 1898 Kolonial- und Außenminister).

Auguste-Edmond-Marie Joly (1861—1932), französischer katholischer Kunst- und Literaturkritiker sowie religiöser Schriftsteller.

Léopold Louis Joubert (1842—1927), französischer Hauptmann der päpstlichen Truppen, ab 1880 im Kampf gegen afrikanische Sklavenjäger. 1888 Heirat mit einer einheimischen christlichen Häuptlingstochter.

Jean Baptiste Henri Lacordaire (1802—1861), französischer Dominikaner, berühmter Kanzelredner, Mitglied der Académie française.

Alphonse de Lamartine (1790—1869), französischer Diplomat und romantischer Lyriker. „Jocelyn" (1836) ist ein Teil eines unvollendet gebliebenen Menschheitsepos.

Henri de Latour d'Auvergne, Vicomte de Turenne (1611—1675), französischer Heerführer im Dreißigjährigen Krieg und in den Angriffskriegen Ludwigs XIV.

Alfred Loisy (1857—1940), französischer katholischer Priester und Theologe, gilt als der „Vater des Modernismus". Seine Irrlehre wurde von Pius X. in der Enzyklika „Pascendi" vom 8. September 1907 verurteilt. Als 1903 einige der Schriften Loisys auf den Index der verbotenen Bücher kamen, unterwarf er sich. 1908 wurde er aber exkommuniziert.

Pierre Loti (1850—1921), französischer Schriftsteller (Reiseberichte und exotische Romane); Marineoffizier.

Henri de Lubac, geb. 1896 in Cambrai, französischer Jesuit, Professor am Institut catholique in Lyon, einer der ersten und bedeutendsten Vertreter der modernen theologischen Erneuerung.

Nicolas de Malebranche (1638—1715), tiefreligiöser französischer Philosoph, der Descartes' Lehre vertiefte und vor allem Leibniz und Kant beeinflußte.

Jacques Maritain, geb. 1882 in Paris, fand 1908 zum Glauben zurück und wurde ein führender Vertreter der katholischen Erneuerungsbewegung Frankreichs. 1945 bis 1948 französischer Botschafter am Heiligen Stuhl, danach Professor in Princeton.

Columba (Taufname: Joseph) Marmion (1858—1923), irischer Benediktiner, Philosophie- und Dogmatikprofessor, seit 1909 Abt von Maredsous in Belgien.

Jean Baptiste Massillon (1663—1742), französischer Kanzelredner, Bischof von Clermond-Ferrand.

Désiré Mercier (1851—1926), Erzbischof von Mecheln, 1907 Kardinal. Führender Vertreter der sogenannten Neuscholastik.

Dimitrij Sergejewitsch Mereschkowski (1866—1942), russischer Religionsphilosoph, seit 1917 in Frankreich lebend. Schrieb unter anderem glänzende Biographien von Dante, Franz von Assisi, Napoleon, Gogol, Tolstoj und Dostojewskij.

John Henri Newman (1801—1890), anglikanischer Priester und Mitbegründer der Oxfordbewegung. 1845 trat er zum katholischen Glauben über und wurde Mitglied des Oratorianerordens. 1847 wurde er zum Priester geweiht. Er war ein berühmter Prediger und Schriftsteller, dessen Bedeutung heute ständig im Wachsen begriffen ist. Papst Leo XIII. hat ihn zum Kardinal kreiert. 1955 wurde sein Seligsprechungsprozeß eingeleitet.

Blaise Pascal (1623—1662), französischer Mathematiker, Philosoph und Theologe. Gegner der kasuistischen Moral und der Politik der Jesuiten.

Charles Péguy (1873—1914), französischer Dichter und Publizist. Er vertrat einen unabhängigen christlich-nationalen Sozialismus und fand zum katholischen Glauben zurück, dem er in tiefsinnigen Gedankendichtungen Ausdruck gab.

Guillaume Pouget (1847—1933), französischer katholischer Priester von großem Einfluß auf führende französische Katholiken.

Ferdinand Prat (1857—1938), französischer Jesuit, Exeget und Mitglied der päpstlichen Bibelkommission. Sein Hauptwerk über „Die Theologie des hl. Paulus" ist heute noch unentbehrlich (jüngste Ausgabe 1961).

Edward Bouverie Pusey (1800—1882), anglikanischer Theologe, der sich für die Wiedervereinigung mit der katholischen Kirche einsetzte.

Jean François Paul de Gondi de Retz (1613—1679), französischer Politiker und Kardinal. Während des Konfliktes zwischen der französischen Krone und der päpstlichen Kurie wurde er von Ludwig XIV. in verschiedenen diplomatischen Missionen verwandt. Seine Memoiren sind von hohem literarischem und historischem Wert.

François VI, Duc de La Rochefoucault (1613—1680), tapferer französischer Offizier, bedeutender Vertreter der französischen „Moralisten" des 17. Jahrhunderts.

Angelo Giuseppe Roncalli (1891—1963), war von 1945 bis 1953 apostolischer Nuntius in Paris, dann Kardinal und Patriarch von Venedig, seit 1958 Papst Johannes XXIII.

Jules-Géraud Saliège (1870—1956), Erzbischof von Toulouse und Kardinal. Seit 1931 gelähmt, nahm er während der deutschen Besetzung eine mutige Haltung ein und wurde eine führende Persönlichkeit im französischen Katholizismus nach dem 2. Weltkrieg.

André Schwarz-Bart, von jüdischen Eltern 1928 in Metz geboren, nahm an der französischen Widerstandsbewegung teil. Sein Roman „Le Dernier des Justes" erhielt im Jahr seines Erscheinens, 1959, den Prix Goncourt.

Antonin-Gilbert Sertillanges (1863—1948), französischer Dominikaner, bedeutender Vertreter des Neuthomismus.

Kristen Sykdsgaard, geb. 1902 auf Fünen (Dänemark), Lutheraner, seit 1942 Dogmatikprofessor in Kopenhagen; Kontroverstheologe.

Gustave Thibon, geb. 1903, französischer katholischer Philosoph, Schriftsteller und Herausgeber. Er hat sich besonders um die Person und das Werk Simone Weils angenommen.

William Turner (1775—1851), englischer Maler, Vorläufer des Impressionismus.

Paul Valéry (1871—1945), französischer Lyriker (Symbolismus); Professor für Poetik am Collège de France, Mitglied der Académie française.

Louis Veuillot (1883—1913), französischer katholischer Journalist; kämpfte gegen die liberalen Tendenzen in Frankreich und für die kirchliche Autorität Roms.

Simone Weil (1909—1943), französische Philosophin jüdischer Herkunft. Sie fand zum christlichen Glauben, blieb aber bewußt ungetauft, um mit jenen solidarisch zu sein, die den Weg zur Kirche nicht finden.

DAS BESONDERE TASCHENBUCH

*Die Heyne-Taschenbuchreihe für Leser,
die das Besondere suchen!*

Nikos Kazantzakis **Griechische Passion** Roman 6 / DM 9,80	Marek Hlasko **Der achte Tag der Woche** und andere Erzählungen 13 / DM 7,80
Ernst Barlach **Ein selbsterzähltes Leben** 7 / DM 6,80	José Ortega y Gasset **Über die Liebe** Meditationen 14 / DM 5,80
Ernst Weiss **Ich – der Augenzeuge** Roman 8 / DM 6,80	Heimito von Doderer **Ein Mord, den jeder begeht** Roman 15 / DM 6,80
Jean Marais **Spiegel meiner Erinnerung** Autobiographie 9 / DM 7,80	Miodrag Bulatović **Der rote Hahn fliegt himmelwärts** Roman 16 / DM 5,80
Alexander Lernet-Holenia **Beide Sizilien** Roman 10 / DM 6,80	Alexander Solschenizyn **Die großen Erzählungen** 17 / DM 8,80
Graham Greene **Afrikanisches Tagebuch** 11 / DM 4,80	Thomas Bernhard **Der Italiener** 18 / DM 6,80
Peter Haage **Der Partylöwe, der nur Bücher fraß** Egon Friedell und sein Kreis 12 / DM 5,80	Jean Anouilh **Brief an eine junge Dame** 19 / DM 5,80
	Charles Baudelaire **Intime Tagebücher und Essays** 20 / DM 6,80

Jeden Monat erscheint ein neuer Band.

Wilhelm Heyne Verlag · Türkenstraße 5–7 · 8000 München 2

*HEYNE LYRIK –
die erste Taschenbuchreihe,
die sich speziell dem reizvollen Gebiet
klassischer wie moderner
Lyrik widmet.*

Bereits erschienen:

**Guillaume Apollinaire:
Dichtungen**
Band 1 / DM 4,80

**Johannes Bobrowski:
Sarmatische Zeit**
Band 2 / DM 4,80

**Allen Ginsberg:
Gärten der Erinnerung**
Band 3 / DM 4,80

**Das Lustwäldchen
Galante Gedichte
der Barockzeit**
Band 4 / DM 4,80

**Raymond Queneau:
Taschenkosmogonie**
Band 5 / DM 3,80

In Vorbereitung:

**Jorge Luis Borges:
Ausgewählte Gedichte**
Band 6 / DM 4,80
(Dezember '78)

**Tadeusz Rózewicz:
Schattenspiele**
Band 7 / DM 4,80
(Januar '79)

HEYNE
LYRIK